中国科普图书史丛书

主编 王挺

探核之秘

中国核科学科普作品史

刘培 著

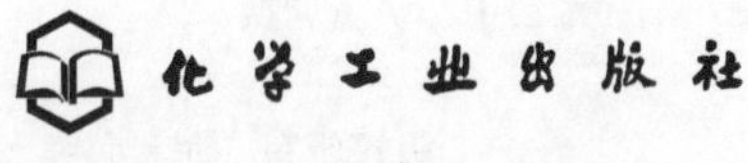

·北京·

内容简介

本书回顾和梳理了核科学技术领域科普作品的发展历史，以核科普图书为主，兼顾报纸和期刊刊发的科普文章、科普展览、影视作品等，通过检索形成了作品清单，将截至2017年中国（不含港澳台）出版的核科普作品划分为五个发展阶段，对其数量、内容、创作群体、形式及影响等属性进行了描述和分析，并归纳了具有近百年出版历史的我国核科普作品的总体特征，最后以此为据，为今后核科普工作的发展提出了建议。

本书具有一定的史料价值，是广大科学传播工作者、科普创作者、科学史学者、科学家及出版工作者的重要参考资料，也可供对核工业发展历程感兴趣的大众读者阅读。

图书在版编目(CIP)数据

探核之秘：中国核科学科普作品史 / 刘培著. —
北京：化学工业出版社，2023.6
（中国科普图书史丛书/王挺主编）
ISBN 978-7-122-43525-5

Ⅰ. ①探… Ⅱ. ①刘… Ⅲ. ①核技术-科学普及-出版工作-文化史-中国 Ⅳ.①G239.29

中国国家版本馆CIP数据核字（2023）第090014号

责任编辑：刘　婧
责任校对：张茜越
装帧设计：孙　沁

出版发行：化学工业出版社
（北京市东城区青年湖南街13号　邮政编码100011）
印　　装：北京虎彩文化传播有限公司
710mm×1000mm　1/16　印张$15^{1}/_{4}$　字数250千字
2024年1月北京第1版第1次印刷

购书咨询：010-64518888
售后服务：010-64518899
网　　址：http://www.cip.com.cn
凡购买本书，如有缺损质量问题，本社销售中心负责调换。

定　　价：98.00元

丛书序

习近平总书记深刻指出，“科技创新、科学普及是实现创新发展的两翼，要把科学普及放在与科技创新同等重要的位置”[1]。作为一种典型的科普作品形式和科普媒介形式，科普图书对引导公众理解科学、提升科学素质，在全社会形成讲科学、爱科学、学科学、用科学的良好氛围，推动亿万人民创新智慧的释放、创新力量的涌流，发挥着不可或缺的重要作用。即使在纸质化深度阅读不断势弱，数字化、“碎片化”阅读日益显著的新媒体时代，科普图书仍然呈现逆势而上的勃勃生机。

作为一种典型的科普作品形式，科普图书的创作根植于科学研究的厚土之中，各学科领域的探究和发展为科普创作提供了不竭的源泉。很多享誉国际、影响一代代人的科普著作都是科学家基于自身研究创作而成的，如《寂静的春天》《宇宙》《时间简史》等。近年来，我国国家科学技术进步奖的获奖科普图书大多也是科学家结合自身科研领域的科普原创，如《“天”生与“人”生：生殖与克隆》《基因的故事——解读生命的密码》《湿地北京》等。科普图书畅销榜上，我国本土原创科普图书也从早期的踪迹难寻转向头角崭露，且多为科技工作者创作，如《上帝掷骰子吗？量子物理史话》《海错图笔记》《给孩子讲量子力学》等。

作为一种典型的科普媒介形式，科普图书的发展亦处于广阔的历史长河之中，历史的进程（包括时代环境、社会需求等）深刻影响着科普图书乃至科普事业的发展变化。已有研究表明，在政治稳定、经济繁荣的时期，各类科普作品都呈现蓬勃发展之势，公众在生活富足后对科学的追求从知识层面不断上升至文化层面，这些都在启示我们：在物质繁荣、经济发展、社会稳定的当下，科普创作及科普事业发展需要更多地关注需求、提升质量、营造氛围。

以史为鉴，察往知来。我国科普事业发展已进入全新的时代，为充分挖掘科研领域的科普创作潜力，推动当下科普图书的创作与出版，深化科普的文化与价值引导，中国科普研究所科普创作研究室团队联合国内知名专家和团队开

[1] 习近平．为建设世界科技强国而奋斗——在全国科技创新大会、两院院士大会、中国科协第九次全国代表大会上的讲话[M]．北京：人民出版社，2016．

展分学科的科普图书历史研究，并将系列成果结集成册，期待能为热心科普创作的科技工作者提供有益借鉴，为科普工作者、出版工作者、科学史研究者提供资料参考，同时，也为大众读者了解中国科技和社会发展历史提供新的视角。这是一次实践探索，希望为我国科普事业发展特别是科普创作繁荣做出贡献。

王挺

2023年1月

前言

核能的开发利用是人类科技进步的重要标志，但其发展却非一帆风顺。由于核能的开发与放射性密不可分，其首次实际应用更是以破坏力空前的核武器出现，加之历史上发生过几次重大核事故，使“谈核色变”成为一种难以消除的社会心理痼疾，推广核能和其他核技术面临巨大的挑战和压力。如何有效提升公众对核能的认知和理解，使公众从了解、熟悉核能，到接受、支持核能，是一个世界性问题。

在我国当前的能源结构调整中，核电始终被寄予厚望。截至2020年12月31日，我国（不含港澳台）运行核电机组共49台，装机容量为5102万千瓦，在建机组规模位居世界首位[1]。按照“十四五”规划，核电运行装机容量达到7000万千瓦，这意味着我国核电“十三五”的实际在运规模距离目标还有2000万千瓦的差距，“十四五”期间核电发展前景广阔。随着我国核电发展的进一步增速，通过广泛深入的核科普工作，使公众客观、正确地认识和了解核能，进而接受、支持、拥护国家的核电政策，业已成为我国核电事业发展的一个重要组成部分。特别是2017年9月1日，第十二届全国人民代表大会常务委员会表决通过了《中华人民共和国核安全法》，在法律层面对“开展核安全宣传活动、普及核安全知识”提出了明确要求。

目前，学术界对于如何有效推进核科普工作已开展了较为广泛的讨论，如宋培峰等指出我国目前的核科普工作存在缺乏统筹规划、内容和形式陈旧、缺乏活力、难以吸引公众主动接受等问题，结合自身工作经验提出了若干建议[2]。秦风撰写的《走出核科普困局》是《中国核工业》杂志2013年7月的卷首语，该文用具体的数字将核事故与交通事故进行比较，说明我国的核工业是安全的，但民众却存在“心理障碍”。作者在文中给出了解决核科普困局的具体举措，可谓直指要害[3]。耿庆云回顾和梳理了中国核学会成立三十年来所做的核科普工作，并对当今核科普工作中存在的问题提出了对策[4]。肖新建等在立足国内公众的核电认知和社会接受度调研分析基础上，分析探讨了我国公众个体核电接受度影响因素、群体接受度的社会心理和行为，其中围绕优化核电科普宣传方式、打消公众疑虑进行了专门讨论[5]。很明显，现有研究的关注点主要集中于当前核科普存在的问题及其应对，从历史角度切入的研究工作尚不多见。实际上，我国早在20世纪50年代核工业创建初期就曾出现过核科普的热潮，之后核科普便一直与核工业的发展相伴同行。然而，用历史的眼光来看，核科普的实际效果却并不理想。据2015年中国公民科学素质调查显示，平均有近60%的受访者不知道或没听说过核能利用[6]。较之美国、法国、日本等老牌核电强国，我国民众对核电的认知尚处在一个较低的水平，明显滞后于我国核电的发展形势。读者朋友不禁会问：历史上的核科普工作是如何开展的？发挥了什么样的作用？有哪些经典的核科普作品？不同历史阶段有哪些特征？与我国核科学技术的发展之间存在一种什么样的联动性？核科普的整体效果为何不佳？等等。要回答这些问题，需要对我国的核科普发展历史进行系统考察。

学术界现有相关研究论著主要分为如下三方面内容。

（1）关于科普史的研究

同开展科普工作一样，科普研究涉及的领域较为多元，几乎涵盖了科普工作的所有方面。基于历史学研究方法的科普史研究是科普研究的重要组成部分，国内部分学者早在20世纪80、90年代就已经开展了科普史研究工作，根据研究对象可划分为科普史宏观研究和微观研究。

科普史宏观研究侧重于系统考察科普事业在我国的发展历程，以及不同历史时期的主要科普形式、代表性作品及其特点，从政治、经济、文化等角度对其影响因素进行分析。如王伦信等著的《中国近代民众科普史》从科普教育场馆与技术、科技期刊与科技传播、科普读物三个角度对中国近代的科普发展历史进行了研究，对1840～1949年一百多年的中国科普发展进行了全面梳理与分析[7]。刘新芳在其博士论文《当代中国科普史研究》中，将当代中国科普史划分为四个阶段：1949～1976年的开创与探索阶段、1977～1994年的恢复与发展阶段、1995～2001年的反思探索阶段和2002～2010年的创新发展阶段。在此基础上对不同时期的科普工作指导思想、科普工作形式、代表性科普作品进行了梳理，最后给出了推动科普工作发展的建议与举措[8]。

科普史微观研究根据其研究对象的不同又可分为科普形式研究、科普思想研究和科普政策研究等。研究对象包括图书、期刊、影视作品、展览等，主要分析角度为历史背景、发展历程、形式特点、语境特征、影响因素等。如李嘉南的《〈科学画报〉的科普研究（1933—1937）》[9]、吕韶伟的《关于我国科普图书出路的思考》[10]、曹乐艳的《我国科普政策问题研究》[11]等分别选取期刊、图书和科普政策进行了专门研究。

前人关于科普史的研究为本书在时段划分、考察核科普作品的视角方面提供了不少有价值的参考。

（2）关于学科科普史的研究

随着科普史研究的不断深入，学科科普史也逐渐受到重视。2017年前后，中国科普研究所启动了“学科科普作品历史研究”系列课题，目前已完成的有物理、化学、天文学、中医、核科学、环境科学和气象学等学科科普作品史的研究。在该项目的大力支持下，涌现了一批学术成果。如唐颖捷在全面调研了中华人民共和国成立后出版发行的物理科普图书基础上，结合定量分析方法对物理科普图书的内容演变和呈现形式演变进行了研究，最后给出应不断更新观念、扩大选题范围、呈现形式多元化的发展建议[12]。何晨宏等考察了1868～2016年间中国大陆中文化学科普图书的总体情况、数量变化与内容特征[13]。邵鹏在《1950—1977年中国化学科普图书与社会背景的关系》一文中以《全国总书目》收录的110部化学科普图书为对象，分析了不同时期影响化学科普图书的因素和《十万个为什么》这一极具代表性的科普巨著，得出了政治因素是影响这一时期化学科普图书创作的重要因素[14]。余恒等在《中国天文科普图书回顾1840—1949年》一文中对近代中国天文学科普图书进行了系统性梳理，首先将这一较久时间跨度划分为晚清的启蒙时期和民国的探索时期，继而从图书内容、创作者、出版单位等角度进行了分析。指出受民国时期社会环境和国民科学文化水平所限，天文科普图书没能发挥出开启民智等应有的作用，但也为后续发展天文科普提供了人才[15]，等等。

通过对上述各有侧重的研究成果进行简单梳理可以发现，学科科普史的研究工作已经全面铺开，而且研究者多具有科技史专业背景，这表明学科科普史正在成为中国近现代科技史研究领域中一个引人关注的新方向。

（3）关于核科普史的研究

王洪鹏在其硕士论文《20世纪40年代原子弹爆炸在中国产生的震荡》中考察了1945年原子弹在日本爆炸后国内出版界和报界、研究机构和大学、各党派的反响，其中第一部分讨论了国内出版界形成的原子图书热潮[16]。聂文婷在《宣传工作与新中国原子能事业的开启》一文中梳理了我国核工业从决策到创办全过程的核科普工作，从破除原子弹迷信、坚定干部信心、激励核科技人才等方面，阐释了宣传工作对中国原子能事业的促进作用[17]。王勇忠回溯了1955年原子能宣传运动的决策过程，重点讨论了反对使用原子武器签名、原子能教育等运动中的几项重要活动[18]。德国纽伦堡大学中国研究所的M.Matten以《科学普及通讯》《科学画报》等几个重要科普期刊为中心，论述了中国在20世纪50年代向大众宣传和传播核武器辐射防护知识的动因和过程，以及对中国科技政策带来的影响[19]。整体而言，现有核科普史的研究主要聚焦于20世纪50年代我国核工业初创时期的原子能宣传热潮及其影响作用，尚未有学者对我国核科普的历史进行系统梳理。

核科普工作体系包括与核科学技术知识普及相关的组织机构、制度措施、人员队伍、科普作品，以及与核科普相关的各类社会实践活动等，其中核科普作品的创作、出版和发行是核科普事业中的核心内容。一般来讲，科普图书作为一种典型的科普形式和载体，无疑是科普作品的核心。相较文章、展览、纪录片等其他科普作品，科普图书对知识的承载量大，语言严谨规范，具有流传久、领域广、影响大等诸多特点。因此，考察某一学科或领域的科普史，科普图书自然是开展研究的一项主要抓手。核科普也不例外，但又有其特殊之处。首先，相对于物理、化学、天文、医学等其他动辄出版有成千上万种科普图书的学科来说，核科学因其准入门槛较高、历史上曾长期有保密要求等特点，使得自20世纪30年代以来国内出版的核科普图书仅有六百余种。如若仅仅以核科普图书为研究对象，从体量上来说恐怕难以支撑起一部学术专著。其次，无论是历史上的“苏联和平利用原子能科学技术展览会”和中国核学会举办的核技术展览会，还是当下全国星罗棋布的核科普教育基地，核展览都在核科普的体系中发挥着重要作用。再次，由于核电的建设与民众息息相关，权威媒体如《人民日报》《光明日报》（后简称“两报”），一些重要的刊物杂志如《中国核工业》等，在不同历史时期也都发布和刊登了大量宣讲核电政策和介绍核科学知识的文章，同样值得关注。

基于上述三点，本书选取截至2017年中国（不含港澳台）出版的核科普图书❶为主要研究对象，同时兼顾科普期刊、两报刊载的核科普文章，核展览，以及近年来热门的网络、自媒体等科普新形式，采用文献计量学和文本分析相结合的方法，对核科普作品的数量、内容、创作群体、形式及影响等属性进行了综合考察，并归纳了其历史特征。以此为基础，尝试总结了近70年间我国核科普工作的经验得失，为今后进一步做好核科普工作提供借鉴。

---

❶ 核科普图书指以宣传普及核科学知识为主要目的的中文版图书，教科书和教辅书除外。

本书内容基于笔者承担的中国科普研究所的“核科学技术领域科普作品历史研究”（2018LYE020204-zz01）项目，依据收集整理到的作品数量（见图1），结合中国核工业的发展历程、核能政策变化，将核科普作品史划分为五个发展阶段，即1912～1948年：核科学的先声；1949～1959年：助力新中国核事业的开启；1960～1976年：在核武器研制攻坚中的蛰伏；1977～2006年：从打破沉寂到归于平淡；2007～2017年：聚焦核电与核安全。对上述五个不同阶段中核科普作品的数量、内容、创作群体、形式及影响等属性进行描述和分析，最后归纳了我国核科普作品近百年来出版历史的总体特征，并以此为据，为今后核科普工作的发展提出建议。

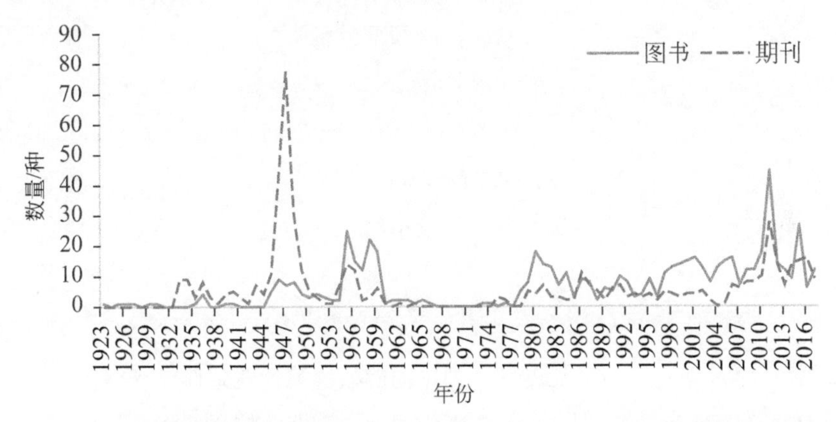

图1 1923～2017年中国（不含港澳台）出版的核科普图书和期刊文章数量趋势变化

书后还附有通过《大成故纸堆》《全国总书目》、国家图书馆文津数据库、超星图书、《民国时期报刊文献目录》、《人民日报》数据库、《光明日报》数据库、中国知网等检索系统搜集、筛选、整理出的核科普作品清单，供未来的研究者参考。

笔者的本业是中国科技史研究，虽然近年来通过对核工业史若干专题的研究，得以大致梳理了中国核科学的发展脉络，但限于笔者在科普理论与科学传播方面的水平及撰写时间，书中不妥与疏漏之处在所难免，祈请读者朋友谅之。

著者

2022年10月

目录

第一章

1912～1948年：核科学的先声

核科学（早期称为“原子能科学”）发端于1896年天然放射性的发现，由此科学家们开始孜孜不倦地探索原子核的奥秘。1939年德国放射化学家哈恩（O. Hahn）发现铀核裂变现象，标志着原子能科学真正进入了军事、工业应用研究阶段。在其后短短的五六年中，少数科学家承袭着五十年来探究原子核物理、放射化学的其他数千位科学家的余荫，竟得以开放了“浓缩”的原子能之洪流，从而影响了整个世界的历史进程。人类跨入了原子能时代。

20世纪上半叶核科学在西方尚属新生事物，国内更是一片空白，加之战乱等因素，1945年之前国内出版核科普作品较少，多为零星地介绍西方核科学进展和原子核物理基础知识。原子弹在日本爆炸之后，国内出版界反应及时，在较短时间内形成了核科普作品出版热潮，对于帮助民众正确认识原子弹、推动科学文明的进步起到了积极作用。

第一节　核科普的发端

中日甲午战争后，士人开始意识到科技水平是衡量综合国力的决定性因素。“人们逐渐看到，仅搬用西方先进技术还不行，必须同时改良社会制度，兴办科学事业，开展科学研究工作。”[20] 以此为背景，有识之士纷纷呼吁通过以近代西学为核心内容的种种科普教育方式来提升国民素养。梁任公不遗余力地创办图书馆、报刊等媒介，努力构建西学的传播平台，并引导民众主动参与到各类社会教育机构中；严复大力宣传“物竞天择，适者生存”的进化思想；他们鲜明地提出民智国强的思想，起到了唤醒国民重视科学的启蒙作用。民众开始接触科学、了解科学和接受科学。

随着西方科学知识不断传入，科学体制在中国逐步形成，相应的研究机构纷纷建立。1913年，地质学家章鸿钊首先呼吁建成了地质研究所；1928年，在教育家蔡元培等人的努力筹办下中央研究院成立；随后北平研究院及各研究所也相继成立。众多研究机构的成立在中国科学技术史上具有重大意义，这一时期科学得到重视，科学技术逐步建立和发展。与此同时，科学知识在民众中间得到广泛普及。1932年，陈立夫、顾毓琇、吴承洛等发起成立了中国科学化运动协会，并在全国范围内发起了一场宗旨为“科学社会化，社会科学化”的科学化运动。在科学化运动的带领下，中国各阶层都积极投入到把科学知识向大众普及的浪潮之中，科学开始进一步深入公众。

相较于天文学、物理学、化学等早在西学东渐时期便出现科普作品的先发学科，核科学的科普起步较晚。根据目前搜索到的资料，国内第一本通俗介绍核科学的科普图书为1923年李书华所著的《原子论浅说》。如图1-1所示，自1923年我国首部核科普图书诞生，至1945年日本广岛原子弹事件，23年间国内断断续续仅出版了18部核科普图书，且不同年份出版数量波动较大。除1936年和1945年外，其余年份多数只出版了1部。

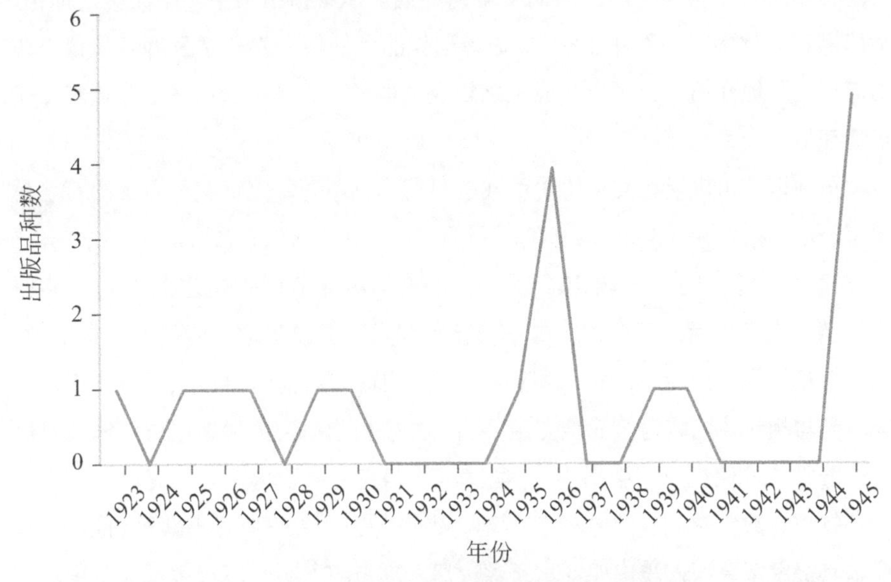

图1-1　1923～1945年核科普图书品种数趋势变化

这种情况如实体现了核科学的发展历程。自1896年法国物理学家安东尼·亨利·贝克勒尔发现铀的放射性现象始，几十年的时间里相关科学进展虽然不断涌现，但是一定程度上是理论界的“贵族爱好”，学科定位也仅仅是物理学的一门新的分支，尚未成为真正独立的学科体系。1905年爱因斯坦提出了著名的质能方程$E=mc^2$，依此定律，1kg的物质若全部转换为能量，可得215000亿卡（1卡≈4.18焦）的热能，或250亿千瓦时的电能。这显然是惊人的数字。只不过彼时无人知晓有何实际方法可使物质转变为能量，因此这个问题在相当长的时期内并未引起足够的重视。

我国第一本原创核科普图书《原子论浅说》由商务印书馆于1923年出版发行。作者李书华长期在国内从事科学教育和科学研究的组织管理工作，对于20世纪上半叶中国科学的发展起到了举足轻重的作用。1922年9月，李书华任北京大学物理系教授。在历年教学中，李书华曾分别讲授一年级普通物理学

（包括物性、热学、热力学、音学）、初等力学和普通物理实验；二年级普通物理学（包括光学、电磁学）和普通物理实验；三、四年级的近代物理学（当时称为“放射学及X光线”，包括离子、电子、阳极射线、X光和放射学等内容）。该书为作者在同年2月演讲的基础上整理而成，分为原子论的发展概况和原子的构造两章，介绍了近代物理学的最新理论。

商务印书馆于1926年出版的《原子构造概论》系由国内译者陆志鸿搜集整理日本学者竹内洁发表的系列文章而译成。译者指出书中“无深奥之理论，稍读高等理化学者，都能了解”，翻译创作的目的便是供科学爱好者研读。该书简单明了地介绍了分子说、原子之蜕变与电子、原子核、原子之构造等原子核物理的基础概念。

与前两本由讲稿和文章拼凑而成的科普小书不同，郑贞文译自英国著名哲学家、数学家罗素（B.Russell）所著的《原子说发凡》（*The ABC of Atoms*）是一部地地道道的科普读物。该书于1927年由商务印书馆出版发行，共有十三章，内容包括：周期律、电子及核、氢景、氢原子之可能状态、量子说、氢景精论、电子之轮、X线、放射性、核之构造、新物理学与光之波动说、新物理学与相对性，较为全面地介绍了当时原子科学研究的最新成果。译者对原著十分推崇，他在译序中指出：“虽然，欲明晚近原子构造之研究，非对于化学、物理、数学有相当之素养不为功。先进各国，关于此等书籍虽日出不穷，而求其提纲挈要深入浅出如罗素所著‘原子之ABC’[1]者，不可多观。罗素本为数学者，而此书则为求通俗起见，避却一切数学；而科学上之专门术语且一一为下定义。即非素习自然科学之人，亦可窥其梗概。”书中语言十分生动，而且作者为形象说明科学事实每每以人事比喻，例如形容电子的运动一如忽爬忽跃的跳蚤，又如坐旋转木马的儿童，再如被辱之人，始其静听不动，忽然奋起加以一击（电子跃迁）。令读者在不知不觉间理解这些艰深科学概念，确乎高明。

1929～1940年，执掌商务印书馆的著名出版家王云五先生策划推出了一套大型丛书《万有文库》。关于丛书的出版目的，王云五说道：“本馆深知出版物之性质，关系中国文化前途，故慎思考，确定统一出版方针，即一方面发扬国有文化，保存国粹；另一方面介绍西洋文化，谋中西之沟通，以促进整个中国文化之光大。”他公开打出《万有文库》为“灌输科学智识，振发民族精神”服务的旗号，“以整个普通图书馆用书贡献于社会”“普及人生必要的学

[1] 即上文《原子说发凡》。

识”[21]。《万有文库》丛书分上下两集，共计1700余种4000余册，囊括了古今中外各门学科，无论是规模还是影响在当时都达到了新高度，堪称是20世纪上半叶最有影响力的大型现代丛书。其中丛书第二集《自然科学小丛书》系列，也收录了多本核科普图书。

例如1939年出版的《原子趣话》，系李泽彦译自美国生物化学家、科普作家本杰明·哈罗（B.Harrow，彼时译名为邦哲明·郝乐）所著*The Romance of the Atom*。除了本职工作外，哈罗在科普创作方面也非常活跃，他的作品以简明的语句叙述复杂的学理见称于世，很受读者欢迎。译者称这本书“既有科学的真实，又有小说的动人，是一本不可多得的原子学说概论，更成为一本科学名人小传”。该书按其内容可分为引言、原子、原子构造的应用、科学与生命四个部分，重点介绍了原子科学的进展对于化学研究内容和方法产生的重大影响。

又如1940年的《原子物理学概论》，该书是留日学生夏隆坚据日本帝国大学物理学教授菊池正士的著作翻译而成。菊池正士1926年毕业于东京帝国大学理学部物理学专业，1928年开始电子束衍射方面的研究，在世界上首次观察到云母薄膜的完整电子衍射花样，并据此提出和解释了以他本人命名的“菊池线现象”。作者在序言中提到“书中关于原子物理学的基本事项都是故意地用平易的说明并且极力地避免数式来写的”，可见本书的创作初衷就是便于阅读，希望引起青年学生对原子物理学的兴趣。这也恰好符合了商务印书馆出版《自然科学小丛书》的目的。书中介绍了物质的构造、物质与光、X射线、阴极射线、阳极射线分析、放射元素及其放射性、原子核与α质点的碰撞、阳极射线的人为原子核蜕变和宇宙射线等内容。正文配以图表，较为详细地讲述了原子科学研究所取得的成果。

20世纪初期，由于物理学家对于原子内部构造的阐释打破了长久以来“原子不可分”“运动是连续的”等经典哲学观念，引发了人们对于自然科学与哲学关系的又一次广泛讨论。许多西方科学家认为治原子物理学者需要兼具科学思维和哲学思维，这种理念在核科普图书中亦有所体现。1936年陈岳生译自德国哲学家、逻辑经验主义大师赖兴巴赫（Hans Reichenbach，1891—1953）的《原子及宇宙》（图1-2）便是这方面的代表。全书分为空间与时间、光与放射、物质、哲学上的推论四大部分，主体虽然是介绍原子物理学的最新成果，但每一章里面均有哲学式的思想贯穿，大大增加了本书的思辨性和趣味性。

图1-2 《原子及宇宙》及丛书《万有文库》封面

综上而看，这一时期出版的核科普图书从书名到内容，似谓之“原子物理学科普”更加确切。1939年哈恩发现铀核裂变现象，核能的利用有望在短期内实现，核科学由此真正进入了应用研究阶段，成为国际关注的热点。然而随着第二次世界大战战事不断升级，英美参战，核科学研究进展不日又成为机密。在这种情况下，国内相关书籍自是难觅踪影。杨昌俊在1945年8月20日《中央日报》撰文指出：“在1939年至1940年间，即曾搜集德、英、美杂志文献，注意此一问题，惜乎英美参战以后，此类文献，殊少见到。”[22] 直至1945年原子弹在日本爆炸，核科普图书才迎来真正的出版热潮。

第二节 原子弹爆炸后的出版热潮

日本广岛和长崎爆炸的两枚原子弹，直接促使日本军国主义投降，为日后国际格局的形成带来了重要影响。国人惊呼原子弹所释放的巨大能量和惊天威力，一时间原子弹一名词几已家喻户晓，妇孺皆知。关于原子弹的奥秘，成为国人热切关注的话题。据1945年9月9日《中央日报》载：“速来不讲究科学的中国，这次也为原子弹的惊人功效所震眩。一月以来，街头巷尾，茶余饭后，不分老少，大家都在时常谈论着原子弹，连苏联进军东三省后进展如此神速的奇迹，也为原子弹所掩盖。报纸杂志，不断有关于这方面的文章，发表出来。”[23]

既然原子弹的破坏威力如此之巨，其原理何在？内部构造又是哪般模样？以介绍原子弹的爆炸威力、基本原理和构造、研制秘史等为核心内容的核科普图书应时而现，很快形成了一个出版热潮。据不完全统计，1945～1948年间直接以“原子弹”或“原子炸弹”为名的图书有10种，书名中含有“原子弹”或者“原子炸弹”的有12种。此类图书内容覆盖了与原子弹相关的方方面面，如美国的曼哈顿计划、原子弹在日本的爆炸情形以及受伤人员的治疗经过、原子弹的防护、原子弹的发明史、原子弹的构造和基本原理、原子弹对军事的影响、原子弹对人类未来的影响、美国比基尼岛原子弹试验、原子能的和平利用、原子能的国际管制等[24]。

1945年8月由军方出版的《原子弹》介绍了原子弹的理论、原子弹的制造以及原子弹的将来，该书流露出当时政府对原子弹实战威力的惊羡，卷首做一阙《歌颂原子弹》词，曰：

一弹破空倭国裂，长崎广岛纷摧折。何物能将时代划？原子力。

五光十色莫奇绝！胜利应归“铀”所得，从今减少无辜血，不朽英雄欧海麦（指奥本海默——作者注），光史册。其中秘密从今揭！[25]

由美国作家约翰·赫尔塞（John Hersey）著、求思翻译的《记原子弹下的广岛》，以大量的数据和写实性描述向读者介绍了遭受原子弹袭击后的广岛和长崎，用真实的案例说明了原子弹的巨大威力。

杨西贫编的《原子炸弹》一书从原子弹发明者、原子弹试验与预测、原子弹袭击之开始、广岛长崎之损失、东京之悲鸣、使用原子弹后盟国措置与观察、日本终于投降、举世瞩目之原子弹、原子弹更进一步之研究九个方面详细地介绍了原子弹从设计到其对第二次世界大战的影响等诸多方面。

报刊也推动了原子弹科普图书热的形成。1945年9月30日的《新平日报》就对当时出现的“原子科普图书”做了广告宣传，为这类图书的销售提供方便。“夸为世界科学精华之原子炸弹，全世界之科学家莫不注目原子炸弹之构造。考意研究，我国在美之研究原子炸弹者亦不乏人，如现任辅大之物理学教授之原子物理博士王普氏，即为发明原子炸弹中之‘迟发中子’及‘原子能’实际利用者。我国科学界亦于日前在重庆举行‘原子炸弹座谈会’，平市一部科学人才有鉴于此，特编印科学知识丛书‘原子炸弹’……完全以科学根据详加剖述，内容极为珍贵，现已出版。”[26]《科学》杂志也做了类似的广告宣传：“本书从检讨1891年至1940年间原子核物理学的进展说起，再谈到科学与工程学合作终达原子炸弹装造之实现，凡关心原子能者，不可不读此书。”[27]

在全国铺天盖地的报道声中，也出现了对于原子弹和原子能的过分渲染和失之片面之处，过于散漫者有之，太偏重描摹夸张者亦有之。1946年后，随着《军用原子能》《原子能与原子弹》等几部分量十足的图书相继出版，核科普图书的创作思潮渐趋冷静客观。

中国科学图书仪器公司1946年8月出版了章康直翻译的《军用原子能》，该书根据美国普林斯顿大学物理系主任、美国战事工程曼哈顿区顾问亨利·史密斯（Henry D. Smyth）教授的*Atomic Energy for Military Purposes*翻译而成。日本投降以后，原子能的研究和发展虽然仍被各国列为绝密，但除了铀浓缩、后处理等敏感技术，其他的讨论已不在严格管制之列。史密斯教授撰写的关于美国制造原子弹的英文原书出版以来，风行全世，成为原子能的“圣经”。该书系美国政府对于原子炸弹研究与制造的全部报告，也包含英国及加拿大政府的报告。

译者翻译该书时认为市面上鱼龙混杂的原子弹图书“致此种科学武器，几被视为神怪小说中之法宝；而对于制造方面，则又多以为总不过如一般药物之配合，或军器之装制，一旦秘密偷到，当可如法炮制；至多罗致化学物理家数人，向外国定购相当机械，即可臧事”。因此译者翻译的动机是较为合理地向国人介绍原子弹这种新发明，让国人能够科学地认识原子弹这一由无数科学家和工程师共同研发的成果，以实现灌输民智的作用，恰如其指出的：“在我国科学与工业，俱极落后，固无庸讳饰，则其非一蹴可至，自属显然。即或获知秘密，恐亦一时无从着手。此非自视太轻，谅于我国科学工业状况，有深切之认识者，当不能不作此想也。故目下根本办法，必须自濬渫民知，扶植科学教育，发展基础工业着手。决非用少数人挂起研究招牌，所可有效。盖此种做法，若非不明事理者之操切举动，即为自欺欺人之粉饰门面办法。譬如种植果树，徒知果实之悦目快口，而略其苗木之培养可乎！……译者之将本书译出，其动机即在向国内介绍一较合理之书本，俾国人对此发明，获得若干正确概念。”[28]

由于《军用原子能》仅叙述了美国制造原子弹的经过，而非对于原子能之全部讨论，几乎与该书同时，世界科学社出版部又出版发行了由辅仁大学物理系教授王普编译的《原子能与原子弹》（图1-3）。该书由16篇独立文章构成，按照内容分三部分，依次为原子能的发现历史和原子弹的制造过程、原子能在工业上的应用价值、原子弹所引起世界政府之讨论。作者王普是我国早期颇具名望的核物理学家、物理教育家，1928年毕业于北京大学物理系，1938年于德国威廉皇家学院获科学博士学位。1939年1月28日，王普在美国华盛顿参加第五届国际理论物理会议，会议期间证实了核裂变的实验。出席大会的世界级物理大师有费米、波尔、格佩特-梅耶等，王普是唯一一名华人学者[29]。

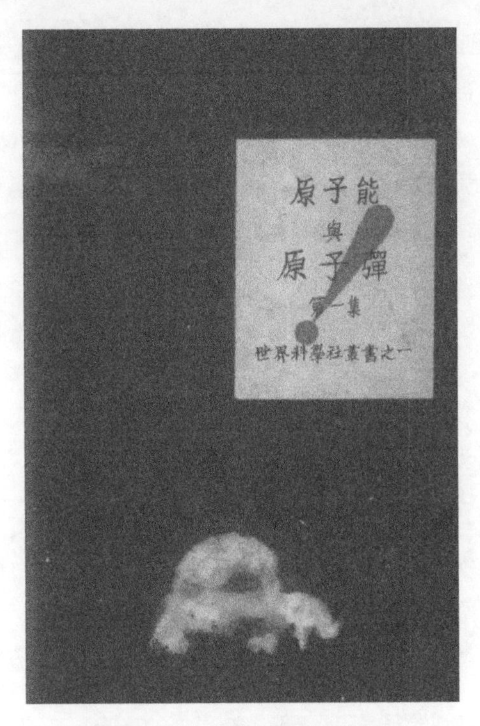

图1-3 《原子能与原子弹》封面

《原子能与原子弹》一书的核心思想在于倡导原子能的和平利用，以及如何避免未来可能发生的原子战争。作者在序言中指出："不过我们不能忘记原子弹只是原子能应用的一个方面，即在军事方面一种的应用。而原子能的应用绝不限于此，在工业上的经济价值，不久可使工业发生第二次的大革命！在战争期间若干科学家集全力发展其军事价值时，虽不暇顾及其工业上的应用，但也未完全忽略。现在战争已经结束，而原子能的秘密还在重重的暗幕下保守着，发展的详情固非局外所知，然而必同时在工业方面急剧发展，则可断言。实际上，这个方面才是原子能应用的正当途径，也是人类未来福利的源泉，原子时代的真谛在于工业，而不在于军事。"[30]这段陈述与同期作品充斥的原子弹溢美之词形成了鲜明对比，流露出科学家心系人民福祉的情怀。

上述二书稍有不足之处是内容虽已力求平易，但仍非具备足够物理化学知识者能尽读。1948年上海开明书店出版的陈岳生著《原子弹和原子能》则是一部引人入胜的科普力作。全书以美国刊行的核物理学材料为基础，综合新出版的中外杂志和通俗书籍20余种编著而成，内容主要分为四部分：一、纯粹学术性的研究——原子核物理学；二、原子能的和平利用——工业及医学方面的应用；三、原子武器的制造；四、原子科学发展简史。几已做到体系完备、材料可靠、插图醒目、行文流利（图1-4）。正如姚启钧在为这本书作的序言中所说：“大夏大学教授陈岳生先生最近写成‘原子能与原子弹’一书，源源本本，从最基本的原子观念说起，一直到原子能的应用，搜罗周详，文字流畅，深入浅出，引人入胜。书中力避艰难的数学，而奥妙的理论还是能曲曲道出。即使初中学生，稍有理化常识，亦不难一读。”[31]

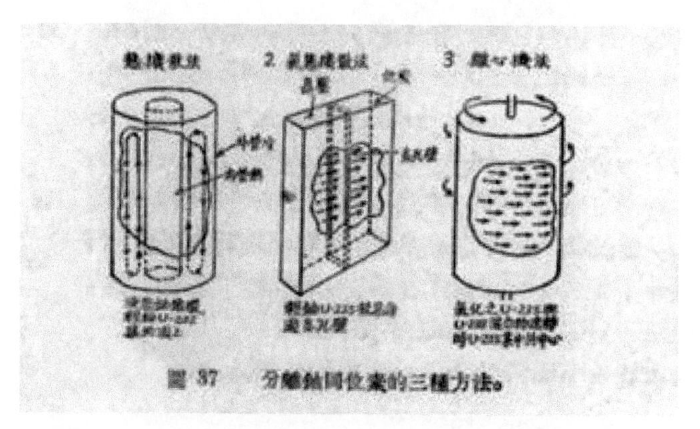

图1-4 《原子弹和原子能》关于铀同位素分离方法的插图

《新书月刊》也对陈岳生所著的《原子弹和原子能》做了报道：“本书根据核物理学材料写成，分十二章，生动扼要，插入许多新的材料，如中质子数比与核之安定性，临界体积与原子囤（即反应堆——作者注）之控制等。本书实可称为体系最全，材料最新之作。凡欲鸟瞰原子弹欲原子能之初步基本知识者，不可不读本书。”[32]虽是广告之语，但对该书做出的评价却不失中肯。读罢此书，当不难对于原子能的基本知识有一初步的全盘的领悟。

《原子世界旅行记》是王昊夫翻译苏联科普作家伊林的作品，于1948年由光华书店出版。伊林是苏联著名科普作家、儿童文学家，读者遍布全球。伊林善于把许多晦涩难懂的科学用浅显的文学笔调写出，使内容变得津津有味，堪称最善解人意的科普作家。1949年以前，伊林知名的科普作品就已传入中国，如《不夜天》（又名《灯的故事：从木柴取光到点电灯》）、《黑白》（又名《书的故事：从结绳记事到复杂的文字、漂亮的书籍》）、《人和山》（又名《人类征服自然的故事》）以及惠泽几代国人的《十万个为什么》，等等。在《原子世界旅行记》一书中，伊林用他精妙的文学笔法描绘了一个穿梭于原子世界的“我们”的见闻和对人类世界存在方式、发展规律的思考，体现了原子弹爆炸后世人对原子能的忧虑。中华人民共和国成立后，中国青年出版社于1951年推出了该书的新译本，此后又在1955年和1980年进行了重印。

除了介绍原子弹和原子能知识的科普图书，1947年之后国内也出版发行了一些从政治与社会角度探讨原子武器的著作。开启这类反思题材的首部作品当属纪泽长翻译的《天下一家或陆沉》，于1947年由商务印书馆发行。美国科学家协会主编的原书是一本集体创作，由来自科学界、军界、政界等多方面的人士执笔，分别介绍了原子能的理论、原子弹在军事方面的应用、原子弹的威力和影响、各国原子弹的生产竞争和原子弹的国际管制问题。*One World or None*的书名恰如其分地诠释了该书的宗旨：虽然原子弹的出现很快结束了第二次世界大战，但其前所未有的破坏力和毁灭力也给予人类以巨大的警告，它告诉人们，如果未来再次发生战争，那无疑将是人类的整个灭绝。人类已经处在歧途的路口，一面是“天下一家，永久和平”，另一面则是“天下陆沉，世界灭绝”[33]。该书认为，只有对原子弹的管制做出公平妥当的安排，才能消除战争，将原子能完全应用于科学和生产方面，从而实现原子能时代的理想。

上海世界知识社于1949年出版的《原子能论——原子能的军事和政治后果》也是一部重磅作品，该书为英国著名物理学家和社会活动家布莱克特（P. M. Blackett，原书译作“勃兰凯特”）的一部重要代表作，由明今等人翻译。布莱克特1919年进入剑桥大学卡文迪什实验室，在卢瑟福指导下学习物理学。1921年毕业后留在该实验室工作了十年。在这段时间内他重要的研究工作是改进威尔逊云室照相技术以研究原子核的人工转变，为云室在近代物理学研究中的应用翻开了崭新的一页。1933年，布莱克特任伦敦大学物理学教授。他领导一批外籍学者创立了别具风格的宇宙线研究学派，促进了该学科和其他一些物理学领域的发展。这些发展导致曼彻斯特大学设置了第一个射电天文学教授职位并建立了一个射电天文学实验站，该实验站对第二次世界大战中雷达技术的发展和运用发挥了重要作用。由于改进威尔逊云室方法及在核物理和宇宙线领域的发现，布莱克特获1948年诺贝尔物理学奖[34]。

在科学研究之外，布莱克特也表现出明确的政治主张。20世纪30～40年代，他与英国科学与社会研究的活跃人物贝尔纳、李约瑟等受马克思主义影响的科学家一起组成左翼科学家团体，他们呼吁科学家应履行社会责任，主张科学应为社会大众服务。1945年8月布莱克特被任命为英国原子能顾问委员会委员，在职期间仍然保持他的政治立场，并多方收集关于原子能与社会政治关系的资料。1948年春原子能顾问委员会解散后，他将自己的研究和独立见解写成了《原子能论——原子能的军事和政治后果》一书。该书批评了美国的核讹诈政策，首次提出广岛、长崎的两颗原子弹并不意味着第二次世界大战的结束，而是冷战的开始，同时也是美国原子外交的开始。该书出版后引起强烈反响，对英美的核政策有一定冲击，并在科学家中间引起了一场争论[35]。

综上所述，原子弹爆炸之后，中国学者自觉承担起普及核科学知识的任务，互相借鉴鼓励，或是翻译国外公开报告，或是根据期刊文章、通俗书籍采编，出版发行了一大批科普图书。核科普图书的出版热潮迅速揭去了原子弹的神秘面纱，对于国人正确认识原子弹和原子能起到了重要作用。然而，"志在激发同胞研究原子武器的兴趣，力求独立发展，国防安如磐石"[36]这一核科普创作的另一宏愿却远远没有实现。日本投降后，国民政府的军事部门对原子弹发生了兴趣，开始寻求同科研部门的合作，在撤离大陆之前搞了一场颇为轰烈的"原子弹热"[37]。但是受限于工业水平、国家财力和干戈扰攘，研制原子弹的宏愿只能停留在初期设想阶段。

由于该时期不具备开设核科学专业的条件，也就谈不上统一的教材。在这种情况下，核科普图书很大程度上推动了核科学名词翻译的规范化与统一化。例如章康直在《军用原子能》的自序中说："译名大部依据教育部公布译名及乙酉学社所编物理学名词补遗及修订。至两种新超铀元素neptunium与plutonium，则以目下尚无定名，暂译为"鈁"（现译作镎）和"鉨"（现译作钚），容公定后，再行改正。"除此之外，一些地方还属新创。例如陈岳生在《原子弹和原子能》的自序中说："名词方面，差不多全照通行的规定，但有少数出于新撰。将transformation译作转变，disintegration译作蜕变，decay译作衰变，fission译作裂变，fusion译作聚变。"[31]其中除"转变"后来更改为"嬗变"之外，其余固有名词称谓一直沿用至今。

第三节　科普期刊中的核科普文章

科普期刊是科普图书之外另一种普及科学知识、传播科学方法、宣传科学思想、弘扬科学精神的重要载体。20世纪30年代前后科学文化逐渐占据社会文化的核心地位，成为主流文化，而科学文化盛行的一个标志就是大量科普期刊的发行。据不完全统计，《科学画报》《科学世界》《科学大众》等当时知名的科普期刊共刊登核科普文章230篇（见图1-5）。其中既有大量面向普通民众和儿童的“图说”“奇观”“目睹记”，又不乏科学精英亲笔所撰、学术含金量十足的专文。

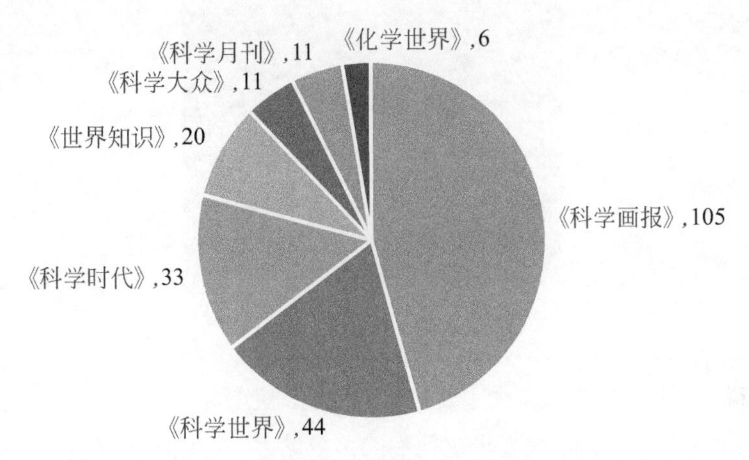

图1-5 1912~1948年部分科普期刊发表核科普文章篇数统计

一、《科学画报》

《科学画报》是该时期最著名的一份科普期刊。在科学化运动的背景下，时任中国科学社总干事杨孝述在1933年科学社理事会“举办民众科学化运动”的提案中，提出了创办通俗科学月刊的建议。是年6月3日，中国科学社在明复图书馆召开了理事会会议，会上杨孝述向理事会提议发行通俗科学杂志。经过会议商讨后，理事会成员对杨孝述的提议表示赞成，并提出了最后的决议，将杂志定名为《科学画报》，目的在于普及科学知识，参照欧美各种通俗科学杂志格式，介绍世界最新科学消息，图文并重，注意美术，版本尺寸宽大，用上等道林纸精印，每期封面用三色印刷。1933年8月1日，《科学画报》在上海创刊（图1-6）。其发刊词写道：“要中国真正科学化，我们要极端注意的，就是本国民众和儿童。民众是国家的根本，儿童是将来的主人。我们可以说中国现在的民众和儿童，与科学是毫无关系。但实际上最需要科学去解决他们生活和事业上困难的没有过于中国民众……”[38]

图1-6 《科学画报》创刊封面

《科学画报》的受众群体主要是普通民众，尤其是青年、儿童等群体。对这些群体进行科普，必然要考虑他们的接受能力，最佳的选择就是“图文并茂”，所谓“百闻不如一见”，如图1-7所示，其中右图意在说明原子内部的空隙：假使把质子和电子压紧，那么制造全世界兵舰的质料，可以放进一个妇人的顶针内。《科学画报》中的核科普文章生动地体现了这一点，其行文篇幅多简短，明白晓畅，常常配有插图，寓教于中，注重激发读者的学习兴趣。其刊登的原子发电厂见图1-8。

例如《科学画报》登载的首篇核科普文章《原子的奇观》，便是将物质微粒的结构，从分子到原子再到质子电子娓娓道出，阅之宛如“读神仙小说”[39]。

图1-7 《科学画报》刊登图文

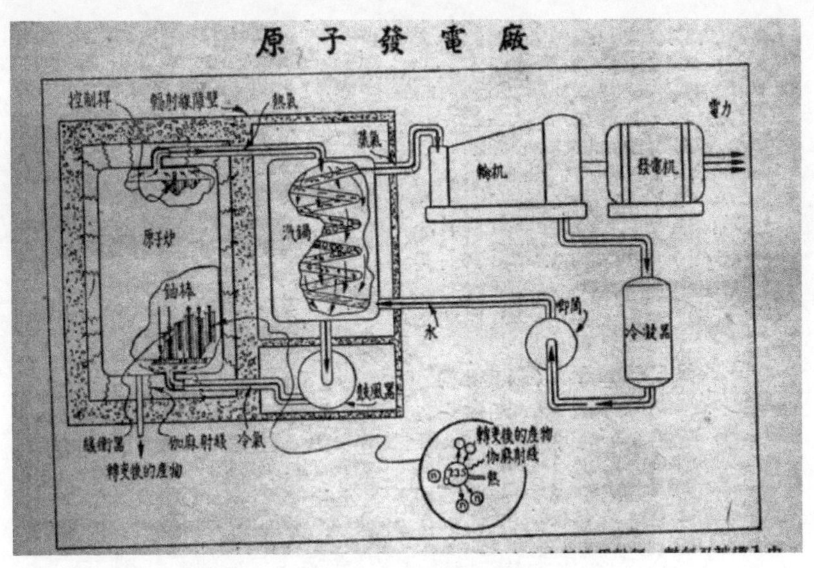

图1-8 《科学画报》刊登图文：原子发电厂

二、《科学世界》

相较《科学画报》的生动活泼，《科学世界》刊登的核科普文章的特点是科学味道浓厚。《科学世界》于1932年由中华自然科学社创办于南京，其发刊词谓：“东都的震雷，使我们再从梦中警醒。有志之士，群起高呼救国。救国的方法很多，途径不一，我们认清事实的需要，和自身能力所及，出而普及自然科学，开始发行一种通俗科学刊物，以与我亲爱的四万万同胞相见……发行本刊的使命，在供给中小学理科教师的参考材料，和增进国人的科学常识，使明白科学的应用”。[40]在“鼓励科学研究，实现科学救国”的创刊宗旨的引领下，《科学世界》的核科普文章较少“碎片化”，多为原子能科学某一领域的完整介绍。其中具有代表性的当属1947年9月出版的《中华自然科学社二十周年纪念·原子核专号》。

该期专刊共登了14篇核科普文章（见表1-1），不少作者日后成了名望至隆的精英学者，如中国近代物理学研究的开拓者之一吴有训，中国核物理奠基人之一、“两弹一星功勋奖章”获得者王淦昌，“中国核能之父”卢鹤绂等。卷头语由后来获台湾省“科技教父”之美誉的李国鼎教授撰写。从内容看，专刊涵盖了原子核物理发展史、各种基本粒子、天然和人工放射性、铀的放射化学、铀矿地质及其分布等核科学乃至核工业的多个领域。

表1-1 《科学世界》1947年第8、第9期目录

作者	篇名
李国鼎	卷头语
吴有训	社论　我国应从速建立原子核研究室
李国鼎，姚国珣	年表　原子核物理发展年表
王淦昌	各种基子之发现及其性能
施士元	研究原子核之工具
卢嘉锡，朱沅	天然和人造放射性的发现及提炼
卢鹤绂	从铀之分裂谈到原子弹
钱宝钧	原子能发展的将来
蓝天鹤	放射性物质对于生物之影响及其用途
沈昭文	放射性元素与新陈代谢的研究
周长宁	宇宙线现象
裘家奎	铀的化学
余柏年	超铀元素之化学
彭琪瑞	铀矿地质及世界铀矿
李国鼎，吴乾章	世界研究原子核物理地方介绍

李国鼎和姚国珣联合编写的《原子核物理发展年表》将1896年天然放射性现象的发现、1932年人工放射性试验成功、1939年铀元素的分裂发现、原子弹爆炸等重大科学事件依次列出，并附上相关科学家的照片。看完这篇年表，读者自然会对原子核物理这样一门“神秘”的学科形成一个具体观念。

王淦昌《各种基子之发现及其性能》（“基子”即“粒子”）一文深入浅出地描述了各种基本粒子的发现过程及其性质，揭开了它们的秘密和身世，可以看作各种粒子的一部小传。

卢鹤绂收集了很多新的材料，从人们探寻超铀元素的好奇心说起，犹如天文学家发现海王星和冥王星一样，终于发现了铀元素之后的海王元素（neptunium，镎）和冥王元素（plutonium，钚），从而打破了旧有周期表的记录。而惊天动地的原子弹，就由此产生了。卢文将重核分裂的研究经过、结果及理论根据、如何发现链式裂变反应、如何准备原子弹的原料以至于完成原子弹，一一加以说明，从文章中可以看到近代物理研究的精湛，理论与实验如何

合作而共同推进。

在彼时“拿来主义”盛行的核科普创作大流中，这本专刊显得弥足珍贵。恰如李国鼎在卷头语中指出的：“目前国内的刊物，除了翻译美国的公开报告《军用原子能》以外，可以说寥若晨星了，杂志上虽偶有刊载，也是短篇支节的介绍，所以说起来，简直是一张白纸……我们广大的读者，求知的心，是如何之切，所以不揣固陋，为了纪念本社成立二十周纪念，在本年五月筹划编一本‘原子核’专刊，做一个综合而有系统地介绍，希望借此引起读者的兴趣。”[41]

第四节 1912～1948年核科普图书出版情况分析

一、图书来源分布

据笔者所查，1912～1948年共出版核科普图书46部，其中25部是译著，其余21部由国人自主编撰而成，但大部分图书的内容是参考外文书籍和国内已出版的译著。译著中美国原著以10部位居首位，英国5部，日本、德国和苏联均有2部，法国和加拿大各有1部。该时期，向以美国为代表的西方学习科学知识已成为常态。核科学起源于欧洲，英、法、德三国均有对核科学的发展做出开拓性贡献的科学家。第二次世界大战阻断了核工业在欧洲的兴起，美国后来居上，迅速赶超，最终成为世界上首先研制出核武器的国家。与此同时，苏联的核计划也在紧锣密鼓地进行。译著数量可以从一个侧面反映出当时各国的核科技实力。

经过比较发现，国内核科普图书的创作也存在相互模仿和抄录的现象，一书多版时有发生。例如，加拿大皇后大学物理系教授罗伯森（J.K. Robertson）的著作*Atomic Artillery and the Atomic Bomb*在国内就有多种译本，例如文圣常翻译，世界书局1947年出版的《原子轰击与原子弹》；张理京翻译，商务印书馆1948年出版的《原子炮术及原子弹》。表1-2对张其耀译《原子能与原子弹》与文圣常译《原子轰击与原子弹》的章节名进行了比较。

表1-2 *Atomic Artillery and the Atomic Bomb*不同译本章节翻译对比

张其耀译《原子能与原子弹》	文圣常译《原子轰击与原子弹》
粒状物质	成粒的物质
带电微粒之放射	推动带电的质点
电子、最轻的射击体	最轻的炮弹——电子
较重之射体——正射线	轻重的炮弹——正射线
天然放射体	自然界的炮弹
有质量而无体积的微粒	非物质性的质量
宇宙线	宇宙线
谈谈轰击所用之武略	造出大炮来
近代之炼金术	近世炼金术
光子之射击及一种新试验	光子轰击及一种新的验算
放射性元素之生成	放射性元素的形成
核之构造	原子核的结构
核之分裂及连锁反应	原子核分裂及连锁反应
原子弹	原子炸弹

当然，对上述不规范的现象亦不必过于苛责。这一时期科学家群体本就不多，具有核科学造诣的更是屈指可数，当国际上核科学研究轰轰烈烈地展开之时，国内还几乎是一片空白。因此，在当时的历史条件下，引进国外现成作品，比之于自己粗制滥造，显然是更为现实也是更为适宜的途径。从另一个角度观之，也反映出“原子热潮”中民众对核科普图书的追捧。

二、图书内容和出版社分布

1912～1948年的核科普图书按照其主要内容可分为两大类，即基础核科学知识及原子弹与原子能知识。在这46部图书中，原子弹与原子能方面的图书最多，共计27部，有些书除了介绍原子弹外，还顺带介绍基础核科学知识。核科普著作的内容与核科学技术发展水平保持正相关，核裂变现象发现之前核科学的研究尚处于十分基础的原子核物理研究阶段，仅仅是物理学的延伸，没有成为独立的学科体系。介绍原子分子物理知识和西方核科学的前沿成果，就构成了这一时期核科普图书的主要内容。原子弹爆炸后，核科普图书的主要内容立即转向原子弹及其原理、构造和破坏力的介绍，同时也有关于原子弹对人类社会影响的思考。

1912～1948年出版业的发展对核科普图书的创作也起到了积极的推动作用。商务印书馆作为近代中国出版业的龙头，在核科普图书的出版上发挥了重要作用，共出版了17种核科普图书，是出版核科普图书最多的单位。其他出版核科普图书数量多于1种的机构有：中华书局3种、开明书店3种、经纬书局2种、光华书店2种。出版过核科普图书的机构共有22家，除商务印书馆、中华书局和世界书局等知名出版机构外，中国文化服务社、中日文化协会等非出版机构也发行过核科普图书，政府部门在原子弹爆炸后也编印过有关图书。中国共产党在解放区也十分重视科学知识的传播。抗战时期，中国共产党曾在东北解放区设立光华书店，在华北解放区设立新中国书局等。这些出版机构在宣传进步思想的同时，也出版了一些核科普图书，如光华书店1948年在东北地区出版的《原子世界旅行记》和《原子弹》。

三、创作群体

该时期核科普作品除少量为国内科普作家和科学家原创外，大多数为国外著作译本或基于国外文献的编译本，翻译家、出版家和科学家共同构成了核科普作品的创作主力。

翻译家虽不是核科学专业研究人员，但却是早期核科普作品的主要创作者。前文提及的《原子弹和原子能》的作者陈岳生是著名的科普工作者，他在数学、物理学、核科学等领域翻译了大量外文著作和文章，其译著大多由商务印书馆出版发行，多本译著入选《万有文库》；文章则多发表于《科学画报》《科学世界》和《新科学》等科普杂志。

近代著名科普作家、出版家、文学翻译家顾均正于1948年创作了《从原子时代到海洋时代》一书。该书由作者在大量编译国外科普作品的基础上独立创作而成，可谓是第二次世界大战后科技进展的一个总报告，凡原子弹、火箭、飞机、雷达、微波、宇宙射线，无不包罗，语言诙谐，是中学生理想的课外读物。顾均正自学英文，于1923年考入商务印书馆编译所当编辑，先在理化部编撰理化读物，后调入《少年杂志》《学生杂志》任编辑。1928年，赴开明书店工作，历任编校部主任、编辑部主任。顾均正从1931年开始从事科学写作，此后40余年也一直致力于科普读物的开拓编纂工作，为推动科普工作做出了很大的贡献。

除了翻译家和出版家群体之外，还有一些专业的科学家投身于核科普工作，如吴有训、李书华、郑太朴等。中国近代物理学奠基人、教育家吴有训参与编写的《原子核论丛》于1947年由中华自然科学社出版。以吴有训为代表的近代专业科学家，始终以科学报国为己任，因而科普实践也是他们科学事业不可或缺的组成部分。

第五节　本章小结

1912～1948年核科普作品数量较物理、化学、天文等学科少很多，且发行年代和领域较为集中，内因无疑是核科学作为新兴学科发展时间较短，外因则与动荡的国际时局相关。早期的核科普作品多以介绍原子科学为主，更多地侧重于核物理领域。1945年原子弹在日本爆炸后，核科普作品开始集中于原子弹和原子能应用方面。该时期的核科普作品虽数量有限，且以翻译国外著作为主，但仍发挥了积极作用，得以让民众客观地认识原子弹，为我国开展原子能科学研究奠定了一定的基础。

美国在日本投放的原子弹的巨大威力在我国国内引起了广泛反响。政府和其他科学机构开始对原子能科学表现出浓厚的兴趣，但是当时政府仅挑选了6人送往美国学习与研制原子弹相关的科学技术。国内缺乏基本的物质条件来支持耗费惊人的原子能科学研究，研制原子弹在这时只能是一个梦想。即便如此，一些科学家仍知难而进，在努力开展原子物理研究之外，还积极通过各种途径介绍和普及核科学知识，迅速形成了一场关于原子弹的核科普热潮。

第二章

1949～1959年：助力新中国核事业的开启

虽然1912～1948年的核科普取得了一定成绩，但是对于核科学技术的研究并未起到推动作用。囿于国力羸弱、经费拮据，该时期的核科学研究几乎是一张白纸。中华人民共和国成立后，核科学研究才真正展开。在中央高层明确做出发展原子能的决策之前，国内核科普创作者并没有坐等时机，而是力所能及地编写了一些科普图书、文章，为原子能事业的全面铺开积极创造有利条件。1955年1月，中共中央做出创建核工业这一富有远见的战略决策后，周恩来总理首先强调，要公开宣传原子能的利用。在这一指示下，全国开展了轰轰烈烈的原子能科学教育运动。通过“反对进行原子战争”签名运动、宣讲原子能科学、举办“苏联和平利用原子能科学技术展览会”等一系列活动，中国核科普事业迎来了第一个真正意义上的高潮，成功营造出一个全国人民关心原子能事业的气氛，为国家集中力量进行原子能的研究提供了极为有利的舆论条件。

第一节　为中国的核决策创造条件：新中国成立初期的核科普作品

20世纪50年代初期，刚刚成立的新中国面临着极为严峻的国际形势。以美国为首的西方列强除了对华实施全面的经济技术封锁，还在朝鲜半岛燃起战火，严重地威胁到中国的国家安全。美国在朝鲜战争中曾多次或明或暗地对中国“威胁”使用核武器。面对美国的核讹诈，要保卫祖国安全，维护世界和平，中国就必须要建设强大的国防，拥有自己的核武器。与此同时，世界核科学技术的飞速发展，也增强了中国创建核事业的紧迫感。继美国之后，苏联于1949年、1953年，英国于1952年、1957年，先后成功试爆了第一颗原子弹和氢弹。苏联还在1954年建成了世界上第一座核电站，为人类和平利用核能开辟了新纪元。法国、日本等国家也都相继开展了核科学技术的研究工作。于是，中央高层逐步把发展核科学技术、研制核武器、建设核工业提上国家发展的议事日程。

在国外，坚决反对美国核讹诈政策的世界和平人士，也希望中国掌握核武器。1951年6月，时任世界保卫和平理事会主席、法国杰出的核物理学家约里奥-居里先生得知在居里实验室留学四年的中国放射化学家杨承宗准备离法回国参加祖国建设时，特地约见杨承宗，并对他说：“你回国后，请转告毛泽东主席，你们要反对原子弹，你们必须要有原子弹。原子弹也不是那么可怕的。原子弹的原理也不是美国人发明的。”约里奥-居里夫人还将亲手制作的10g含微量镭盐的标准源送给杨承宗，作为对中国人民开展核科学研究的支持[42]。

1950年5月19日，中国科学院近代物理研究所成立。它在原中央研究院物理研究所原子核物理部分与北平研究院原子学研究所的基础上组建而成，由吴有训任所长，钱三强任副所长（一年后任所长），所址位于北京市东皇城根甲42号。1953年10月更名为中国科学院物理研究所，1954年迁入中关村核物理实验大楼。1956年9月，在建的房山坨里实验基地与物理研究所（中关村）合并，名称仍为“中国科学院物理研究所”，中关村部分为一部，坨里部分为二部。1958年6月，更名为中国科学院原子能研究所，实行部院双重领导，以第二机械工业部（以下简称二机部）为主。1984年11月，更名为中国原子能科学研究院。中国科学院近代物理研究所是新中国第一个科学技术研究机构，20世纪50年代到70年代从这里派生出了12个新的科研机构，被誉为原子能事业的“老母鸡”和中国核科学研究及人才成长的“摇篮”。

在中国科学院近代物理研究所成立的2个月前，1950年3月北京三联书店出版发行了知名化学家、教育家曾昭抡编著的《原子与原子能》，这也是笔者所见到的新中国成立后出版的第一部原创核科普图书。作者曾昭抡是晚清重臣曾国藩的后裔，1926年获麻省理工学院科学博士学位，同年回国任中央大学化工系教授兼系主任。1946年夏天，曾昭抡和吴大猷、华罗庚、李政道、朱光亚等先后赴美考察制造原子弹的技术。1948年折回香港，翌年春回京任北京大学教务长兼化学系主任[43]。该书为曾昭抡蛰居香港期间所写。全书分为物质的构成——原子学说、原子学说的充实，电子——“电的原子”，能与物质——原子能、同位素、原子构造、放射性与核子构造、核子反应和附录。从内容上看，是一部百分之百的原子核物理图书。关于写作该书的初衷，作者在自序中开宗明义地指出：“二次大战以后，原子已被包括在一般人的常识范围以内。关于原子研究的专门著述及通俗介绍，战后在各国出版者，颇不算少，其中不乏佳作。中国方面，亦已将一部分此等西文书籍，译成中文。不过目前尚滞留在农业社会阶段的中国，其一般人民了解科学的程度，远不如西洋各国之高。因此别人认为通俗的科学书，译成中文之后，即往往成为过于专门。本书目的，在于从更低的基础出发，尽可能深入浅出，使一般素不研究科学，或科学基础不够的，读之亦可得到一种初步了解。”[44]有趣的是，作者还一语道破了核科普创作的尴尬处境：“无论如何，科学书根本就没有文学书那样容易读，而原子科学又是科学中相当难的一个部门；所以对于一般读者，此书多少显得有点艰深，那是无法避免的。”

朝鲜战争爆发后，中共中央于1950年10月26日发出《关于在全国进行时事宣传的指示》，指出：为了使全体人民正确地认识美国，在宣传中应该说明“美国是纸老虎”“原子武器已非美国独有，且不能决定战争胜负。国土愈广，人口愈不集中，原子武器的作用愈小”[45]。根据这一指示，随着全国抗美援朝运动宣传的大规模展开，核宣传的力度进一步加大。

《人民日报》除继续报道有关原子能、原子弹的时事外，还刊载了一些世界和平人士对原子能问题的认识。例如，1950年11月22日《人民日报》发表了世界和平理事会执行局副主席南尼11月17日在第二届世界保卫和平大会上，关于开展广泛活动以禁止战争宣传、禁止原子武器、普遍裁减军备及建立管制机构监督执行这些措施的报告[46]。此外，《人民日报》还先后发文介绍了几本有关原子能的外文书籍。例如，由约里奥-居里先生等世界核科学研究权威共同撰写的《我要知道原子问题》一书，全书虽然只有5万字的篇幅，但扼要透辟地介绍了有关原子能的多项问题。除了新闻报道，北京的高校还挑选有核科学背景的教师组成原子弹讲演组，多次到各中学进行讲演，解释原子弹的原理、威力和有效防御。讲演组成员之一、后来成为两弹元勋的朱光亚还撰写了《原子能与原子武器》一文，由工会小组油印发出，作为对外宣传的重要参考资料[47]。其他一些部门和单位也积极办讲座，宣讲原子能知识。

1954年6月27日，苏联建造的世界上第一个原子能电站成功发电。中国科学界受到很大鼓舞，撰写了许多苏联原子能发电站和原子能发电原理的科普文章。例如李际霖《略谈原子能发电问题》一文十分生动地介绍了反应堆中链式裂变反应的过程：“因为铀235的分裂，通常是需要一个中子冲入它的原子核中去的，若无中子冲入它的核中，分裂是不可能的。但是铀原子核分裂时本身能放出一到三个快速中子（它的速度可以达到每秒钟一万五千公里），这些中子能够冲入其他的铀核，可是在中子速度比较高的情形下，由于铀238所占的比例大，所以冲入铀238的机会较多，而冲入铀235的机会较少。而中子冲入铀238的原子核后，会使铀238变成一种新的超铀元素钚，而不能使它直接分裂放出原子能和中子。这样，核子反应就不能继续进行下去。但是根据实验知道，若中子速度减小到热能附近，就是中子的能量与物质的热分子运动能量相等，它的速度每秒钟约二公里多。那末，它与铀235发生反应的可能性变得非常大，因此铀235的量虽然少，但是一大部分中子还是可以冲进它的原子核，使核立刻分裂，同时放出一到三个中子，它们被减速后又有机会冲入别的铀235核。这样循环下去，核子反应就能连续不断地进行。这种反应就是所谓连锁反应。我们要达到连锁反应也就必需利用适当的装置，使用铀造成的棒和中子减速剂（通常是石墨）放在一起。这种装置就是所谓原子堆或称为核子反应器，它是原子能发电系统中的最主要的部分。”[48]

王淦昌的《苏联原子能电力站建成的伟大意义》一文介绍道：“从1公斤的铀235的核分裂所放出的热能与从燃烧2700吨煤所放出的是相等的。因此放出同样热能的铀235和煤，它们重量的比是1比270万，而它们体积比大约是1比3000万左右。从这个例子，使人不难想象，为何原子能的应用，会引起工业发生巨大的革新。目前可以用作原子能‘燃料’的物质，在重元素方面只限于铀235和钚239，后者是由原子堆中的铀238经中子冲击后‘再生’出来的。天然钍232被中子撞击后成为钍233，再经两次蜕变成为铀233，也可以作为原子能原料。”[49]

1954年中华全国科学技术普及协会出版了《原子能》科普小册子，系根据中国科学院物理研究所实验物理组组长赵忠尧在中央科学讲座的讲演速记稿整理而成。赵忠尧用简短的篇幅，对原子和原子核的构造等进行了一般的介绍，对于原子能的产生，包括链式反应和反应堆在原子能产生的过程中所起的作用等，也做了深入浅出的说明。

由上述内容可见，在中央明确指示发展核工业之前，我国核科学家并没有坐等时机。他们在科研条件还比较落后的情况下，一边积极寻找核科学技术的入门之法，一边仍抽出时间和精力撰写科普作品，力所能及地向公众传播核科学知识。这些未雨绸缪的工作为核事业的全面铺开创造了有利条件。

第二节　国家决策创建核工业后的核科普高潮

1955年1月15日，毛泽东主持召开中共中央书记处扩大会议。会议上地质部部长李四光、副部长刘杰以及钱三强进行了汇报。这次会议做出了创建核工业的决策，标志着中国核工业建设的开端。正如毛泽东在同年3月中共全国代表会议上指出的，中国进入了“开始要钻原子能这样的历史的新时期”[50]。

由于包括各级领导干部在内的很多人对原子能还没有基本概念，以为核燃料是像煤、汽油那样的普通燃料，因此在国家正式做出核决策之后，首要任务之一就是要做好有关原子能知识的科普和教育工作，这也是一项基础性的工作。正如周恩来总理所指出的：“对中国来说，这是个新问题。现在是原子时代，原子能不论用于和平或者用于战争，都必须懂得才行。”[51]在国家刚性需求的推动下，中国核科普事业迎来了第一个真正意义上的高潮。

一、反对使用原子武器签名运动

中央做出创建核工业的战略决策四天后，也就是1955年1月19日，在奥地利维也纳召开的世界和平理事会常务委员会会议通过了《告全世界人民书》，号召全世界人民联合起来禁止使用原子武器，禁止制造原子武器。世界和平理事会主席约里奥-居里先生在宣读这一宣言后指出：“世界和平理事会常务委员会已经决定广泛地发动一个签名运动，以便表达全世界人民对准备原子战争的抗议。”由此，开始了全世界范围的签名运动。同年1月22日，《人民日报》发表名为《在伟大的号召下行动起来》的社论，提出：“各国人民……为消除原子战争威胁而斗争到底……为了实现这个任务……把禁止使用原子武器的签名运动形成为强大的真正的群众运动……六亿的中国人民将坚决支持这个号召，并积极采取具体的行动。我们相信，全世界人民一定会以最大的决心和信心响应世界和平理事会的伟大号召，一致行动起来，击败原子战争的阴谋计划，捍卫世界和平，并把原子能用来造福于人类。”

同年1月31日，周恩来主持召开国务院第四次全体会议，讨论苏联部长会议发表的关于苏联在促进原子能和平用途的研究方面，给予其他国家以科学、技术和工业上的帮助的声明。周恩来指出：

“现在是原子时代，原子能不论用于和平或者用于战争，都必须懂得才行……原子能现在已经成为常识，世界到处在议论……这使全世界人民看清楚了原子能问题，使全世界人民好似当年对蒸汽机那样地重视。如果连对原子能的认识都不够，哪里有信心和勇气来制止原子战争、促进原子能的和平利用呢？原子武器的力量到底怎么样？……我们要使广大人民了解原子能，要进行广泛的教育和认真的工作……从积极方面来说，我们要公开地进行教育，认真地进行工作，积极促进原子能的和平利用。从消极方面来说，我们要号召人民起来，反对使用原子武器、反对进行原子战争……如果不进行广泛的教育，就不可能取得成绩……认真研究业务是少数人的工作，但要反对使用原子武器那是几万万人的事情，要扩大原子能的教育也是几百万人的事情。”

周恩来强调：“我国要支持这个签名运动。过去两次签名运动，我国人民都有很大的反应，这次签名运动将有更大的反应。人民是要求和平、反对原子战争的……我国人多，每次签名都是很大的数目，他们都希望我们起推动作用。”[51]

会后，在周恩来的具体部署下，一场全国范围的原子能宣传运动随即开始。

1955年2月12日，中国人民反对使用原子武器签名运动委员会正式成立，号召全中国人民响应世界和平理事会常务委员会《告全世界人民书》，开展反对使用原子武器的签名运动。成立会上，中国科学院院长郭沫若做了《加强和平力量，粉碎原子战争的威胁！》的报告，指出："为了表示我们的坚决反对——反对原子战争的威胁，反对美帝国主义在全世界布置军事基地、准备新的战争，反对美帝国主义侵占我国领土台湾及其他岛屿。我们全体中国人民，请踊跃地签名吧！"[52]在此期间，《人民日报》曾发表了数十篇报道刊载《签名运动委员会公报》，介绍各地、各行业签名运动的进展。据统计，在不到两个月的时间内全国共有400505997人签名[53]。可以说，这场签名运动，令"原子能"达到了家喻户晓、深入人心的程度。

二、大力宣讲原子能科学

根据1955年1月31日周恩来总理在国务院第四次全体会议提出的"请科学院主持这项工作""组织原子能和平利用讲座，先从高级干部组织起""编些通俗的小册子"等指示要求，中国科学院于同年2月2日举行了和平利用原子能问题的座谈会。包括原子核物理学家、中华全国自然科学专门学会联合会、中华全国科学技术普及协会负责人，以及中国科学院在京各研究所所长、北京各高等学校有关教师在内的共九十余人参加了座谈会。座谈会由中国科学院党组书记张稼夫主持。会上郭沫若院长作了关于国际形势、世界和平运动以及关于苏联建议帮助中国研究和平利用原子能问题的报告。郭沫若和张稼夫号召科学家广泛开展关于和平利用原子能、反对美帝国主义准备原子战争的讨论，组织有关原子能问题的通俗讲演会，编写通俗小册子，使广大人民认识原子能用于和平事业的重要性。最后，决定成立原子能通俗讲座组织委员会，推举出吴有训、钱三强、周培源、钱伟长、严济慈、王淦昌、于光远、袁翰青、曹日昌九人负责进行各项组织宣传教育工作[54]。

2月4日，原子能和平利用通俗讲座首场演讲在北京西皇城根市干部学校礼堂举行，除了中央领导以外的各大部委干部全都参加了讲座。钱三强从最基本的知识讲起，用通俗易懂的语言讲清楚了核物理学中的高深问题。据《竺可桢日记》记载："听钱三强讲原子能，听众极为拥挤，直至五点半始散。演讲极为成功。”[55]由此开始至3月5日，原子能通俗讲座组委会在中央一级机关、全国性人民团体和部分学校为具有初中以上文化水平的干部、青年学生和教师等举办了132次讲演，听众达16万人之多[56]。各位演讲者对这一工作非常热情，在讲演前集体讨论讲稿内容，讲演时配有幻灯、挂图和仪器。为了更好地帮助听众了解演讲内容，从2月16日开始，讲座组委会又专门印制了《原子能通俗讲座图表及名词解释》，以供听众们参考。之后，中华全国科学技术普及协会还将编制的原子能科学知识通俗参考资料及幻灯、挂图等发送全国各地科普分会，以便配合当地开展反对使用原子武器签名运动时，对群众进行宣传教育工作。

3月，经何祚庥、秦浩和汪容进行文字整理后，系列演讲的讲稿以《原子能通俗讲话》为名出版（图2-1）。此书既是一本系统地介绍原子能方面知识的读物，也为各地开展原子能通俗演讲提供了一份参考资料。除了讲稿以外，该书作者还特意增加了一些专门知识，以便演讲者根据对象的不同而有所取舍。

图2-1 《原子能通俗讲话》封面

全书分为五个部分。第一部分介绍了理解“什么是原子能”所需要的基本知识，主要是“能”“原子”，以及“化学能与原子能”等。该书首先从日常生活出发，叙述了“能”及其用途。作者回答了什么是化学能和原子能的问题，并根据相对论的原理——越重的东西所蕴含的能量越大，说明由原子核放出的能量，要比化学能大上百万倍，甚至千万倍。第二部分说明了人类发现和掌握原子能的历史，这些历史的叙述表明原子能的发现和利用乃是世界各国科学家集体努力的结果。第三部分叙述了原子能的和平利用，这部分是该书的重点之一，介绍了原子能在工业、农业和医学等领域的极其广泛的应用，指出和平使用原子能将给人类带来很大的幸福。第四部分介绍了原子弹和氢弹的原理、结构、威力和防御方法。第五部分介绍了围绕着原子能问题而展开的“禁止使用原子武器、和平使用原子能”的斗争。最后，作者认为“我国人民和苏联人民，以及全世界爱好和平的人民一样，坚决主张禁止使用原子武器和氢武器”“同时，我国人民一定要在苏联帮助之下，迅速地发展和平利用原子能的事业。发展和平利用原子能的事业，对我国的社会主义建设，和对保卫远东和世界和平，都有着重要的意义”。[57]该书当年在国内共发行了20万册，后来还出版了维吾尔语、朝鲜语版，产生了十分广泛的影响。

除了做公开通俗演讲，科学家还在科普期刊和重要报纸撰写文章介绍原子能科学知识。如周培源的《原子能的基本原理与和平用途》[58]、王淦昌的《苏联在和平利用原子能方面的成就》[59]、王普的《原子核的分裂》[60]等。《光明日报》从1955年2月14日起在第3版“科学”栏目中不定期登载各种介绍原子能科学知识的专文❶。在上述文章中，中国科学院物理研究所放射化学研究组副组长、理论化学家郭挺章撰写的《原子能的和平利用与化学》很值得一提[61]。该文详细讲述了化学家在原子能发展史上所做的贡献和原子能科学对于化学的推动作用。文章第一部分通过回顾居里夫人、居里夫人的继承人约里奥-居里夫妇、哈恩等放射化学家的杰出工作，证明了从人工放射性到核裂变现象的发现、实现受控链式裂变核反应，放射化学的工作贯穿其中，出色地参与了原子能时代的缔造。原子能事业的基础是核燃料铀和钚，其生产环节需要解决各种各样的放射化学问题。从这点上说，原子能科学的发展也离不开化学。文章第二部分介绍了原子能科学反过来又为化学提供了新的方法和工具，如放射性原子示踪标记、中子活化分析等。一直以来，核科普作品中关于原子能科学知识的介绍多数都是原子核物理，该文系统地说明了原子能科学与化学之间的互动关系，对于读者认识化学对于原子能发展的重要性起到了一定的作用。

全国性的原子能通俗讲座组织委员会成立后，各省市也纷纷成立了各地的原子能通俗讲座组织委员会，组织开展演讲活动。如1955年2月22日，中国科学院西北分院筹备委员会、中华全国自然科学专门学会联合会西安分会、陕

❶ 该栏目为双周刊，头几期的有关内容主要摘载自苏联力学候补博士И·А·纳乌明柯所著的《原子能和它的应用》一书的译文。参见《光明日报》1955年2月14日、28日，3月14日等期。

西省科学技术普及协会筹备委员会联合举办了和平利用原子能问题座谈会，并成立了西安原子能通俗讲座组织委员会，以开展和平利用原子能、反对使用原子武器的通俗科学讲演工作[62]。同年3月29日，呼和浩特市组织了20多位蒙古族、汉族科学技术工作者担任演讲员，并组成五个教研组，根据民族地区的特点和《原子能通俗讲话》删节编译而成蒙、汉两种文字的讲稿[63]。

自《原子能通俗讲话》始，国内于1955～1956年出版了大量依据科普讲座讲稿整理而成的科普图书（见表2-1）。

表2-1　1955～1956年由非正式出版机构发行的核科普图书

序号	作品名称	发行单位	发行时间/年
1	原子能通俗讲话	中华全国科学技术普及协会	1955
2	原子和原子能	中华全国科学技术普及协会	1955
3	学习原子能知识促进和平利用原子能	广东人民图书馆	1955
4	原子能常识（蒙古文）	内蒙古科学技术普及委员会	1955
5	原子能和冶金工业	中华全国科学技术普及协会	1956
6	原子能在农业和食品工业中的利用	中华全国科学技术普及协会	1956
7	利用原子能的化学	中华全国科学技术普及协会	1956
8	原子和原子能	中国人民解放军总政治部文化部	1956
9	原子能和未来	湖北省襄樊市人民图书馆	1956
10	原子能和冶金工业	中华全国科学技术普及协会	1956
11	原子动力——未来时代的动力	中华全国科学技术普及协会	1956
12	原子能常识讲义	中国科学院原子能研究所	1956

其特点是：a. 体量小，多为小册子；b. 文字具有口语化特色；c. 由非图书出版机构编辑发行。此类作品虽然通俗易懂，但是短板也很明显，即知识碎片化，不够严谨，难以满足高中文化水平以上读者的需要。1956年3月由科学出版社出版发行的《原子能的原理和应用》很好地弥补了这一不足。该书由赵忠尧、何泽慧、杨承宗三位著名的核科学家共同编著。赵、何、杨三位当时在中国科学院物理研究所分别从事加速器、中子物理与裂变物理、放射化学的研

究工作，身处中国核科学研究的前沿。与种类繁多的通俗小册子和报刊连篇累牍的短篇文字相比，《原子能的原理和应用》较系统地、完整地、具体地介绍了有关原子能的知识，共分两部分：上部介绍原子能的原理，从物质结构说到原子、原子核、核反应，接着介绍研究核反应以及利用原子能时所用的仪器和设备等；下部介绍原子能在动力方面，放射性同位素在工业、物理、化学、地质学、农业科学、医学和生物化学等方面的应用。全书共计234页，上下部的内容各占一半。书中的插图和文本说明一样清晰，有些示意图很适用于教学。例如甲种粒子（即 α 粒子）的散射实验图、卢瑟福核反应实验图、云雾室示意图、原子弹和氢弹构造的示意图等，都很能启发人想象，使高深的原子能科学变得容易接受。

虽然该书的严谨性和科学性在一定程度上牺牲了阅读的趣味性，存在叙述单调、不生动、表达方式有些不灵活的缺点，但还是一部不可多得的核科普力作。它以新知识吸引读者，表述方式做到了口语化，以提出问题、解答问题、说明问题的方式贯穿全书；对有些问题只是采用了科学上的结论加以解释和说明，省略列公式、演算、实验技术等内容。如在第34页第18节“质量和能量，结合能”中，作者先叙述了质量和能量的关系，然后又谈到静质量和动能量的概念，并扼要地介绍了爱因斯坦相对论的几个公式的物理意义；但如果仅仅这样，没有学过高等物理的人还是不易一下了解的，作者紧接着在谈到“结合能”时，又举出具体的事实例子，从两个质子和两个中子结合成氦核，计算出静质量的减少，来说明减少的静质量有时转化为光子的质量，有时转化为核反应产物的增益质量，及与此相关的大量结合能的产生。这样既通俗、又简洁地说明了爱因斯坦相对论关于质能关系的原理，加深了读者对它的理解。又如对许多数字，作者也尽量找出使人易于理解的形象化的概念。如第9页中谈及原子核半径约为$10^{-13}\sim10^{-12}$cm时，就用“一万个左右的原子核排成一线，才有原子的半径那么长”的方式来解说原子结构的尺度，这样读者对第45页中所谈到的原子核的截面面积大概只占原子截面面积的一亿分之一的意义也就容易理解了；再加上 α 粒子和核之间的静电斥力大，很自然地读者就会明了利用天然甲种粒子来打中原子核是有许多困难的；这样也就逐步地把读者引导到了深入研究为什么要运用中子的原理，和如何利用加速器来产生高速质子撞击原子核等一系列的问题。

凭借上述种种优点，该书出版以来受到读者的热烈欢迎，一些学者还纷纷写书评加以推荐[64]。不少大学将其作为物理和化学授课必备的参考书目。

1956年国家创办首批原子能专业时，该书还被作为教材使用。1965年，该书推出了修订版，共计发行4万余册。

整体而言，在国家政策的引导和以中国科学院为主的科学部门大力推动下，核科普创作呈现一片繁荣之势。内容由之前略显单一的原子物理知识、原子弹扩展到原子能化学、原子能发电、原子能工业和原子能技术等方面，并在工业、农业、食品、医学等国民经济各领域有所应用。

第三节　核科普高潮中的国际因素

近年来学术界针对中国核事业早期发展中的核科学宣传普及工作已开展了不少研究，本节从译自苏联的核科普图书、《人民日报》和《光明日报》刊载的介绍相关文章以及“苏联和平利用原子能科学技术展览会”三个不同层面切入，讨论其主要内容和影响。

一、原子能宣传运动中“苏联热”出现的时代背景

中华人民共和国成立初期对苏联的各种宣传由来已久。1949年7月1日，毛泽东在《人民日报》发表《论人民民主专政》[65]，在这样的背景下，我国在报纸、图书、文艺演出等多种传播途径中对苏联社会主义道路、苏联人民生活进行了宣传。自1949年5月16日起，《人民日报》在每逢周一发行的报纸中刊登“苏联研究”系列报道。截止到1950年10月，该系列共刊登了51篇报道，涉及苏联的政治、经济、文化、教育、外交和军事关系等诸多方面[66]。随着苏联在工业、科技、教育等领域对华实施援助，相关的宣传力度进一步加大直至呈铺天盖地之势。

然而，在原子能工业方面，苏联领导人一直缄口不言。直到1954年9月赫鲁晓夫首次访华期间，表示可以援助中国建立一个小型实验性反应堆，用以开展核科学研究和人才培养[67]。这为中国核武器研制奠定了基础。1955年1月20日，中苏签订了原子能方面的第一个援助协议，主要内容是由两国合作在中国境内进行铀矿普查勘探。同年1月31日，国务院做出《关于苏联建议帮助中国研究和平利用原子能问题的决定》，正式接受苏联的援助。

国内各界对苏联的核技术援助是寄予厚望的。核物理学家赵忠尧在1955

年1月由中国科学院、中华全国自然科学专门学会联合会和中华全国科学技术普及协会联合举办的座谈会中指出：“由于苏联在原子能和平使用方面给予我国的无私帮助，今后一定会使我国的原子物理科学获得很大发展，我国科学的各个方面包括医学、农业、畜牧、运输、建筑工程等也都将会因此而充分地运用原子能量。”[68]为了迎接苏联援助我国和平利用原子能事业，积极介绍苏联原子能工业的各项成就自然而然就成为原子能宣传运动的一项重要内容。

二、大规模引进核科普图书

据笔者统计，1955～1959年一共从苏联引入了21部原子能科普译作（见表2-2，其中有5本是据苏联专家来华演讲稿或者发表在其他地方的科普文章整理汇编而成的小册子，书名在表中加粗显示），约占同期原子能科普图书总数的24%，是我国原子能科普图书的一项重要来源。

表2-2　1955～1959年译自苏联的原子能科普图书

年份	作品名称	作者	译者	出版者
1955	原子能	列希科夫切夫	周奇	中国青年出版社
	原子能及其应用	纳乌明柯	吴礼恕	中华全国科学技术普及协会
	原子和原子能	布亚诺夫	汪镇藩	中华全国科学技术普及协会
1956	原子能和它的应用前途	米哈依洛夫，木可铁切夫	邵成勋，寿荣宗	科学普及出版社
	原子能和冶金工业	萨马林，等		中华全国科学技术普及协会
	原子能在农业和食品工业中的利用	库津		中华全国科学技术普及协会
	利用原子能的化学	科斯雅科夫，等		中华全国科学技术普及协会
	原子武器及其防御	纳乌明柯	东生	科学普及出版社
	原子动力——未来时代的动力	诺维克夫，等		中华全国科学技术普及协会
	原子核里的宝藏	斯捷巴诺夫	陈铁心	上海科学技术出版社
	奇妙的原子	布扬诺夫	华涵	中国青年出版社
1957	原子和原子能	密仁采夫	高淑敏，等	国防工业出版社
1958	为医学服务的原子能	格罗德辰斯基	滕砥平，等	科学普及出版社
	原子武器与原子防护	阿尔希波夫	刘铭于，白淑惠	国防工业出版社

续表

年份	作品名称	作者	译者	出版者
1958	原子工业	阿斯大申科夫	苏杭	国防工业出版社
	放射性	扎波连科	钟建安	科学普及出版社
1959	热核能——未来动力的基础	库尔恰托夫，等	何青，等	科学普及出版社
	放射能的发现	涅察叶夫	郭文杰	上海科学技术出版社
	原子在工作	斯马庚	李晓华，等	科学普及出版社
	原子核	柯尔松斯基	裴毓华	科学出版社
	原子武器及其防御	格沃捷夫，亚柯夫金	集成	群众出版社

分析这21部译著的名称及目录可以发现，其呈现如下三个特点。

① 1955年3部译著集中于介绍原子能科学知识；自1956年开始更加侧重于原子能的实际应用，1957～1958年还由国防工业出版社发行了3部有相当篇幅的介绍原子武器的图书。这亦与苏联的核技术援助由基础性的科学研究逐步进入到实质性的工业建设阶段相一致。1958年出版的《原子工业》颇具代表性。该书覆盖范围很广，不仅介绍了原子结构、什么是原子能、放射性物质的辐射等原子能科学知识，还包括核燃料的生产工序、辐射的防护和放射性废物的利用与清除等。例如第五章“原子原料之加工”中，介绍了选矿从破碎到获得精矿的全过程，并配有铀矿石选矿流程图。要知道正是从1958年5月开始，负责铀原料生产各项工序的系列工程，如江西上饶铀矿场、湖南衡阳铀水冶厂、包头核元件厂等陆续动工建设。国防工业出版社在同一时期引进和发行《原子工业》这类作品，似非偶然。

② 虽然有少数原子武器题材的作品，但是译著仍以介绍原子能的和平利用为主，即原子能在工、农、医等国民经济各领域中的应用。

③ 此类作品在展开正文之前，往往会首先着重阐明两种不同社会制度使用原子能的两种不同目的和方法，例如“苏联掌握了原子能，并主张仅利用原子能于和平目的。以美国为首的帝国主义阵营采取了完全相反的政策……物理学家的卓越发现——原子能——被他们用于战争的目的，用于恐吓和奴役人民。”[69]

除了从苏联译入图书之外，我国原创原子能科普图书中也有众多介绍苏联先进科技、原子能政策路线的作品。例如1955年学习生活出版社发行的《苏联怎样和平利用原子能》，作者巫味平曾在上海中苏友好协会担任要职。该书全面介绍了苏联的核电站和放射性同位素在工业、农业和医学中的具体应用，以及苏联如何帮助其他社会主义国家和平利用原子能。1954年6月，苏联建成了世界上第一座原子能发电站，这一科学事件引起了中国人民的极大关注。为了满足大众“很想知道一些原子能的新知识”的要求，1955年由燃料工业出版社出版了《原子能发电》一书，其中汇集了钱三强、叶圣陶、梅汝璈等的文章，详细介绍了原子能发电的基本原理以及苏联核电站的建设，同时阐明了世界上两种核路线：帝国主义使用者把原子军备作为外交上的讹诈政策的基础；苏联把原子能用于和平目的，以促进人类文明的全面发展[70]。

三、两报刊载的介绍苏联原子能成就和政策的文章

1955～1959年《人民日报》与《光明日报》是中苏友好话语体系的旗帜性媒介，也是宣传苏联形象的主阵地。1955年1月18日，即苏联宣布对社会主义阵营国家在原子能和平用途方面给予帮助后的第二天，《人民日报》头版头条便刊登了这条声明[71]。 与科普图书类似，《人民日报》和《光明日报》刊登的相关文章也主要集中在两方面：其一是颂扬苏联和平利用原子能的成就；其二是高度称赞苏联和平利用原子能的方针，同时批判帝国主义的核讹诈政策。只是宣传的力度更大，所用辞藻更为华丽。

据笔者不完全统计，《人民日报》和《光明日报》在1955～1959年期间登载了29篇介绍苏联原子能成就的文章，全部聚焦在原子能在工业、农业、医学、能源等方面的应用。如《苏联把原子能用于冶金工业的成就》一文介绍了苏联利用放射性同位素保护高炉、铣铁脱硫、检查焊缝和测定合金钢成分。《苏联科学院植物生理学研究所所长谈利用原子能探索植物生长过程问题》提出，科学家们利用示踪原子观测营养物质在植物中吸收、运动和新陈代谢过程，这项工作对经济作物的选种和培植有很大意义。《苏联完成原子能破冰船技术设计》则介绍了苏联建设的世界上第一艘装有原子发动机的破冰船技术。

如果对这类文章语言风格加以深究不难发现，对苏联成果的评价语中频繁使用“伟大”“卓越”“崇高”“榜样”等字眼。例如将苏联第一座原子能发电站视为“苏联和人类科学技术的伟大胜利，苏联致力于和平事业的伟大胜利”“苏联科学家和工程师们卓越的创造”[72]；赞扬苏联在和平利用原子能方面“为世界各国作出崇高的榜样”[73]；称苏联核科学“站在世界的最前列”[74]，

等等不一而足。当然，这些文章无疑会有或多或少的夸大成分，但作者群体中不少身处核工业建设的一线，他们作为局中人对于来自苏联的核援助的巨大作用当自有体悟。应该说，文中不少饱含情感的感谢苏联无私援助的话语很大程度上还是真心实意的。

1955～1959年两报刊载的宣讲苏联原子能政策、路线的文章共计有11篇，其中不少是由著名科学家署名撰写。如时任原子能研究所所长钱三强在《原子能必须为人类造福》一文中提到，“苏联一向极为重视原子能的和平用途，一向主张禁止使用大规模毁灭性的武器。”[75]李四光在《粉碎原子战争阴谋，扩展原子能和平使用》一文中评价苏联“这种大公无私的崇高表现，正在以不可抗拒的力量鼓舞着全世界一切爱好和平的人民，动员每一个有良心的科学家来支持和平使用原子能的伟大运动。”[76]在宣讲苏联和平利用原子能路线的同时，此类文章往往还会对美国进行批判。如《必须禁止原子武器，把原子能用于和平目的》一文将美国向日本投掷原子弹的行为描述为“包藏着极为恶毒的政治阴谋”“希望借此抹杀苏联对日作战的决定性作用”“妄想利用原子武器作为讹诈的资本，推行华尔街扩张政策和统治世界的狂妄计划”；而“苏联政府在积极推动原子科学研究和扩大原子能的和平用途的同时，曾不倦地为争取缔结国际关于禁止制造和使用原子武器的公约而斗争。”[77]在这里，核技术的军民两用性在冷战初期美苏核交锋的背景下，按照意识形态的不同被分割为两个完全对立的属性，具有鲜明的时代烙印。

四、和平利用原子能科学技术展览会的举办及其影响

在围绕苏联原子能科学技术宣传的各类媒介中，规模最大、影响最为深远的无疑是在国内多座城市举办的“苏联和平利用原子能科学技术展览会”。

1955年12月，以诺维科夫教授为团长的苏联原子能科学家代表团访华，向中国科学界传达前不久举行的日内瓦和平利用原子能国际会议的情况，并了解中国原子能事业的规划。12月24日，周恩来接见了苏联代表团，之后同党政军机关1400多位高级干部出席在全国政协礼堂举行的苏联七位科学家关于和平利用原子能的报告会[78]。会见期间，苏方应邀于下一年在北京举办和平利用原子能展览会。该展览会曾在1955年8月日内瓦国际会议期间展出，获得了国际上的普遍重视和赞扬，风光无限。

1956年6～8月，“苏联和平利用原子能科学技术展览会”在北京举办。

为了迎接这场空前的展览会，核物理学家赵忠尧还特地在《光明日报》上撰文提前为展览造势[79]。该展览分为七大部分，即序馆、原子原料及其探测和勘查、原子核反应堆及原子能发电站、核子和辐射化学、放射性同位素在工业方面的应用、放射性同位素在医学方面的应用、放射性同位素在农业和生物学方面的应用。序馆的内容是介绍和平利用原子能理论和实验的基础；第二部分原子原料及其探测和勘查展示的是铀矿石；第三部分原子核反应堆及原子能发电站不仅展出了苏联首座也是世界上第一座核电站的图表和模型，还有建设中的20万千瓦核电厂的设计图表；第四部分核子和辐射化学介绍了原子能研究开辟了化学学科和研究途径；展览会上介绍放射性同位素在工业、农业、生物学及医学等领域应用的展区面积最大，且内容非常丰富，还展出了一架测定纺线带粗糙程度的仪器和两架用于金属探伤的仪器；展览的最后还介绍了苏联在原子能辐射防护等领域的研究成就。1956年6月24日《人民日报》整版刊登的展览会报道见图2-2。

苏联
和平利用原子能
科学技术展览会

图2-2　1956年6月24日《人民日报》整版刊登展览会的图片新闻

为增进人们对原子能技术的理解，展览期间还开展有各种学术交流活动，其中主要有组织专业参观，就展品听取细致的讲解；举办报告会和专题座谈会；中苏两国科学家之间的相互拜访；编译出版资料等。据统计，仅自1956年7月6日起的一个多月内，就有中国的专家、教授、工程师、医师和各有关部门负责人共9000余人进行了专业参观。苏联专家为中国的科学工作者举行了14次报告会和12次座谈会、问题解答会[80]。除此之外，《光明日报》“科学”栏目在1956年6月18日和7月2日连续两期以“苏联和平利用原子能展览会专页”（如图2-3）的形式对展览会上的科学原理整版进行了解读，大多数文章均由中国科学院物理研究所的核科学家们亲自执笔，如谢家麟的《加速器是怎样工作的？》、金建中的《云雾室和气泡室》、郭挺章的《什么叫做“辐射化学”？》以及戴传曾的《原子堆原理》，等等。

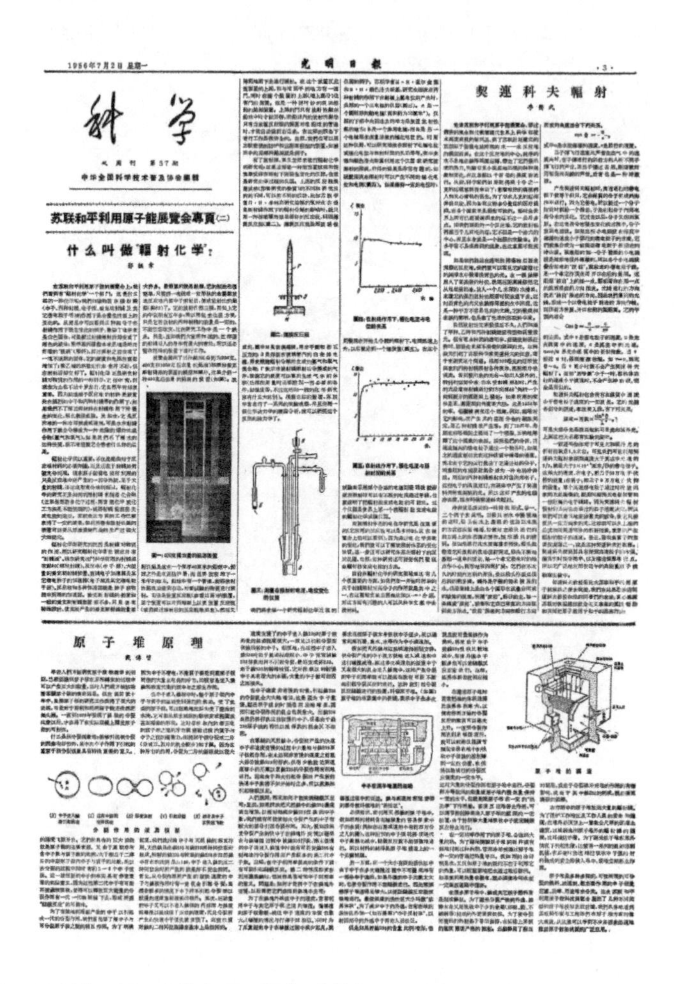
1956年7月2日 星期一　光明日報　·3·

科学

苏联和平利用原子能展覽会專頁（二）

什么叫做"輻射化学"

契連科夫輻射

原子堆原理

图2-3　1956年7月2日《光明日报》“苏联和平利用原子能展览会专页（二）”

1958年12月至1959年10月间，展览会又先后在上海、广州、成都三地举办，共接待观众134万多人次，全国各省、市、自治区都派了参观团、学习组前去参观学习。展出期间，还举办了各种专业训练班，学员有2800多人；举行报告会、座谈会190多次，听众133000人；播放电影4700多场，观众达280万人次[81]。“苏联和平利用原子能科学技术展览会”的成功举办，对于向大众普及核科学技术知识、促进中国核科学的研究具有重要意义。

① 展览会的形式更加有助于大众形象地了解核科学知识。如担任展览会序馆部分顾问的核物理学家杨澄中认为：“记得去年夏季，科学院动员了许多科学家，仅在北京就进行了上百次的原子能通俗演讲。那时，听众们得到的，还只是对原子能有了近似概念的认识，像标记原子、中子探矿等内容，讲的人很费劲，可是听的人还是觉得不易接受，更谈不上提出问题了。这次展览会的效果，可就大不相同了。真所谓‘耳闻不如目见’，观众们看了电影、实物的表演以后，理解就比较容易得多。”[82]

② 许多参观完该展览受到鼓舞的年轻学子，纷纷将原子能专业作为自己的第一志愿，为国立业、为己立身而无悔。著名旅美作家姚蜀平女士在2017年访问中国科学技术大学科技史与科技考古系时曾对笔者谈到，1958年她在北京人大附中读高三，正是参观了展览后毅然决心报考中国科学技术大学的原子核物理专业。而她大学同班同学中与之有类似经历的不在少数❶。

③ 展览会的举办促进了我国科学界对和平利用原子能的研究。由于受到阻挠，中国未能派代表出席1955年8月在日内瓦举行的国际和平利用原子能会议。这次展出多为苏联原子能工业的最新成果，为国内核科学工作者提供了难得的观摩学习的机会，其中一些新的研究方向和研究方法令研究人员大受启发。例如，冶金工业部钢铁工业研究所的科学工作者已开始利用放射性硫来检查钢锭冷却时的组织结构；石油、化工部的科学工作者对辐射化学这门学科产生了极大的兴趣[83]，等等。

在冷战初期世界两大阵营对立的国际背景下，新成立的中央政府在研制核武器的问题上果断寻求苏联帮助，并获得了积极的回应。从1955年1月《中苏合营在中国境内进行铀矿普查勘探的协定》到1957年10月的《国防新技术协定》，中苏双方签订的6个核协定为中国创建核工业这一战略决策的实施奠定

❶ 在中国科学技术大学与姚蜀平的谈话. 合肥，2017年9月。

了坚实基础[1]。在国内核技术领域还几乎是一片空白的情况下，苏联的核援助使中国的核工业建设从一开始就能齐头并进、全面开展，不走或少走弯路。了解上述背景后就不难想见，在中国展开的原子能宣传运动之中，无论是书籍、报刊，还是原子能科学技术展览会，都由苏联因素来扮演主角，自是当时中苏之间持有“同志加兄弟”这一亲密关系的当然结果。而苏联这座原子能科学的高峰，也为向广大人民群众进行原子能知识普及提供了榜样和抓手，有力地提高了全社会关注原子能、科技人员钻研原子能、青年学子立志学习原子能的热情。其巨大的正面意义当予肯定。

与此同时，在国家政策、外交关系引导下的原子能宣传运动势必带有政治色彩，期间绝大多数的原子能科普作品多以“树立美好的苏联形象、宣传伟大的苏联科学、营造热烈的学苏气氛”为导向。在这种情况下，传播原子能科学知识、使社会各阶层关注熟悉这一运动最初的宗旨，则不免会打些折扣。一方面苏联的原子能科学技术有强也有弱，长期单一宣传苏联的原子能成就会使不少人产生迷信而对欧美的技术不屑一顾，即便是比苏联先进的技术。例如中国首座军用后处理工厂曾长期沿着苏联提供的沉淀法工艺技术攻关，直到1964年又转过头来研发欧美几年前已采用的萃取法，教训颇深[84]。另一方面，苏联因素长期占据国内原子能科普作品的主要内容，一旦形势发生变化，自不免造成原子能科普图书的匮乏，进而影响大众原子能科学素养的进一步提升。

第四节　20世纪50年代末期的核科普作品

为积极贯彻中共中央提出的“多快好省地建设社会主义”的总路线，1958年下半年起，主管核工业的二机部先后提出了“全民办铀矿”“大家办原子能科学”的口号，后经中央批准，在全国加以推行。1958年7月8日，

[1] 这6个协定分别是：铀矿普查勘探方面2个——《中苏合营在中国境内进行铀矿普查勘探的协定》（1955年1月）、《给予中国在铀矿普查勘探方面以技术援助的协定》（1955年12月）；核物理科学研究方面1个——《援助中国发展原子核物理与和平利用原子能的协议》（1955年4月）；核工业建设方面2个——《援助中国建设原子能工业的协定》（1956年8月）、《关于苏联为中国原子能工业方面提供技术援助的补充协定》（1958年9月）；核武器研制方面1个——《关于生产新式武器和军事技术装备以及在中国建立综合性原子能工业的协定》（简称《国防新技术协定》，1957年10月）。

中共中央转批了二机部于6月30日上报的《关于全民办铀矿的报告》。“全民办铀矿”的目的是“使我国的铀矿工业遍地开花，才能急起直追，在短时间内迎头赶上世界上最先进的国家，从而把我们的祖国建设得更繁荣，更富强”[85]。为更好地推行“全民办铀矿”，一系列有关铀矿的科普丛书迅速出版，如“全民办铀矿小丛书”“找矿丛书”“原子能知识小丛书”，等等。这些面向普通群众的科普读物，直接影响了此后“全民办铀矿”的实施。

“全民办铀矿小丛书”涉及范围较广，对原子能和铀矿的关系、如何认识铀矿、如何利用放射性物理探矿法找铀矿、铀矿的精制和冶炼等方面都做了通俗的介绍。

“找矿丛书”是主要介绍铀矿的通俗读物。例如，由美国地质学家普罗克托、海阿特、勃洛克撰写，文裔翻译的《怎样找铀矿》介绍了各种含铀矿物的性质及鉴定特征、铀矿床的成因及其类型、美国铀矿产地的分布情况、在野外找矿的工作方法等。同时，还普及了盖革计数器、闪烁计数器两种找铀矿工具的原理和使用方法。该书紧密结合中国现实需求，尤其在第一章“一些动人的事情”中，阐述了科学利用铀矿资源的前景：“如果找到了足够的铀，再加上对它放出能量的速率能够进行很好的控制的话，那么人类就可能已经到达了一个理想的世界。”因此，在这样一种设想之下，“铀的寻找者是有一个战斗而光明的前途的”[86]。总体来说，该书建立在作者长期野外工作经验的基础上，叙述通俗，语言简洁，并配有大量地图和图解，在当时的条件下，是一本很好的铀矿知识普及读物。

上海市科学技术协会主编的“原子能知识小丛书”由科技卫生出版社于1958年底至1959年初相继出版（表2-3），每本书的篇幅都在20页左右，内容虽简短，但涉及知识面较广，包括铀矿及其勘探、原子能和采矿工业、原子能和生物学、原子能和土建工程、原子能和交通、原子能和纺织工业等。例如，在铀矿及勘探方面，不仅介绍了铀矿的种类、特征、生成规律，还介绍了中国铀矿的分布，告诉人们在哪些山区、哪些矿脉中可能会存有铀矿，“我国全面建设，在找石油的钻井中，在煤田的钻井中，在工程的钻井中，在探金属矿的钻井中，都可以找出含铀矿层来，已往未充分利用，真是可惜”，因此，现在“要特别注意去找”。

表2-3 “原子能知识小丛书”信息表

序号	书名	作者	出版时间/年
1	原子能和交通	余平等	1958
2	原子能和生物学	吕家鸿等	1958
3	原子能和农业	金忠成等	1958
4	放射线的防护	赵惠扬	1958
5	热核反应和人造太阳	徐余麟等	1958
6	铀矿及其探查	苗迪青	1958
7	原子能与冶金工业	朱添梁	1958
8	原子能和医学	上海第一医学院放射医学研究所	1958
9	新兴的辐射化学	蔡亲颜	1958
10	我国跨入原子能时代	蒋铮等	1958
11	原子能和采矿工业	沙化	1958
12	发掘原子能	星火	1958
13	原子能和印染工业	杨栋标	1959
14	原子能和土建工程	卫成	1959
15	原子能和纺织工业	庄嘉寅，杨栋樑	1959
16	原子能和食品工业	劳泉	1959
17	原子能发电	何须	1959
18	原子锅炉——各种反应堆	郑一善等	1959
19	探测射线的工具	孙沩	1959
20	放射性同位素及其生产	郦庚元	1959

很明显，这类丛书为普通群众尽快知晓、熟悉原子能及铀的相关知识提供了捷径。但是，其存在的问题也很突出，即过度夸大了人的主观能动性，忽略了掌握一门严谨的科学技术特别的难度。例如由梁基撰写、科学普及出版社1958年出版的《全民办铀矿》一书就轻易地认为，铀矿选冶事实上很容易掌握，比炼钢要简单千万倍。鉴于此，该书对“全民办铀矿”作了大胆的设想。书中说，如果要建立一个昼夜处理100吨原矿石的小型选矿加工厂，从设计到

投入生产大约需要3个月。所用的设备除破碎机、放射性测量选矿机等外，还有一些大木桶或陶瓷缸，总投资也就30多万元。投入生产后，每天约消耗十几吨硫酸或碱、100多立升氨水，经常有100多个职工就可以维持。以原矿石品位为千分之一，回收率为80%计算，每天可出产80公斤铀。全国要办100个这样的小厂，每年可生产2400吨纯金属铀，照此速度发展，用不了几年就可以超过英国[85]。

在当时的政治氛围下，仅仅靠这样简单的口号宣传和图书介绍，很快就将“全民办铀矿”推开了。全国许多县甚至人民公社都组建了地质队，成千上万的农民投入找矿工作，找到铀矿之后就在当地的土法厂因陋就简地提纯。以粤北山区的下庄土法202厂为例，厂房是用树皮、茅草和竹子搭起的草棚，下面竖立着几个大木桶，用其代替浸出槽来反复浸泡以达到富集铀的目的。没有工具就用布袋、豆腐包进行过滤，用铁锅当反应器；接下来，在另一个草棚里，人们用同样简陋的土办法，把溶液慢慢烤干。十多个人要足足干半个月，才能从几十吨矿石中炼出200克铀[87]。无疑，用这种群众运动的方式炼铀矿不仅消耗了大量选矿原料，也造成了不同程度的环境污染，但从宣传和科普的角度来说，这是向人民群众进行原子能普及的又一波浪潮。原子能的神秘感被进一步消除，广大科技工作者积极投身于核工业建设和原子弹研制当中，在一定程度上助推了我国核科技研究、核工业建设和原子弹研制的进程。正如《当代中国的核工业》一书所认为的那样：“通过‘全民办铀矿’，获得‘土法’冶炼重铀酸铵150余吨……在铀矿山和水冶厂一时建不成的情况下，为国家初期的核燃料生产提供了原料，进而为我国第一颗原子弹的研制赢得了时间。”[42]

1959年10月11日，时值中华人民共和国成立十周年，《人民日报》刊登了原子能研究所所长钱三强撰写的《我国原子能的和平利用正在大踏步迈进》一文。钱三强在文中回顾了自民国以来中国原子能科学的发展概况，总结了建国十年来中国科学家在实验原子物理、宇宙线、原子核和基本粒子理论、放射化学等原子能科学技术重要领域取得的成就。关于中国原子能科学的发展历史，文章中写道：

“在全国解放前，我国原子核科学的研究工作就已开始。……到了全国解放前夕，散在国内各地的原子核科学研究人员只有十人左右，设备方面连一台小型加速器都没有。旧中国在原子能科学技术部门留下来的遗产是非常可怜的。

……早在1955年以前，经过自己的努力，我们已经在原子核科学的若干领域内掌握了技术，建立了设备，开展了研究工作。1955年苏联政府援助我国建立反应堆和加速器，为我国发展原子能事业奠定了重要的物质基础。”

钱三强在文中还特别提及1955年后的核科普热潮：“在同一时期，我国的科学技术工作者和苏联来中国的科学家们又进行了一系列的普及原子能科学技术的讲演，并且在北京，以后又在上海、广州、成都各地展出了苏联在和平利用原子能方面的重大成就。所有这一切都有力地推动了我国和平利用原子能的事业。”[88]该文首次公开对我国原子能事业的起步进行了系统回顾和总结，而且撰写人又是中国原子能事业的领军科学家和重要组织者，是一篇介绍中国原子能科学发展历程的重要科普文章。

第五节　本章小结

在国家政策的引导和科研部门大力推动下，核科普创作在20世纪50年代中期迎来了真正意义上的热潮。伴随核科学技术的发展作品内容也与时俱进，从此前略显单一的核物理、原子弹扩展到核化学、核电、核工业和核技术在其他领域的应用等多方面。作品形式除图书和期刊文章外，还出现了展览会。1956年和1958年在国内主要城市举办的“苏联和平利用原子能科学技术展览会”对于向大众普及核科学知识、促进中国核科学研究发挥了重要作用。不仅让人民群众了解到核科学技术的价值，消除了对核的畏惧心理，还有利于人民群众进一步认识到发展核事业对于国家安全和社会主义建设的重要性。人民群众的积极参与加快了我国的核武器研制进程，同时也激发了一大批青年学子立志投身祖国的核事业，为核工业发展汇聚了大量人才。

第三章

1960～1976年：在核武器研制攻坚中的蛰伏

1958年以后，由于双方在一系列国内外重大事件的分歧日益加深，中苏关系开始蒙上阴影。1960年7月，苏联政府撤走了在华工作的专家，停止供应一切技术设备，这对于正在建设中的中国核工业无疑是一个重大打击。受此影响，国内译自苏联的核科普图书数量大幅减少。同时，随着中国核武器的研制进入攻坚阶段，一方面科技人员分身无暇，另一方面是严格的保密纪律，多种因素导致核科普创作在20世纪60～70年代陷入低潮。

第一节　核科普创作停滞的时代背景

前文述及，苏联在1955～1958年对华提供的核援助包括核科学基础研究，铀矿开采、精制，核燃料元件和核部件制造以及核爆炸试验等，覆盖了核工业的方方面面，对于我国早期核工业的发展起到了重要作用，使核工业建设从一开始就能齐头并进，全面开展，不走或少走弯路。该时期苏联和平利用原子能科学技术展览会的成功举办，也有力推动了核知识向大众的普及，同时也为国内核科学工作者提供了一些新的研究方向和研究方法，让他们受益。

1959年6月20日，苏共中央通过了给中共中央的一封信。信中以当时苏联与美国、英国等西方国家正在谈判关于禁止试验核武器的协议，赫鲁晓夫与艾森豪威尔将在戴维营举行会谈为理由，提出暂缓按协定向中国提供原子弹模型和图纸资料，两年以后看形势发展再说。这实际上意味着苏联单方面废除了中苏1957年签订的《国防新技术协定》，停援之势已十分明显。

1960年7月16日，苏联向中国递交了关于撤走在华专家、停止供应原定设备材料的照会。至同年8月23日，在二机部系统工作的200多名苏联专家全部撤走，并带走了重要的图纸资料，同时设备材料的供应也随即停止[42]。

受此影响，中国不再译入苏联核科普作品。据笔者统计，1960～1966年国内只编译发行了苏联女科学家玛卡尔耶娃所著的《原子和原子能》和拉夫鲁希娜的《核化学的成就》两部核科普图书，这与1956～1959年期间的大规模引进（例如1956年一年就引进了8种）形成了强烈反差。

苏联专家的撤退给正在建设中的中国核工业造成了巨大的损失和困难，许多工程项目被迫停工推迟甚至不得不重新做起。与此同时，几个正在建设中的核工业重点工厂都处在最困难的地区，不仅物资供应困难，连职工正常的生活供应也难以保障。在人祸天灾齐来的严峻形势面前，中国领导人反而更加坚定了独立研制核武器的决心。周恩来总理提出“独立自主、自力更生、立足国内”的方针，要求二机部缩短战线，集中力量解决最急需的问题，并决定调动各地区、各部门的力量支持原子能事业。

1962年9月，二机部党组向中央正式提交了争取在1964年、最迟在1965年上半年爆炸我国第一颗原子弹的“两年规划”报告。11月3日，毛泽东做出批示：“很好，照办，要大力协同做好这件工作。”随后，由国务院总理周恩来挂帅，副总理贺龙、李富春、李先念、薄一波、陆定一、聂荣臻、罗瑞卿，以及国务院和中央军委有关部门负责人赵尔陆、张爱萍、王鹤寿、刘杰、孙志远、段君毅、高扬组成的中央15人专门委员会组建成立，负责对核工业和核武器研究、试验工作的领导[42]。

中央专委的成立标志着我国原子弹研制由此进入了决战阶段的关键时刻。然而，彼时中国的安全环境和安全形势异常严峻。中国与美国关系敌对、与苏联关系恶化，与印度又进行了一场战争，台湾蒋介石当局亦不断骚扰、蠢蠢欲动，美国更是以“动态的”（间谍卫星、高空侦察机等）、“静态的”（在我国周边设立监听站、观测站等）等多种手段搜集我国核试验情况，并不断发出打击我国核工厂、核基地的威胁[89]。美苏印蒋四方对中国研制核武器的进程极其敏感、格外关注，不管从哪方面来说均是潜在的破坏因素，一旦走漏风声，势必成为各敌对势力干扰破坏的目标，因此我国从上到下对保密工作格外重视。那段时期分配至核基地的大学生报道后的第一件事便是保密教育。据一位当事人回忆：（保密教育）会议主讲人详细分析了当时国际国内形势，传达了毛泽东关于保密工作的教导：必须十分注意保守秘密，九分半不行，九分九也不行，非十分不可。会议的高潮是保密宣誓。台上领誓人宣读了“八不准”的《保密守则》：“不该说的机密，绝对不说；不该知道的机密，绝对不问；不该看的机密，绝对不看；不在私人通信中涉及机密事项；不在非保密本上记录机密事项；不在不利于保密的场合谈论机密；不带机密材料游览公共场合和探亲访友；不用公用电话、明码电话、普通邮局办理机密事宜。”[90]在这样的背景下，自然不宜再出版太多新的核科普作品。

受国内外多种因素影响，核科普创作在1960年之后陷入低谷，几乎停滞不前。如表3-1所列，1960～1976年国内总共出版了13部核科普图书，总数尚不及20世纪50年代高峰时期1年的出版量。《人民日报》和《光明日报》除公布中国第一颗原子弹成功爆炸的消息，几乎没有刊登过核科普文章[1]。核科普事业经历了一段近20年的低潮。

表3-1　1960～1976年出版的核科普图书

序号	作品名称	出版机构	出版时间/年
1	原子和原子能	商务印书馆	1960
2	原子医学基本知识	人民卫生出版社	1961
3	核化学的成就	科学出版社	1962
4	新科学技术知识讲演资料 原子能的原理和应用	全国科协普及工作办公室	1962
5	原子巨人	科学普及出版社	1963
6	原子的秘密	少年儿童出版社	1963
7	一亿人的生命——核战争中最多的幸存者	世界知识出版社	1964
8	原子和原子能	上海教育出版社	1965
9	原子能的原理和应用	科学出版社	1965
10	比一千个太阳还亮——原子科学家的故事	原子能出版社	1966
11	原子核和原子能	北京人民出版社	1973
12	谈谈原子能和核爆炸	江苏人民出版社	1974
13	崭新的能源——受控核聚变	四川人民出版社	1976

第二节　1961～1966年的核科普图书分析

虽然处于低谷，核科普创作者经过种种努力，仍出版了少量图书，并不乏影响力较大的佳作。

[1] 例如，据笔者所见，1960～1976年《人民日报》只刊登了2篇核科普文章，即1964年6月20日第5版的《什么是裂变物质？》和同年12月19日第5版的《原子能与原子反应堆》。

一、代表性作品举隅

1.《原子巨人》

何菁、孔宪璋编译的《原子巨人》于1963年由科学普及出版社出版发行，系该出版社发行的“知识丛书”的一个分册。作者在编译本书时除了广泛参考有关杂志和刊物，并从*Gigant Atom*（Rolf Dörge、Karl Böhm著）、《原子能的原理和应用》（赵忠尧、何泽慧、杨承宗主编）和其他几部苏联图书中摘取了材料、数据和插图，脱稿后还特意请了原子能研究所的专家审阅把关。在保证内容准确的基础上，该书语言同样不失趣味性，常常在说理处引入一二贴切的比喻，令读者立时领会。例如作者在介绍铀核的人工分裂时，首先谈到水龙头上悬着的水滴。“假如你轻轻弹水龙头一下，水滴会稍为变长些，随即复原。水滴是由于液体的表面张力而形成的。由于表面张力，水分子受到压缩而聚在一起，形成滴状。当轻轻弹水龙头时，传到水滴上的力量比表面张力小，因此对水滴的影响不大。但是，假如用力弹水龙头一下，情况就不同了，传到水滴的力量比水滴的表面张力大，于是水滴就散开了。”这与原子核受到中子撞击后发生的变化多么相似。又如，解释“标记原子”的概念时，先以动物学家常常给鸟的脚上套一个环来研究鸟类的迁徙规律做比，又配之物理学家利用带颜色的水来观察研究水分子的扩散，看到这里人们自然会明白标记原子便是“脚环”和“颜料”。带有放射性的标记原子会发生衰变，不断放出射线，就“好像时时刻刻在通知人们说，我在这里，我来到这里啦！”[91]该书可说是同时期由国内作者创作的核科普图书中的佼佼者。

2.《核化学的成就》

吕小敏翻译的《核化学的成就》由科学出版社于1962年3月出版，是20世纪60年代仅有的2部苏联核科普译作之一。该书首先简述了核化学发展的历史，较详细地叙述了研究核转变的核化学方法及原理，太阳和其他恒星内部以及宇宙空间的核反应以及核化学的成就的实际应用，即由人工合成新的化学元素和放射性同位素及原子动力问题；最后根据已有知识谈到如何对原子核进行分类以及预言尚未发现的同位素的性质。该书没有谈及核化学在核燃料铀和钚的制备、核试验中的具体应用，是一部介绍核化学基础科学知识的科普图书。

3.《原子能的原理和应用》

自1956年出版以来，赵忠尧、何泽慧、杨承宗主编的《原子能的原理和应用》一直广受读者欢迎和喜爱。1965年，科学出版社推出了该书的修订版（图3-1）。

图3-1 《原子能的原理和应用》（修订版）封面

作者在序言中简要回顾了我国原子能事业的发展历程，着重强调了党和政府对于核武器的主张：“……中国发展核武器，不是由于中国相信核武器的万能，要使用核武器。恰恰相反，中国发展核武器，正是为了打破核大国的核垄断，要消灭核武器。……中国掌握了核武器，对于斗争中的各国革命人民、是一个巨大的鼓舞，对于保卫世界和平事业，是一个巨大的贡献。……中国政府将一如既往，尽一切努力，争取通过国际协商，促进全面禁止和彻底销毁核武器的崇高目标的实现。……”

关于编写本书的目的，作者指出：“我国对于原子能的和平利用也已取得不少成就，它在生产、医药以及科学研究上的很多应用，正待进一步开展。为要以后能够很好地利用它，我们现在必须有充分而及时的准备。本书的目的是帮助大家了解有关原子能的一些基础知识。书中简单地介绍了原子核物理的基础知识，原子能在动力上、科学上、工业上、农业上和医学上的应用，关于原子武器的常识，以及射线对于人体的有害影响。”[92]

修订版主要修改和补充了第六章“原子能在动力方面的应用”及其后续的篇章。第六章几乎完全改写，内容增加很多，其中介绍了原子能动力应用的技术问题以及原子能发电站、原子能船和原子能在航空及其他方面的应用。第七、第八章介绍了同位素和射线应用的原理和方法，以及它们在工业、农业和科学上的应用。第九章介绍了核武器的构造及原理、核武器的杀伤因素和破坏因素以及对它的防御原则，并增添了我国第一颗原子弹爆炸的两张照片。第十章介绍了放射性工作的防护知识。

4.《比一千个太阳还亮——原子科学家的故事》

值得一提的是，这一时期还罕见地从国外引入了《比一千个太阳还亮——原子科学家的故事》（见图3-2，以下简称《太阳》）这部反思核武器的科普名著。

图3-2 《比一千个太阳还亮——原子科学家的故事》封面

《太阳》初版发行于1956年，是联邦德国历史学家罗伯特·容克（Robert Jungk）的成名作，1958年被译为英文*Brighter than a Thousand Suns*。中文版由英译本编译的俄文版转译而来，正文有20章，介绍了从1919年卢瑟福发现原子核的人工突变，到1954年美国“原子弹之父”奥本海默在美国受审为止，其间各国核科学家们的活动。

该书文笔流畅，生动展示了参与曼哈顿工程的核科学家群像以及他们的人文情怀。在描写奥本海默对原子弹的复杂情感时，书中写道：

“面对着这个强力的爆炸，每个人都感到恐惧。在观察站里的奥本海默倚在一根柱子上。他不禁联想起古印度圣诗《勃哈加瓦基达》中的一段：

漫天奇光异彩，
有如圣灵逞威；
只有一千个太阳，
才能与其争辉。

当爆炸地点的上空升起一团巨大而又可怕的云雾时，他又想起了这首诗中的另一行：

我是死神，是世界的毁灭者。”[93]

2012年10月，《太阳》入围英国《新科学家》杂志评选的世界最具影响力的25本科普图书，推荐意见认为：这本书对全世界反核武器运动具有重大影响，让世界开始关注核时代和核军备竞赛[94]。国内首次引进这部著作是在1966年1月，由于是内部出版，因此未做删改，基本保留了原貌。书中关于核科学家的人性描述和某种意义上的悲剧色彩，特别是那句名言“千千万万具有崇高天良的人们的单独行动汇合起来最终却导致了骇人的大规模联合泯灭天良的行动”，深深影响了初次接触它的中国读者。

二、作品特征分析

从上文列举的几部代表性图书可以看出，这一时期的核科普创作呈现以下两点特征：

一是关于核武器的内容大幅减少或干脆不提。长期以来，关于原子弹的威力和原理、原子弹的制造、核燃料的获取等关于核武器的科普知识一直是核科普作品内容的重心。而这一时期的作品却一反常态，介绍的范围基本限定于核科学技术的基础知识和在国民经济领域中的应用。即使是1965年推出的《原子能的原理和应用》（修订版），在提到我国原子弹的研制时也是一带而过。给人的感觉是核科普创作者似乎在有意识地规避核武器的话题，足见当时的保密规矩之严格。

二是出现了从人类命运的角度对核武器进行反思的作品。在冷战高峰时期，美苏两国部署的核弹数量分别超过三万枚和四万枚，足以把地球毁灭数次。这样庞大的武器库是人类历史上从未有过的，核军备竞赛给世界和平笼罩了浓密的阴云。人们开始意识到核武器的危害性，剑拔弩张的军备竞赛难以为继，进而反思对核武器的狂热态度。《太阳》正是其中代表作。在那个不时有人叫嚣打原子战争的特殊年代里，该书的悲剧色彩、对核武器的反思以及对人性的剖析，是如此之独特。很多人读了这部书才领会到原子弹对于人类命运的真正含义。

第三节　本章小结

核科普创作在20世纪60、70年代经历了一段近20年的低谷。经过核科普工作者的不懈努力，仍出版了少量图书，其中还不乏佳作，在特殊的历史时期发挥了一定的作用。译自西方国家的《比一千个太阳还亮——原子科学家的故事》等已不再是如以往那般集中介绍学科发展前沿、新技术应用的传统科普图书，而是从人类命运的角度对核武器进行反思。

第四章

1977～2006年：从打破沉寂到归于平淡

20世纪60年代西方世界遭遇能源危机后，核电因技术成熟、安全、清洁、经济，成为工业化国家调整能源结构的首选。我国原子弹、氢弹爆炸成功后，周恩来总理曾多次指出，二机部（即第二机械工业部）不能光是“爆炸部”，要和平利用核能，搞核电站。1970年2月8日，周总理首次在一份中国要发展核电的报告上作了批示。后来，为了纪念这个特殊日子，“728”成为中国第一个自行设计建造的30万千瓦原型堆发电站的工程代号。改革开放后，国家政通人和，百废待兴，面对严峻的能源形势，发展核电一事重新被提上日程，成为从决策领导层到普通群众都普遍关注的热门话题。在这样的大背景下，核科普图书的出版迎来了第二个高潮。特别是在1986年部分地区因苏联切尔诺贝利核事件掀起了反核浪潮，中国核学会筹办的核科普展览对于引导民众突破认识障碍、转变态度起到了重要作用。

1991年12月，中国第一座自行设计、建造和运营管理的核电站——秦山核电站并网发电。此后的十多年间，核电虽然取得了一定的发展，但基本仍处于缓慢的起步阶段。截至2003年6月底，我国核电机组总装机容量为6.1吉瓦，仅形成浙江秦山、广东大亚湾、江苏田湾三个核电基地。核电占全国发电总量的比重是全世界31个核电国家和地区中最低的[95]。在核能行业与核科技整体发展长期徘徊不前的情况下，核科普难以像其他学科科普那般呈现出蓬勃发展、欣欣向荣的景象，而是呈现了长时期的平淡。

第一节　核电起步阶段核科普图书的复苏（1977~1991年）

中国核工业是依托军用需求而迅速发展起来的。在“两弹一艇”任务的带动下，我国较快地掌握了各种尖端核技术，建立了一套比较完整的核工业体系，积累了规模庞大的核科技人才储备，为实现核能的商用化，使核科学技术更好地为国民经济建设服务打下了坚实的基础。

核电作为技术成熟、安全、清洁、经济的先进能源，是核能、核技术和平利用的最主要标志。1970年2月8日，周恩来总理在听取上海市汇报时指示：“从长远来看，华东地区缺煤少油，要解决华东地区用电问题，需要搞核电。[1]”经过一段时间的调查研究和摸索后，鉴于压水堆核电站在国际上技术比较成熟，国内已有军用压水堆的经验可借鉴，1973年上海市和二机部联合向国务院提出了建设30万千瓦压水堆核电站的方案。1974年3月31日，周恩来总理主持中央专委会正式批准了这一方案，并将30万千瓦核电站工程定为“728”工程。不过限于彼时国内特殊的政治经济形势，发展核电的条件尚不具备。

十一届三中全会后，随着国家工作重心转移到经济建设上来，对国防科技工业部门提出了从“以军为主”转向“军民结合”的要求。1979年4月，二机部召开工作会议，着重研究工作重点转移和贯彻国家“调整、改革、整顿、提高”方针问题，提出了要积极发展核电和推广同位素与其他核技术的应用等。1981年3月，国防科学技术工业委员会和二机部联名向国务院、中央军委上报了《关于调整原子能工业发展方针的请示》，时任国务院主要领导阅后批示：“同意原子能工业逐步转到为国民经济建设服务的方针。”后来这一方针被概括为“保军转民”[42]。

1983年1月，经过多方推动，国家计划委员会、国家科学技术委员会在京召开了由70多个单位、108名专家和领导参加的“核能发展技术政策论证会”。会后，两部委联合拟定了《核能发展技术政策要点》，解决了我国发展核电的技术路线、方针政策等一系列重大问题，随后又批准开工建设自主研发、自主设计、自主制造、自主建造、自主运营的秦山一期30万千瓦机组和进口法国M310机组设备的广东大亚湾核电站两台90万千瓦机组。因该会议在核电发展史上的重要地位，被视为中国核电的起点，后以“回龙观会议”著称[96]。伴随着核电事业建设提上日程，停滞了近20年的核科普工作终于迎来了春天，核科普图书的出版也涌现出一波新的高潮。

改革开放初期，市面上的核科普图书数量十分有限，且内容大多数仍停留在20年前的水平。彼时美国是世界头号核电强国，要在短期内扭转图书市场核科普图书匮乏的局面，直接从美国译入核科普佳作是不二之选。原子能出版社从1979年开始，组织翻译出版了由美国原子能专家编写的“理解原子能系列”（*Understanding the atom series*）的部分书籍（详见表4-1）。

---

[1] 李鹰翔．“两弹一艇”那些事．北京：中国原子能出版社，2013.

表4-1 “原子能知识丛书”信息表

序号	作品名称	作者署名	出版时间/年
1	空间辐射	科利斯著；傅惠敏译	1979
2	原子能在农业上的应用	奥斯本著；闻理译	1979
3	核时钟——放射性同位素地质年龄测定	福尔著；秋平译	1980
4	激光	赫尔曼著；黄厚坤译	1980
5	钚	W.N. 迈因纳著；童欣译	1980
6	合成超铀元素	海德著；谢力译	1980
7	放射性同位素发电	米德，科利斯等著；乐俊楚译	1980
8	核动力与商船	W.H. 多恩利著；杨宇译	1980
9	全身计数器	伍德伯恩，兰格曼著；楚雪译	1980
10	原子能科学研究与动物	A.R.里奇阿蒂著；金名译	1980
11	能的直接转换	W.R. 科利斯著；江月译	1980
12	无损检验	H. 伯杰著；张斌译	1980
13	人体与辐射	N.A.弗里格里奥著；张关铭译	1981
14	惰性气体化学	C.L.切尔尼克著；闻静译	1981
15	放射性废物	C.H.福克斯著；柯普译	1981
16	核试验的放射性沉降物	C.L.科马尔著；韩诚译	1981
17	核燃料史话	A.L.辛格尔顿著；原地译	1981
18	核电站	R.L.莱尔利，W.米切尔著；柴芳蓉译	1981
19	低温学	H.L. 拉克著；汪忠明译	1982
20	原子、大自然与人类	N.O. 海因斯著；唐霞译	1982
21	计算机	W.R.科利斯著；闻贤姝译	1982
22	物质的微观结构	克利福德.E.斯沃茨著；张李正译	1982
23	受控核聚变	塞缪尔·格拉斯顿著；舟可译	1982
24	放射性同位素在医学上的应用	E.W.费伦著；雨田译	1982

续表

序号	作品名称	作者署名	出版时间/年
25	核动力的安全问题	J.F. 霍格顿著；石庆元译	1982
26	辐射对遗传的影响	I.阿西莫夫，T.杜布赞斯基著；陈只译	1982
27	辐射保藏食品	G.M.厄罗斯著；王裕新译	1983
28	研究用反应堆	F.H.马丁斯，N.H.雅各布逊著；柴芳蓉译	1983

丛书编者在“原子能知识丛书”的出版说明部分明确提出：“提到原子能，一些人往往望而生畏，敬而远之，这种情况很大程度上是由于不了解原子能造成的。事实上原子能既不可怕，也不神秘，且在我们的生活中起着越来越大的作用。”[97]这套丛书取材广泛，每本书的正文部分大约50页左右，内容丰富，语言生动，深入浅出。虽对读者的文化水平有一定的要求，但具有中等文化水平的读者，花一些力气读懂它是不成问题的，部分分册封面见图4-1。

图4-1　部分“原子能知识丛书“封面

例如丛书中由W.N.迈因纳著、童欣译的《钚》一书，仅用56页的篇幅就将核燃料钚的发现历史、物理化学性质、用途一一介绍清楚。该书开篇用了十分风趣的语言将这一“神秘之物”的各种特点娓娓道出。“设想有一种物质，它荷载着巨大的能量，一磅这种物质能够产生相当于两千万磅梯恩梯炸药的爆炸威力。我们还可以设想，这种物质又是一种重要的能源，甚至以现有的知识水平来看，将来世界上常规燃料资源如煤和石油用尽之后，它可用来长期地满足人类对能量的需求。我们再为这种物质构想一些奇妙的性质。例如，在某些条件下，它几乎象窗上的玻璃那样既硬又脆；而在另一些条件下，却似铅一般柔软可塑。在空气中加热时，它不仅会燃烧，而且很快地碎成粉末；在室温下置于空气中，它也会慢慢地蜕变。同时，允许它的原子连续不断地变成完全不同元素的原子，其变化速度很慢，要经过好几千年后才有一半物质变成新元素；但是，这一反应的速度又相当快，它产生的热量足够使这种物质温暖你的手。最后，假想这种物质比毒气室中的氰化物或侦探小说中谋杀所用的毒物还毒得多，但是人们天天操作它时却安然无恙。”读罢这段精彩的引言，读者自然按捺不住往后翻以弄明白钚到底为何物的愿望。

1987年1月，首部全面回顾中国核工业创建和发展历程的权威性著作《当代中国的核工业》由中国社会科学出版社出版发行。“当代中国”丛书是一套反映中国各条战线、各个方面建设的发展过程及其规律的大型专业历史丛书，同时也是大众普及性的通俗读物。这套丛书是由中共中央政治局委员胡乔木倡议、经中央书记处决定编写的。中央宣传部组成了由邓力群、马洪、武衡担任主编的丛书编委会及编辑部，计划出版200卷，分为五大类：第一类为综合性的，如《当代中国的经济》《当代中国的政治制度》《中国共产党》等；第二类是部门、行业性的，如《当代中国的钢铁工业》《当代中国的农业》《当代中国的商业》等；第三类是专题性的，如《当代中国的人口问题》《中国的土地改革》《中国资本主义工商业的社会主义改造》等；第四类是地区性的，如《当代中国的北京》《当代中国的江苏》《当代中国的西藏》等；第五类是人物传记，如《毛泽东传》《周恩来传》等。1984年9月，“当代中国”丛书第一批作品《当代中国的经济体制改革》《当代中国的气象事业》问世[98]。

《当代中国的核工业》分为上、中、下三编，上编按照时间顺序回顾了核工业的总体发展历程，中编以专题的形式介绍了核工业各个环节的具体情况，下编总结了核科学技术的发展、基建和核科学技术教育等内容。编者团队由多位业内人员组成，不少还是核军工任务攻关的亲历者，编撰过程中利用了丰富的第一手的经过核实的材料，这是欲知中国核工业史者必读的一本书。

随着世界各国核历史的相继解密，原子能出版社于20世纪80年代末又推出了另一套重磅作品“世界原子弹氢弹秘史丛书”（见表4-2）。该丛书汇集了中外作者以不同文体陆续出版的涉及原子弹、氢弹的研究和制造方面内容的书籍，描述了中、美、英、法、苏等国的原子弹、氢弹发展秘史，以及一些著名科学家的事迹和贡献。

表4-2 “世界原子弹氢弹秘史丛书”信息表

序号	作品名称	作者署名	出版时间/年
1	中国原子弹的制造	（美）刘易斯（Lewis，J.W.），（美）薛理泰编著；李丁等译	1991
2	美国氢弹之父特勒	（美）斯坦利·A.布卢姆伯格，（美）格温·欧文斯著；华君铎等译	1991
3	现在可以说了——美国制造首批原子弹的故事	（美）莱斯利·R.格罗夫斯著；钟毅等译	1991
4	核科学家的足迹	核工业神剑文学艺术学会编	1991
5	比一千个太阳还亮——原子科学家的故事	（德）罗伯特·容克著；钟毅等译	1991
6	苏联原子弹之父库尔恰托夫	（苏）C.斯涅戈夫著；胡丕显等译	1991
7	原子先驱者	（法）贝特朗·戈德史密特（Bertrand Goldschmidt）著；刘雪红等译	1992
8	英国第一颗原子弹	叶春堂等编译	1995

丛书中《中国原子弹的制造》一分册由美国斯坦福国际战略研究所所长、斯坦福大学中国政治问题教授约翰.W.刘易斯和斯坦福大学国际安全与军备控制研究中心薛理泰共同撰写。该书详细地谈论了中国在发展原子弹过程中的各个时期做出的重大决策和设置的重要机构；介绍了中国核科学家、工程技术人员、干部、工人和解放军生产原子弹所需要的裂变材料（高浓铀和军用钚）和设计、制造、试验原子弹和氢弹的过程及他们的贡献；着重描绘了酒泉原子能联合企业、兰州气体扩散工厂、西北核武器研究设计院和罗布泊核试验基地等重要核设施和单位的情况。该书详细叙述了从决策、寻找和开采铀矿、制造核裂变材料到核武器的设计、制造和试验等过程，所用素材包罗了当时公开的绝大多数中文资料和对一些当事人的采访，是一本非常详尽的关于中国原子弹研制历程的著作。

《核科学家的足迹》是另一分量很重的分册。在中国核工业30多年的辉煌历史中，许许多多的科学家、工程技术人员、干部、工人和解放军指战员，艰苦创业，英勇奋斗，在核工业各条战线上默默奉献。该书以报告文学的形式，向读者介绍了核物理学家王淦昌、放射化工专家姜圣阶、工程物理学家王承书、反应堆工程专家彭士禄、放射化学家杨承宗、化学工程学家曹本熹、铀冶金学家张沛霖、核物理学家李正武、力学家郭永怀、放射化学家吴征铠、核化工专家汪德熙、同位素化学家肖伦、核物理学家邓稼先、分析化学家陈国珍、核物理学家于敏、核物理学家陈能宽、核物理学家周光召、核电专家连培生、铀矿开采专家张天保共计19位核科学家和核工程技术专家的科学事迹。由于核工业高度的保密性，参与其中的科学家及其学术贡献长期以来很少为人所知。该书首次向公众展示了部分核科技专家在核弹研制过程中克难攻坚、勇攀高峰的珍贵经历。曾主管国防科技工业多年的聂荣臻元帅亲自为本书作序并题写了书名。

“世界原子弹氢弹秘史丛书”的出版标志着我国核科普图书的内容从传统的核科学知识，逐步向核武器研制的历史故事、核科学家的经历等核能与社会这类科学文化题材扩展。此后随着相关材料的陆续解密，越来越多的核科学家传记图书相继出版，成为核科普图书的重要组成部分，下面将专门讨论。

除了上述几套重量级的核科普丛书外，其他出版社也出版了一定数量的核科普图书，其中不乏一些发行量较大、重印次数较多的精品。

1984年能源出版社发行的《核能》系该社出版的“能源知识丛书”的一分册。在从中央到地方都十分重视开发新能源的形势下，“能源知识丛书”旨在向管理干部、能源生产单位、使用部门的职工提供相关知识。《核能》一书从第二次世界大战期间交战双方各主要工业国对核能军事应用的秘密研究，以及大战将结束时美国在日本投掷的原子弹谈起，讲到核能的基本原理、核能的各种主要应用（核电站的各种反应堆、可控核聚变、原子弹、氢弹、中子弹、核潜艇及其他和平用途），内容简明扼要。书中澄清了人们对核电站安全性的疑虑，指明了核电站危险性比其他许多能源都小；核电站的反应堆绝不可能发生像原子弹那样的爆炸；核电站的主要危险来自可能出现放射性物质的散逸事故，而反应堆固有的安全性及控制系统和防护措施又有效地防止了重大事故的发生。从经济性来看，核电站基建费虽高，但燃料费比火电低，而其他运行费又不相上下，所以核电在经济上是划算的。该书作者侯逸民是研究核能与社会关系的专家，于1963年毕业于中国科学技术大学，曾长期在原子能研究所工作，后任《科研管理》主任、能源出版社副总编、中国管理科研院研究员。侯逸民在核科普创作方面颇有建树，除了《核能》一书，还著有《核世纪的恩怨》《走近核能》等。

原子能出版社于1985年出版的日本译著《漫画解说原子能》是一部十分有趣的科普图书。该书是日本原子能研究人员林乔雄在日本遭受石油危机后创作的一本通俗介绍原子能利用的畅销书。一方面，作者在前言中称，1973年日本的石油自给率仅有0.4%，其余的99.6%依赖于国外进口，而78%的进口石油又来自中东，1973年秋天的第一次石油危机，让日本尝到了濒临危险境地的滋味。自此，日本开始大力发展核电。但是另一方面，一提到原子能，有些人总是像遇到魔鬼一样的恐惧，或者另眼相看。特别是日本曾遭受过原子弹的轰炸，国民对原子能的不安和恐惧尤为突出。每次民意测验，都会出现很多“认为原子能是必要的，但又感到不安全”的意见[99]。正是在这样的背景下，作者通过多年从事原子能工作的实践经验，本着通俗易懂而又趣味性强的撰写原则，深入浅出地介绍了原子结构、原子能的释放、核裂变、反应堆的构造、燃料元件、反应堆的控制、对射线的屏蔽、堆芯的热交换、反应堆的安全性等与核电站相关的基础知识。作者在书中基本不使用专业术语和数学公式，而是用生动的语言和比喻，再辅以风趣的漫画，使广大读者一看就懂（图4-2)。因为这些优点，这本由日刊工业新闻出版社出版的《漫画解说原子能》，在原子能出版社引进时已在日本国内出了5版，印数超过2万册，成为原子能领域的畅销书。

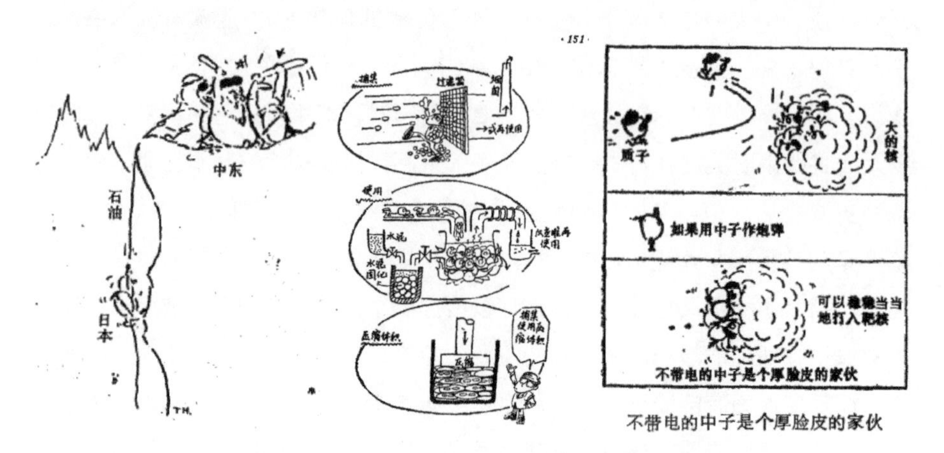

图4-2 《漫画解说原子能》中的漫画插图

《漫画解说原子能》取得成功后，林乔雄又在日本国内杂志上连载了原子能的故事，对和平利用原子能的另一部分——放射性同位素的应用也作了介绍，同样配以漫画。1980年，他将这些文章结集出版，推出了《漫画解说原子能》的姊妹篇《漫画解说原子能的秘密》。作者还在书末的续编详细地介绍了1979年美国三里岛核事故的起因、经过和影响等情况。1990年原子能出版社引进翻译了这本书。

当然，这一时期国内引进的最知名、影响力最大的一本核科普译著还要属美国作家理查德·罗兹（R. Rhodes）的《原子弹秘史》（*The Making of the Atomic Bomb*，又译名《原子弹出世记》），见图4-3。该书于1986年在美国首次出版，1988年获得普利策“非虚构类作品”奖，1990年被美国《时代》周刊评为20世纪80年代十佳著作之一。出版者认为这本书的深度和广度足以与夏伊勒（William L. Shirer）的《第三帝国兴亡史》相比。该书陆续被译成了十几种文字在世界上流传。

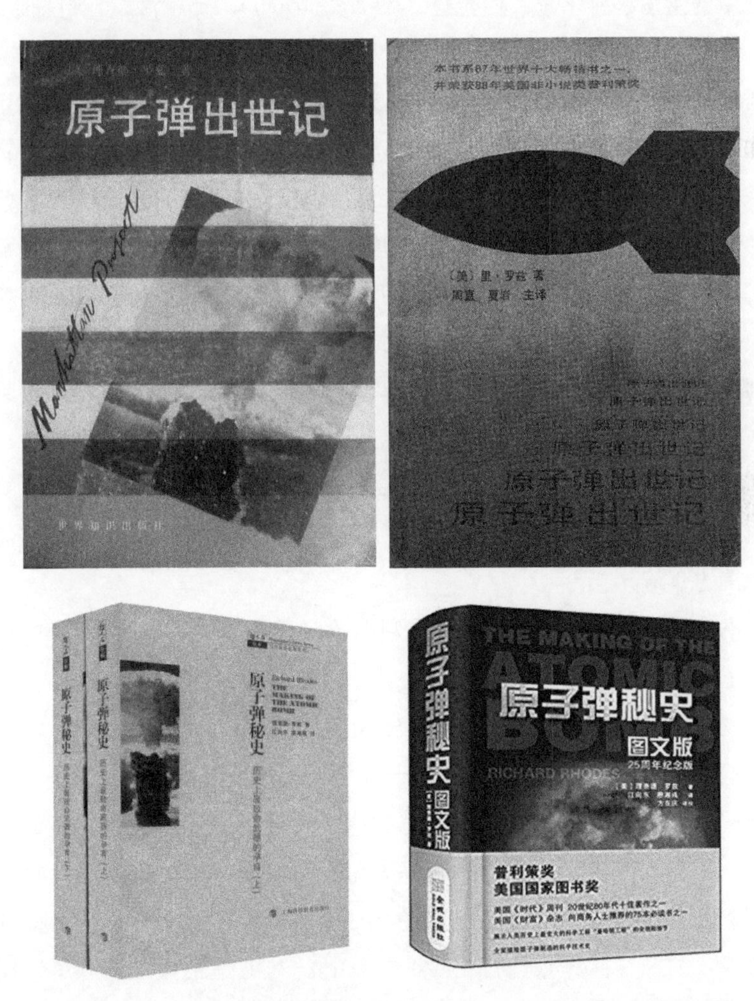

图4-3 理查德·罗兹*The Making of the Atomic Bomb* 4版中译本的封面

1990年，世界知识出版社推出了该书的首个中译本。全书厚达898页，是核科普图书中部头最大的一部作品。全书分为三篇。第一篇“深刻而必然的真理”回溯了核物理学发展史，着重梳理了各位圈中人士的师生关系、学术渊源与哲学底蕴；第二篇“一种特殊的主权”主要讲述了原子弹的复杂研制过程，曼哈顿计划的具体实施；第三篇“生与死”则细述了美军在广岛和长崎投掷原子弹后所产生的影响，以及科学家们对原子弹的态度变化。书中故事横跨第一次和第二次世界大战，起始于卢瑟福发现原子核，追溯伦琴发现X射线和汤普森发现电子，一直到广岛和长崎遭到原子弹攻击，日本投降，生动再现了科学发现与战争狂热交织在一起的20世纪上半叶的世界史。

书中的主角是科学家：西拉德（Leo Szilard)、奥本海默、特勒、玻尔、费米、卢瑟福、迈特勒、维格纳和劳伦斯等人。与他们关系密切的科学家，如爱因斯坦、海森伯、哈恩、贝特、冯·诺伊曼、查德威克、康普顿、弗里什等人，作者也着墨甚多。诸如为什么匈牙利在20世纪为人类贡献这么多有名的科学家，而他们又都是犹太人；德国和日本在核武器研制方面都做了哪些准备，为什么没有像美国那样集全国之力去研究，失败原因是什么；希特勒是如何与奥本海默“结仇”的，战后他为何要在听证会上做不利于奥本海默的证词；为何身为副总统的杜鲁门在罗斯福生前居然对曼哈顿计划一无所知；曼哈顿计划所需的庞大财政从何而来等有趣的问题，读者在书中都能找到答案。归根结底，本书记载的不是狭义的原子弹工程，而是关注核物理的发展史，关注核物理学家们的政治伦理与哲学心路。例如洛斯阿拉莫斯一章，原子弹的工程技术内容只占很小的篇幅，远不及对波尔和丘吉尔等人对核军备竞赛的忧虑与政治对策的介绍。

该书自出版后就好评不断。著名科普作家阿西莫夫生前曾说：“这是我读过的关于20世纪上半叶物理学发展的最好、最丰富、最深刻的描述。”1944年诺贝尔物理学奖获得者I. I. 拉比称赞道：“《原子弹出世记》是一部堪与弥尔顿作品媲美的史诗，我从没见过这样一部格调优雅、资料翔实、趣味盎然、文辞简朴的书，它把读者引入奥妙无穷的科学发现和运用的天地。决定世纪命运的伟大历史人物，诸如科学家、军事家、政治家，个个写得栩栩如生。这部巨著涉及的20世纪最深刻的问题能帮助我们理解21世纪世界将面临的机遇和不测。在有关这一题材的众多书籍中，本书是最好的一本。”另一位诺贝尔奖获得者阿瓦雷茨（也是本书中的一位重要角色）认为："我看不出有任何人能超越它。"这一观点至今仍可成立。尽管后来有不少新的材料解密，可以用来弥补该书的不足，但从大的框架来看，至今还没有一本书能超越该书。

在世界知识出版社之后，天津人民出版社、上海科技教育出版社（此版书名改译为《原子弹秘史：历史上最致命武器的孕育》）分别在1990年和2008年组织学者重新翻译出版了该书。2018年1月，金城出版社推出了该书的最新版。20余年后，该书的魅力仍历久不衰，足见影响力之巨。

第二节 《人民日报》刊载的核电文章

改革开放以后国家政通人和，为了扭转我国能源短缺的被动局面，发展核电已是势在必行。然而，就在我国雄心勃勃地准备启动核电计划之时，国际上对核电的前景却是一片看衰。出于对此前数次能源紧缺危机的后怕，从20世纪70年代后期开始，各国相继采取大力节约能源以及调整能源结构的措施[100]。与此同时，不少发达国家的经济情况也出现疲软。能源消费的收缩与经济不景气使得核电发展遇到双重困难。1979年3月，美国发生了三里岛核事故❶。这起事故虽未造成人员伤亡，但还是引起了公众对核安全的普遍忧虑，发展核电可谓雪上加霜[101]。由此，多个国家和地区的核电发展受挫，出现了程度不同的衰退势头。例如，美国于1972～1983年共取消了103座反应堆订单，净减少发电能力约11786万千瓦[102]。法国政府在1983年的一份研究报告中也表示近五年时间内不会再建立新的核电站，已有核电订单也会相应削减[103]。亚洲方面，正值经济发展黄金期的韩国在1980年初即决定不再建立新的核电站[104]。20世纪70年代一直积极发展核电的中国台湾省在1982年也开始放慢速度，无限期地缓建多个反应堆[105]。

核能在多个国家和地区遭遇困难的眼前事实，无疑也影响了我国核电的发展方针[106]。在这样的背景下，通过权威党媒广泛传播、普及核电知识，借助公开讨论获得民意基础进而打消决策层内部的疑虑，就成为逆势而上发展核电

❶ 在美国三里岛核事故中，三里岛核电站的堆芯因为失水而熔化，并且发生了放射性物质外逸。该事故发生后，核电站附近的居民惊恐不安，约20万人撤出这一地区。

的必要之举。

据笔者统计，1978 ～ 1991年间《人民日报》共登载了90篇核电相关文章。其中既有驻外记者关于国外核电运营情况的连载报道，又有对国内核电建设进展的及时追踪，亦不乏专家学者关于核电政策的各抒高见，不少文章还登上头版。可以说，通过《人民日报》这一权威媒介，关于核电的科普知识以及发展核电的各种论证意见得到了广泛传播，国家发展核电的决心也在“真理越辩越明”的过程中益发坚定。本节以1978 ～ 1991年《人民日报》刊载的核电文章为研究样本，对发文数量、主题内容、高频词汇、情感极性以及作者群体等属性进行了描述和分析，尝试把握官方对核电的态度及其变化；结合同期国内外核电动态，重点解读其与中国核电发展进程的联动性。最后，将其与同一时期的《光明日报》做了对比。

一、1978～1991年《人民日报》刊载核电文章的整体概况

从历年篇数分布上来看（见图4-4），1978 ～ 1980年间发文呈现比较稳定的小幅上升态势，每年2 ～ 5篇。1981 ～ 1983年间出现了小幅下降。1984年迅速扭转，该年度发文数量比之前最多的1980年整整多了1倍。1985年虽然发文数量有所回落，但紧接着在1986年就猛增至最高峰的23篇，占13年间发文总量的27.3%。后续几年虽然有所回落，但基本保持在了历年平均数量的水平范围内。

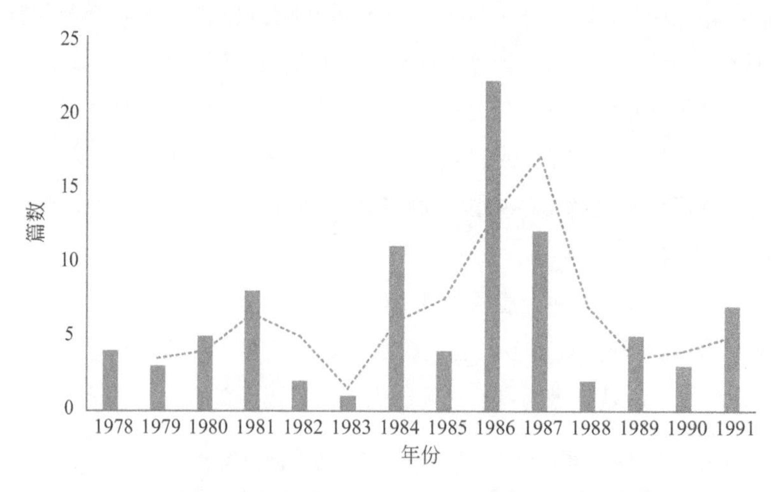

图4-4　1978～1991年《人民日报》刊载核电文章历年篇数分布
（虚线为历年篇数变化趋势）

从文章主题来看（见图4-5），依据对内容的总体把握，结合每篇核电文章的侧重点，《人民日报》刊载的核电文章可划分为：国外核电情况、国内核电动态、核电知识、核电政策以及核电建议五大类。

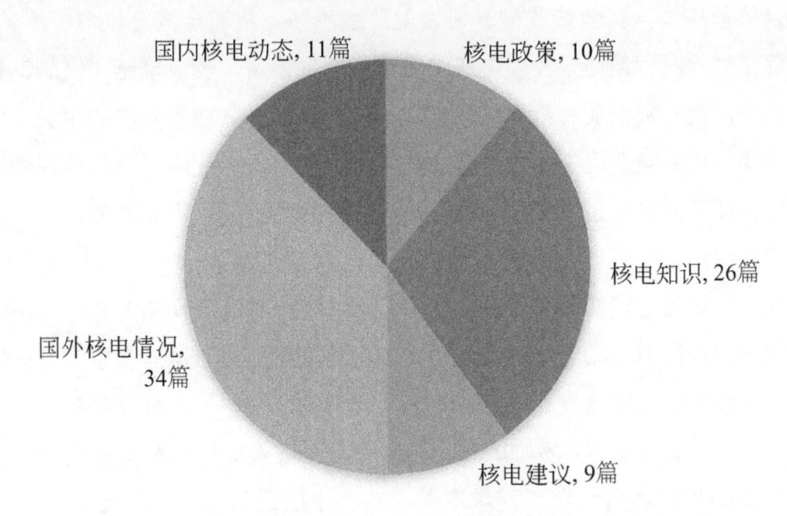

图4-5 1978～1991年《人民日报》刊载核电文章主题分类比例

总体而言，核电业界情况动态最受《人民日报》关注，国际国内合计占比为50%。关于国外核电情况的文章有34篇，最早可以追溯到1978年的第一篇核电报道——《访法国比热伊核电站》。文章记述了记者随行时任国务院副总理谷牧参观法国比热伊核电站的见闻，其中详细介绍了法国核电发展历史和比热伊核电站的先进设备。在此之后，美国、联邦德国、瑞典等西方发达国家的核电状况也相继登报，使中国普通民众能够第一时间大致了解到世界范围的核电资讯。国内核电动态方面则有11篇，分布主要集中在20世纪80年代中后期。其中以1984年9月28日刊发的《我国大型核电站开始起步——访广东核电站工地》和1989年9月9日刊发的《秦山，核电之城》二者最具代表性。此类文章积极关注国内秦山及大亚湾核电工程，及时报道工程的最新进展。

核电知识类文章也占有重要位置，总数26篇。从核电站的工作原理到乏燃料后处理，从核电与煤炭石油等传统能源的经济性对比到“10^{-6}～10^{-4}次/(堆·年)”事故概率的控制，其内容丰富多样，对于扫除民众的知识盲区、加强民众对核电的正确认识、尽可能减少公众对核电的畏惧和不信任心理起到了重要作用。例如针对“核电站会不会是一颗定时原子炸弹”这一民众普遍担忧的问题，《莫把核电站当原子弹》一文详细说明了二者的区别：尽管二者原理相似，都是利用铀核裂变放出的巨大能量，但核电站反应堆的结构和特性同原子弹完全不一样。原子弹用的是近100%高浓度的铀-235，核电站所用的核燃料是2%～4%的低浓铀-235。在任何情况下，使用这种燃料都不可能像原子弹那样发生核爆炸，何况核反应能量是在受控制状态下缓慢释放的。核电站的核心是核反应堆，其他装置与一般发电厂差不多，装有蒸汽发生器、汽轮机、冷凝器、给水泵、循环泵及发电机等产生动力的设备。反应堆是“燃烧”核燃料的炉子，由一根根装有核燃料的细管构成的堆芯竖立在反应堆的中央，能够吸收中子、控制裂变反应的控制棒穿插其中，使得反应的中子数目或裂变原子核数目在任何时候都是一个恒定数，以产生恒定的功率，不断释放热量，将水加热成蒸汽，从而驱动发电机发电[107]。

核电政策和建议两类虽然占比相对较少，但是其背后反映的是官方不同部门对核电建设的态度和立场，因而更加值得研究者注意。这些文章中有对国家上马相关核电站工程的投石问路，也有直接的站台支持，亦有因对核电安全的担忧而提出的相应诉求。例如1980年2月25日，《人民日报》头版刊登了时任二机部副部长、著名化学工程学家姜圣阶“中国已具备发展核电站的基本条件”的观点，在当时开舆论上公开支持核电之先例。代表另外一种声音的则有1981年4月28日的《早些订出核电站安全法规》。该文从法制法规层面对核电站安全问题进行思考，其作者分别是来自国务院核电领导小组办公室的罗安仁与核科技情报研究所的张士贯，其中虽然并无直接反对核电的话语，但明确透露出一种深切的忧患意识。

二、对核电文章的分析

在简要梳理了1978～1991年《人民日报》刊载核电文章的概况之后，下面将从发文标题词频、内容情感取向和作者群体三方面进行深入分析。

1.发文标题词频

一般来说，新闻标题能够以最精练的文字将新闻中重要、新鲜的内容提示给读者。笔者对所获取的90篇核电文章标题进行了归纳，在对标题词频进行分析的基础上，将出现次数大于3次的词汇定为高频词，之后基于统计编程语言R与文本分析工具KH Coder的使用，进行高频词多维尺度分析（multi-dimension analysis，MDS）。借助MDS分析，能够观察时间序列下核电文章标题高频词之间的位置距离，以了解它们之间的相似性和关联度，从而更好地把握核电文章在发文标题上的特征情况。

通过词频统计，可以发现“核电站”是出现频率最高的词语，达45次，占比6.16%，而MDS分析结果（图4-6）也显示“核电站”一词处于高频词集聚后的中间核心位置。这清晰地表明在1978～1991年的13年间，“核电站”本身始终是核电宣传工作的重心。相应地，与“核电站”直接关联的词语如“核电”“核能”“能源”等也均有较高频次的出现，它们又各自组成相应的集聚群。此外，“安全”一词在标题中出现的频率也相对较高，“质量”一词又与之近距离联系。这透露出官方十分在意公众对安全的顾虑，而试图通过论证核能与核电站的安全性来尽可能打消相关担忧正是核电宣传工作的另一个重要目的。

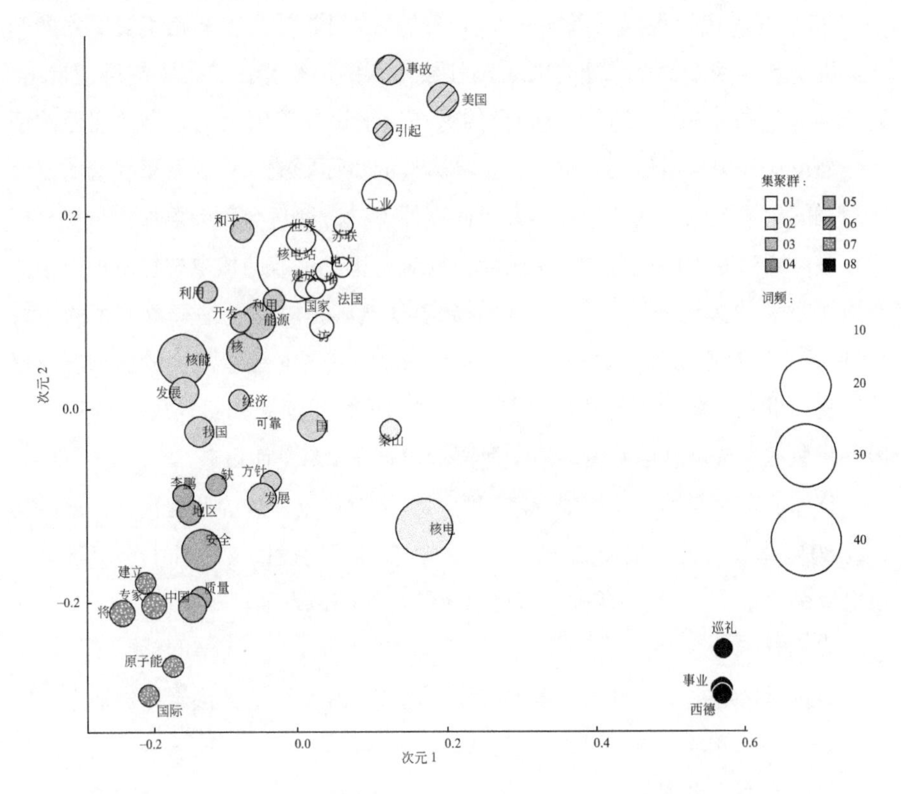

图4-6　1978～1991年《人民日报》刊载核电文章标题高频词MDS分析结果

2. 内容情感取向

新闻报道往往都呈现出相应的态度取向。以“正面报道”“负面报道”和“中立报道”进行态度取向区分（见表4-3），笔者统计得到正面报道的文章占据绝大多数，占比高达95.56%；与之对应，负面报道仅有3篇，占比仅为3.33%，中立报道1篇。从此比例可以看出彼时核电宣传的整体基调。

表4-3　1978～1991年《人民日报》刊载核电文章内容情感取向

情感极性	正面报道	负面报道	中立报道
篇数	86	3	1
占比	95.56%	3.33%	1.11%

负面报道中有2篇的对象均为1979年的三里岛核事故。该事故发生后，全美震惊，美国各大城市的群众和正在修建核电站的地区的居民纷纷举行集会示威，要求停建或关闭核电站。同年4月5日，《人民日报》刊登了《美国核电站严重事故在国内引起强烈反响》一文，对此事件通篇予以负面报道。后在同年4月23日，《人民日报》又以《美国核电站事故引起社会震动和不安》为题刊文，进一步向公众介绍该事件对美国社会民众的影响和由此带来的恐慌情绪。耐人寻味的是，在23日同一天刊登的另一篇报道《美国核电站事件在西欧引起强烈反应》中，虽然也介绍了三里岛事故的负面影响，但更着重强调的是西欧国家的相关核电发展计划并不会受此事件干扰，而且今后会更加注重安全问题。联想到当时国内已有学者将国际上针对三里岛事故的核电站纷争视为事关新能源发展的舆论战，认为过度报道此事件实则是对核电站形象的歪曲[108]，《人民日报》这则报道的真正意图似乎是在说明我国对三里岛事故的态度已悄然转变。此后，核电报道内容的情感取向都较为正面和积极，仅在1987年法国"超凤凰"快堆核电站发现液钠泄漏后出现了1篇负面报道。

整体而言，与美、英等国专家和智库机构对核电发展的悲观预计相反，20世纪80年代《人民日报》关于国外核电动态方面刊发的文章几乎全部是描绘核电繁荣之景[109]。此举在国内营造出了较好的核电发展舆论氛围。

3. 作者群体

通过对核电文章的署名作者进行逐一调查，除去部分无法考据或使用临时化名者，笔者将作者群体划分为三类。

（1）专家学者型

这类作者群体一般都是核专业或相近专业出身，多在科研院所任职或负责相关决策领导，具有丰富的核工业管理、研究经验。在中华人民共和国成立后的几次核科普高潮中，他们均发挥了重要作用。例如我国著名放射医学与辐射防护专家吴德昌院士于1986年9月4日发表署名文章《辐射对人类有没有危害？》。该文见刊半年前，苏联切尔诺贝利核电站发生了人类历史上最严重的核事故，给国内刚刚起步的核电事业蒙上了一层阴影，部分地区甚至发生了反核浪潮。可以说，吴德昌院士的这篇关于核辐射危害的科普文章相对及时和有效地向公众澄清了真相，也为当时正在筹备但遭到南方沿海地区部分民众反对的大亚湾核电站提供了有力支持。与之类似，我国著名核物理学家、中国核科学的奠基人和开拓者之一、“两弹元勋”王淦昌也曾在《人民日报》撰文介绍我国核电进展情况。发表于1990年1月14日的《我国核能开发与利用将有重大发展》一文不仅提到秦山核电站与大亚湾核电站的现有良好情况，还向公众描绘了中国核能开发的美好图景。总的来说，由专家学者撰写的核电文章往往紧扣时事与政策，及时对公众起到答疑解惑、消除偏见的作用，而他们深厚的专业素养与崇高的学术地位，更是为核电科普的开展提供了权威支持。

（2）科技记者型

这类记者常年报道科技相关新闻，具有较高的科学素养和敏锐力，能够把握社会大众的科普需求。例如现任中国科技新闻学会理事的陈祖甲，从1977年起便投身科技新闻报道领域，曾发表过《我国核能专家呼吁：尽快在缺能地区建立核电站》和《核工业部部长蒋心雄发表谈话 政府对建大亚湾核电站决定不变》等核电文章。这些文章观点鲜明，能够准确、及时地将学界呼声传递给大众。

（3）驻外记者型

具有代表性的是当时新华社驻美记者张允文和景宪法。作为驻外记者，他们凭借能够亲赴现场的优势，对外国相关情况报道往往更加准确生动。1985年10月16日，张、景两人曾联合发表题为《美国核电工业巡礼》的核电科普文章，第一次为国内民众介绍了美国核电技术的发展情况。此后，他们还在1987年4月7、8日，发表连载报道《美国的核电工业》，详细介绍了走访美国卡尔弗特崖核电站和弗吉尼亚萨里核电站的所见所闻，并简要总结了美国核电发展经验。其他典型的驻外记者还有驻德国记者江建国、驻比利时记者姚立等人。在国内核电起步阶段，他们通过持续介绍西方发达国家的成功案例，为国内读者勾勒出核电发展的美好蓝图，从外部增强国内民众对发展核电的信心。

三、与核电发展进程的联动性举例

如果结合中国核电史上的若干关键事件通盘来看，可以发现《人民日报》刊载的核电文章与核电发展进程之间存在高度的关联性。下面试举几例解之。

1978～1980年，核电文章内容大多是提议建设核电站，中间穿插有关于美国三里岛核电站事故的报道。具体来说，三里岛核电站事故发生后，《人民日报》刊载了3篇相关文章，主要是对事故重新以科普的叙事视角结合严肃科学理论进行诠释，并在情感倾向上逐渐由负面转为中立。这种转变从大环境看与1979年1月1日中美正式建交相关，但更主要的原因应是与国家着手启动核电计划，核电工业负面消息不宜过多报道有一些关联。当时苏联也采取了类似的做法——尽管这件事让美国大失颜面，但关于三里岛的新闻在苏联内部被审查限制，因为担心可能破坏表面上完美无瑕的和平原子的记录❶。不久之后，二机部副部长姜圣阶在《人民日报》头版上发表署名文章，认为中国已具备发展核电站的基本条件。此举可以视作是对此前与核电相关负面新闻很快转向的呼应，也正式向公众揭开了中国发展核电的面纱。自姜圣阶发文后，1979年《人民日报》又有多篇核电科普文章刊出，这其中有介绍法国核电工业优越性的[110]，有支持我国应该及早确立核能在能源构成中地位的[111]，也有直接呼吁尽快建立核电站的[112]，还有从经济角度考虑表示在缺乏能源的地区发展核电很划算的[113]。经过一轮有力铺垫，谜底终于在1981年1月20日揭开，《人民日报》头版报道中国正式宣布第一座大型高通量原子反应堆建成。

在此之后的两年间，尽管国家要发展核电的意图已成定局[114]，但围绕核电项目的具体落实工作，各方依然充满争议和犹豫。核电站的兴建由于需要借助国外技术和资本的参与，核电项目相关人员甚至背负了“卖国主义”的骂名[115]。在技术引进方面国家计委内部也抱有异议，有人反对使用英国的发电机机组，而主张购买联邦德国的设备[116]。决策高层内部一些领导同样抱有谨慎心理，时任国务院副总理张爱萍还专门写信给陈云，特别主张核电要立足于国内❷。由此，核电科普宣传的步调在政治争议的夹缝中不得不放缓，具体表现就是《人民日报》的核电发文数量开始日渐减少。直到1983年初著名的“核能发展技术政策论证会”召开后，《人民日报》中关于核电的报道又开始逐步增加。

在1983年末至1984年初的中欧乏燃料贸易谈判期间，1984年2月，美国《纽约时报》与《华盛顿邮报》先后以《中国为储存放射性废料出价》[117]《据报中国同意储存西欧核废料》[118]为题对此事进行了负面报道，文中颇多挖苦讽刺之语。消息一出，海外爱国华人群体大哗，认为这种行为不啻是出卖国

❶ 亚当·希金博特姆. 切尔诺贝利的午夜[M].鲁伊，译.桂林：广西师范大学出版社，2021.

❷ 李鹰翔.“两弹一艇”那些事[M].北京：中国原子能出版社，2013.

土[119]。为以正视听，1984年4月18日，姜圣阶和中国原子能工业公司总工程师黄齐陶在《人民日报》共同发表题为《谈谈核电站用过的燃料的后处理》的署名文章，首次对后处理的概念、目的、必要性进行了详细介绍。该文在危急时期对外发声，意在解释中国接管国外乏燃料的根本目的是发展自己的商用后处理产业，从而建立完整的核燃料循环体系，为将来发展核电服务。几乎与此同时，时任国务院副总理李鹏在出席中国核学会第二次全国代表大会时发言公开表示将与外国合作建设核电站[120]。无独有偶，同年11月8日，《人民日报》又刊登了清华大学核燃料后处理专业学术带头人滕藤、汪家鼎的《浅谈“核废料”的处置与利用》。该文直截了当地提出：“为了建立我国自己的完整的核燃料循环系统，无论是从利用铀资源上还是从安全上考虑，核燃料的后处理和放射性废物的最终处置都是必不可少的。”随后该文介绍了强放射性废物的几种处置办法和裂片元素的广泛用途。由此种种，该年内的核电文章数量迅速达到一个小高峰，从1983年的仅1篇增至1984年的11篇（图4-7）。

发展核电是解决我国东南缺能的出路

压水堆核电站三道屏障

辐射对人类有没有危害？

核电站与环境

核电站较多的一些国家和地区核电统计表

全国十四大百货商店贸易联合会·国营连胜自行车厂联合举办

飞鸽牌自行车迎国庆展销

图4-7 《人民日报》1986年9月4日第五版几乎整版刊登核电类文章

到了1986年，一方面是秦山核电站与大亚湾核电站均已动工建设，另一方面则是史无前例的切尔诺贝利核灾难的爆发，《人民日报》围绕核电与核能安全的讨论与报道随之迎来13年中的历史最高点。正是在这一年，《人民日报》出现了有史以来首次长达三天的核电报道连载。1986年11月25～27日，《人民日报》连续刊登了分别题为《无可替代的战略抉择》《涓滴不漏的安全监督》和《在比布利斯核电站》的“西德核电事业巡礼”系列报道文章。三篇报道循序渐进，依次讲述了联邦德国的核电发展战略、核电安全管理体系的建构和具体的核电站运行案例，是首次对西方国家的核电事业从宏观到具体的全方位介绍。该系列报道不仅借助当时联邦德国的核电实际良好效果，旁敲侧击展示了中国国内核电站建成使用后的诱人图景，更重要的是向外界传递出切尔诺贝利核事故后中国政府坚定发展核电的信心。

至此，通过上文的简单勾勒，不难看出几乎在核电发展的每个关键节点上，《人民日报》刊载的核电文章都会有所呼应。这恰恰从一个侧面折射了我国核电有些颠簸的起步之路。

四、与同一时期《光明日报》的比较

作为国内另一大重要报媒，《光明日报》在1978～1991年同样有大量核电文章刊出。但与《人民日报》涉及核电科普文章种类诸多的情形不同，读者对象主要是知识分子的《光明日报》，其所刊载的核电文章更侧重于传递发展核电的各种声音，着重刊出专家学者等权威人士及部分领导人的意见建议（见表4.4）。考虑到受众的已有受教育水平，直接的核电知识科普较少，思辨性与呼吁性相比《人民日报》中的内容要更强。

表4-4　1978~1991年《光明日报》刊载的部分关于核电发展建议的文章

序号	标题	时间	作者身份职务	作者姓名
1	我国应该发展核电	1979-12-11	二机部核电局副总工程师	左湖
2	我国要适当发展核电	1985-04-30	国务院副总理	李鹏
3	我国核电建设问题	1986-08-01	核工业部部长	蒋心雄
4	核电是解决我国中长期电力需要的重要途径	1988-06-16	核物理学家	戴传曾

续表

序号	标题	时间	作者身份职务	作者姓名
5	我国核能的开发与利用将有重大发展	1990-01-02	核物理学家	王淦昌
6	自力更生发展核电	1990-04-03	秦山核电厂厂长	张怀麟

仔细推敲，二者之间之所以有此区别，除了各自的宣传侧重点不同之外，一个重要因素恐怕还是与对核电的发展意见有关。例如1985年4月30日，《光明日报》全文刊登了国务院副总理李鹏的署名文章《我国要适当发展核电》，文章详细阐述了当时有关核电的发展方针："我国要适当发展核电的理由有三条：第一，我国拥有比较丰富的铀矿资源，这是发展核电的物质基础；第二，我国在核武器的研制方面已经取得了众所周知的成果，建立了一套比较完整的核工业体系和拥有一支相应的技术队伍，为发展核电提供了技术条件；第三，我国有发展核电的需要，特别是在经济发达而能源短缺的沿海地区更是如此。"[121]同一天，《人民日报》在第2版中以记者转述李鹏发言概要内容的形式，提到他认为要适当发展核电，建设核电站是和平利用核能的一个重要方面等观点[122]，向更广大的读者群简要介绍了此时中央对核电发展的整体态度。尽管广东地区的核电建设已经开始，明确发展核电的"核能发展技术政策讨论会"已过去两年，但如此重大的一个核电发展意向却未能在《人民日报》中全文刊出，1985年是前后三年中《人民日报》刊载核电文章最少的一年，为了避免引起不必要的过度解读，明确支持核电发展的意见也就不便于直接在舆论地位最高的《人民日报》上刊发。选择《光明日报》作为发声平台显然更加合适，有助于妥善公开应对不同异议与声音。

总结来说，《光明日报》刊载的核电文章与《人民日报》的相关内容遥相呼应，可以理解为是对《人民日报》关于核电发展舆论构建与讨论的素材补充和延伸。诸如建设核电这般与民众息息相关的国之大事，也的确需要借助两大重量级舆论平台来充分论证。同时，两报在刊发核电决策文章时的微妙之处，一定程度上也反映了当时党内具有允许争论、能够容纳不同意见的宽松氛围。

从国外几次核事故带来的冲击、忧虑甚至质疑的夹缝中突围而出，中国核电事业发展之路实属不易，在这其中宣传工作发挥了应有作用。通过对1978～1991年《人民日报》刊载核电文章的梳理和分析，可以看到，无论是国内外核电动态的报道，还是介绍核电政策或论证中国发展核电的必要性和可行性，文章背后的思路是一以贯之的，即始终围绕国家能源发展战略，密切结合核能行业动向，为核电事业的起步提供舆论支持和前奏铺垫。

与此同时，担忧、反对核电的声音和看法也并未被人为湮没，而是加以充分公开，使得两种观点相互交锋，激浊扬清，越辩越明。在全国上下热闹讨论要不要建核电、到底该怎样建的过程中，各种必要的核电科学知识也得到了广泛传播，人民群众开始了解核电并逐步理性客观地认识核电。国家发展核电的步伐也随之愈发坚定。

第三节　中国核学会与反核浪潮的平息

为了推动核科学技术和核工业的发展，适应国际核科学技术交流的需要，1980年2月在中国科协和二机部的倡导下组建成立了中国核学会。中国核学会自创建伊始就十分重视核科普工作，《中国核学会章程》第三条“学会的主要工作”之一即“运用各种形式做好原子能科学技术知识的普及工作，推动原子能科学技术知识研究成果在国民经济各领域中的应用”[123]。为有序组织开展核科普工作，中国核学会在理事会下专设普及工作委员会（后改称“科普咨询教育工作委员会”）。

作为核科普工作的组织领导机构，中国核学会自创建以来积极采取多种措施向社会特别是青少年宣传和普及核科学技术知识，努力消除人们对核的疑虑，为建设核电站、推广核技术、培养后备人才创造良好的社会环境。

1983年10月，在中国核学会的提议和推动下，由中国科协、国家科委、国防科工委、核工业部联合主办，中国核学会具体承办的“全国原子核科学技术应用展览会”在北京军事博物馆展出。党和国家领导人参观了这次展览，观众达7万多人次。展出内容包括从核能基础知识到核科学技术在工、农、医、军、核电等方面的应用，全面地介绍了核科学技术在各个领域的应用知识和成果，得到了领导和各界的好评。1984～1985年，“全国原子核科学技术应用展览会”先后到南京、广州、郑州、沈阳、太原、福州、杭州、深圳等地巡展[4]。

1986年4月26日，苏联切尔诺贝利核电站发生了严重事故，由此引发了世界范围的反核浪潮。艰难起步的中国核电亦未能幸免，大亚湾核电站的建设也受到了这股反核大潮的影响。

事故发生后，中国政府对此十分重视，国务院召开专门会议，研究核电建设和安全问题。1986年6月20日，时任核工业部部长蒋心雄在全国人大常委会第16次会议上做了题为《我国核电建设情况和发展方针》的报告。会议肯定了我国适当发展核电的方针，责成主要部门采取一系列的措施，保证秦山和大亚湾核电站的安全，要求力争做到万无一失。7月10日，针对部分人士的反映，邓小平指出：中央领导对建大亚湾核电站没有改变，也不会改变，中央充分注意核电站的安全问题[124]。

然而，苏联切尔诺贝利事故确实使人受到震惊，大亚湾核电站周边城市有市民仍以疑虑的眼光看待大亚湾核电站的兴建，甚至认为建设大亚湾核电站犹如埋下了一颗“定时炸弹”，一旦出事，难以紧急疏散。部分市民呼吁对在大亚湾兴建核电站的问题作重新研究，具体内容包括：申请公开大亚湾核电厂的资料及安全评估；要求重新考虑发展核电的政策，将安全及环保列为首要义务。针对这一反核声音，中国核学会向政府提出了派展览团及专家组进行宣传的建议，得到了国务院的批准。其中，1986年9月，中国核学会与香港科技协会联合会在香港举办了核技术展览会。赴港的专家组和展览团在十分困难的条件下编印了大量科普资料，积极开展科普讲座配合展览会宣传，利用各种形式的座谈做了大量宣传解释工作[125]。

部分香港新闻媒体对这次展览会给予了较好的评价。例如，《大公报》社评指出:“展览会介绍了香港人急需的知识，作出了贡献”;《文汇报》社论指出:“这是一个可以满足港人求知欲和解答港人对核电安全疑虑的展览”;《天天日报》说:“展览对核技术陌生的香港人是大开了眼界，提高了我们对核科学技术的认识，所以值得广大市民前往参观”;《成报》发表社论评述:“核能作为能源是大势所趋，无可避免”;《华侨日报》发表文章说:“参观展览后大部分市民表示展览会办得好，使他们对核能有了更多了解，展览会如能提前半年举行则更好”。这次展览会提高了香港市民对核技术的认识。

部分反核人士认为核电站犹如“定时炸弹”，要是出了事故，必然是苏联切尔诺贝利核事故那样的灾难。但经过辩论，经过不少专家如实介绍核电的知识、发放资料，民间团体的参观访问，以及针对大众的核技术展览的开办，对核电的争论渐趋理性化。尊重科学胜于轻信流言，越来越多的人不相信夸大核电危险性的说法。有关核电的知识也逐渐向一般公众普及，甚至普通民众也懂得了若干关于压水堆和石墨堆的区别[126]。

事后来看，部分地区出现了反核声浪，主要是由于绝大多数的民众对核电认识不够，或者对核电站的安全设施不了解，或者把核电站事故的危害同原子弹爆炸相提并论。中国核学会适时推出的核技术展览会及其相关一系列活动对于解除大众疑虑、保证大亚湾核电站顺利建设发挥了至关重要的作用。时任中国核学会理事长姜圣阶曾指出：这是在政府部门碰到不宜出面的情况下，学会充分利用它的民间性和学术性组织的优势，协助政府有关部门解决困难的一项活动[125]。

这次展览宣传工作先后历时四年，在全国十多个省市和香港地区展出共12次，较系统地介绍了核科学技术在各领域的应用知识和成果、核能的和平利用和安全常识，接待观众达50万人次，其中仅在香港一处即接待观众8万人次。这是中华人民共和国成立以来在核科学技术应用方面规模最大的一次宣传普及活动，适应了核工业军转民和核电发展的需要，特别是让反对建设核电站的部分市民转变为支持和拥护建设核电站。

第四节 核科技发展低潮期的核科普作品（1992~2006年）

鉴于核能技术具有军民两用的高度的敏感性，世界大国均十分重视核能技术的研发。不少国家发展核力量普遍采用“寓军于民”的做法，即通过核能技术的研发，增强潜在的核战略威慑力。1949年以来，中央高层深刻认识到核威慑力对保障国家安全的战略地位，直接领导和组织核科学技术研究。经核科学家、工程技术人员和广大职工卧薪尝胆艰苦奋斗，成功研制出“两弹一艇”，打破了超级大国的核垄断，使我国跻身核大国的行列。然而，在原子弹、氢弹爆炸和核潜艇下水后，国家对核工业体系在国民经济和国家安全中的不可替代的地位有所忽视，尤其是在核领域的教育、科研、生产等方面资金投入严重不足，不仅远低于美国、法国、日本等发达国家，就是在印度面前也相形见绌。其结果是，我国核工业及其科研体系陷入困境，核能系统技术特别是核心技术储备薄弱，与国外差距不断拉大[95]。

20世纪90年代中后期，国家在能源方面的投资从核能计划转到石油建设和电网改善等其他行业。从1999年开始，国内核电厂的建设被叫停长达3年[127]。截至2005年，中国并网发电的核电机组总装机容量为870万千瓦，仅形成浙江秦山、广东大亚湾、江苏田湾三个核电基地。核电在能源结构体系所占比重过低，最终成为解决我国经济增长带来的能源安全和污染问题的制约因素。

在核能发展得不到国家重视的情况下，核科普难以像其他学科科普那般蓬勃发展、欣欣向荣，而是呈现了长时期的平淡[1]。尽管核科学技术自身发展不尽如人意，一些核科普作家和核能专家仍勉力而为，撰写了不少科普作品。

一、传播核科学知识的“传统”核科普图书

1997年福建教育出版社出版的《核世纪的恩怨》是知名核科普作家侯逸民的又一本科普力作。该书入选了“当代中学生丛书·精品集”。该系列是福建教育出版社从1988～1994年陆续出版的60本“当代中学生丛书”中精选而成，共8篇，《核世纪的恩怨》编入科技篇。核物理学家王淦昌院士十分认可侯逸民在核能与社会关系方面做出的工作，欣然为本书作序。全书按照核科学技术的发展顺序分为三篇——核锋芒与和平、核能源的光明前景、核时代给人带来了什么。第一篇主要介绍了原子弹爆炸前美国、法国、英国、苏联等国家在该领域的研究、原子弹的威力、中国核工业发展及对核军备的限制。第二篇主要介绍核能在中国和世界能源格局中的重要性。第三篇主要介绍了核电站的发展，包括热堆电站、快堆电站和聚变堆电站。全书正文虽然只有不到200页，却讲述了20世纪的核科学技术发展历程，从毁灭性武器原子弹到能源结构中越来越重要的核电站，让读者了解半个多世纪以来核科学技术对人类社会的影响。

北京大学技术物理系唐任寰教授所著《走出核冬天——核化学与人类生活》一书由湖南教育出版社于1999年出版，该书系中国化学会和湖南教育出版社共同组织、约请著名化学家撰写的“走进化学丛书”的一分册。作者唐任寰1957年毕业于北京大学放射化学专业，是我国首届核专业的毕业生，同年留校，在技术物理系从事教学科研工作40余年。在《走出核冬天——核化学与人类生活》一书中，作者以流畅、明晰的语言揭开了核科学王国神秘的面纱：裂变、聚变、核弹、核能源、放射性核素示踪、核药物与核医学等，无不通过神奇的“核”而体现；核能将山河毁于一旦，又能在人类源泉濒尽时予以拯救；它比万匹烈马还难以驯服，又比千个太阳更加明亮。本书生动地向读者展示：核以其永恒的魅力，已成为人类继续生存和发展必不可少的亲密伴侣与强力武器。

---

[1] 例如化学科普图书在2000年前后出现高峰，年均数量保持在120种左右。见参考文献[13]。

2000年12月，清华大学出版社与暨南大学出版社联合推出了旨在提高全民族科学素质的国家重点图书“院士科普书系”。科学性、知识性、实用性和趣味性是书系编写的总要求。时任中共中央总书记江泽民亲自为书系撰写了序言，指出科普是科教兴国的基础工程，勉励科学家、教育家“在全社会带头弘扬科学精神，传播科学思想，倡导科学方法，普及科学知识”[128]，充分表达了中央高层对科普工作的重视和对提高全民族科技素质的殷殷期望。

“院士科普书系”共有6本核科普图书，作者均为核科技领域的院士（见表4-5）。这些权威科学家们在书中往往将复杂的科学问题用简单化的语言表述出来，避免了晦涩难懂的专业术语，并配以图示，方便读者理解。

表4-5 “院士科普书系”中的核科普图书

序号	作品名称	作者	出版时间
1	加速器与科技创新	谢家麟	2000-12
2	人造小太阳——受控惯性约束聚变	王淦昌	2000-12
3	中子——打开原子能时代的金钥匙	丁大钊	2000-12
4	人类的灾难——核武器与核爆炸	乔登江，朱焕金	2000-12
5	核能——无穷的能源	欧阳予等	2002-02
6	揭开核武器的神秘面纱	经福谦等	2002-07

2002年6月29日，第九届全国人民代表大会常委会第二十八次会议审议通过了《中华人民共和国科学技术普及法》(后简称《科普法》)。《科普法》的出台是加强科学技术普及、提高公民的科学文化素质、推动经济发展和社会进步的需要，标志着科普工作走上了法制化的轨道，是我国科普发展史上的里程碑事件。《科普法》颁布后，我国科普的整体发展势头强劲。置身于此种大环境中，核科普也涌现出一些佳作。

由清华大学核能与新能源技术研究院马栩泉教授编著、化学工业出版社出版的《核能开发与应用》是一本颇具影响力的核科普著作。马栩泉教授在核科普领域著作等身，被聘为中国核学会第四届～第六届科普咨询教育工作委员会委员，曾获北京市科普先进工作者、全国科普先进工作者、中国核学会优秀学会工作者和“首都青少年校外科技导师”等称号。据作者回忆，为了写好此书，从1990年即开始准备，积累的书籍、报刊、展览会和有关单位的介绍资料、光盘、照片等用去了多个书柜，可以说该书是其从事核能科研、教学和科普工作的梳理和总结[129]。

《核能开发与应用》共分9章，系统全面地介绍了开发核能的意义、核能发现的历史、核燃料循环、核能的军事应用及和平应用、核安全与核保障等，并简要介绍了核聚变能及核应用技术。全书纵向从历史方面和横向世界与中国核能诸领域方面，介绍了核能的过去、现在与未来。该书出版后获得同行和广大读者的好评，2006年获部级科技进步二等奖，2009年获中国出版者协会、国际合作出版工作委员会等评选的输出版优秀图书奖（图4-8）。2015年4月，在原书47万字基础上增加最新内容约10万字，作为“十二五”国家重点图书，又出版了第二版。

图4-8　不同版本的《核能开发与应用》

同在2005年出版的《走近核科学技术》也是这一时期的一部重要作品（图4-9）。该书受中国科协科普专项资助，由中国原子能科学研究院罗上庚研究员执笔，原子能出版社出版。罗上庚是我国著名的放射化学家、放射性废物处理与处置事业奠基人之一，国际原子能机构放射性废物处理与处置专家库成员，历任原子能院放射化学研究所所长、院科技委主任等职。

图4-9　《走近核科学技术》封面

该书内容包括核能的来源及应用、核电站及核安全、核科学技术在军事方面的应用及核能的动力应用等，图文并茂地带领读者走进核科学技术奇幻神秘的世界，向读者展示了核科学技术绚丽多彩的今天和光辉灿烂的明天。“两弹一星”元勋朱光亚在序言中称赞此书：“图文并茂、语言生动、通俗易懂，深入浅出地系统介绍了核科学技术知识，在人们面前展示了一幅幅绚丽多彩的画卷。我相信，会有更多的人逐步消除核的神秘感，克服不必要的‘恐核’心理，能够科学而理性地认识和了解核科学技术。”[130]

该书语言诙谐幽默，比喻恰当生动，趣味性浓，同时附有图片，更引人入胜。例如在第一篇第二章节“神奇的核岛”中，作者把反应堆比作“不冒烟的锅炉”，这样的比喻形象生动，普及了“比起火力发电，核能排放废气少”的知识点。第四篇第四章“诊治疾病有疗效”中，作者介绍了最新的 γ 射线诊疗技术——伽马刀，这里作者拿伽马刀和传统手术刀作比较，指出伽马刀不用切开皮肤、不流血、不缝针的特点。

2005年1月，作为中国核工业创建50周年宣传活动的一部分，该书在核工业集团公司进行了首发。出席活动的包括王乃彦、潘自强等两院院士们以及总装备部科技委钱绍钧将军等，他们都对该书给予了高度评价[131]。2014年，时值我国第一颗原子弹爆炸50周年和中国核工业建立60周年，中国核学会决定修订再版《走近核科学技术》，以满足核科普宣传之急需。2015年1月《走进核科学技术》第二版由中国原子能出版社出版发行，并荣获中国科普作家协会优秀科普作品评选优秀奖。

二、核科普活动

这一时期，中国核学会作为组织核科普活动的主体，举办了原子核科技夏令营、大型科普报告会等多种科普活动，积极宣传普及核科学技术知识，提高民众对我国发展核电意义的认识。

1988～2002年，中国核学会与有关单位合作，共举办了原子核科技夏令营12次，参加的营员以中学生为主，也包括大学生和少量研究生。其中有3次是由中国核学会与中国台湾科技核能协进会联合举办的海峡两岸核科技夏令营，促进了大陆与台湾大学生之间的交往。参加夏令营的青少年学生通过参观核设施、听科普讲座、亲自动手进行放射性监测等活动，填补了他们在课堂上学不到的知识。有代表说：“来以前感到核能既神秘又可怕，通过学习参观，我从核盲变成了核知识爱好者。”“夏令营使我懂得了有关核能的应用知识，使我对核产生了很大兴趣，在全国乃至全球资源紧缺的情况下，只有开发利用消耗资源少、效率高、经济安全的核能才能满足社会的发展需要。”“我在电视和报刊上看到原子弹的消息，总把核能与杀伤力极强的现代武器联系在一起。通过参观学习，我才惊喜地发现，原来核能可以更多地造福人类。”[4]原子核科技夏令营活动激发了广大青少年的求知欲望，为培养核科技后备人才发挥了良好的舆论引导作用（图4-10）。

图4-10　1998年7月，清华大学马栩泉教授在海峡两岸核科技夏令营上做科普讲座❶

第十二届国际科学与和平周期间，中国核工业集团公司、中国核学会、中国和平利用军工技术协会于2000年11月8日在北京科技会堂联合举办了一场规模盛大的核科普报告会。这次报告会主题为“和平利用核能”，清华大学教授马栩泉，中国核工业集团公司核电部主任、研究员级高级工程师沈文权，中国工程院院士、联合国原子辐射效应科学委员会中国代表、国际放射防护委员会（ICRP）主委员会委员潘自强，中国工程院院士樊明武分别做了题为“核能的历史和未来”“认识核电、发展核电、造福人类”“核电的安全性与核事故的影响”“核技术在国民经济各领域的应用”的报告。中国人民争取和平与裁军协会副会长高潮，中国核工业集团公司时任副总经理黄国俊、孙勤，中国核学

❶　图片引自参考文献[129]。

会理事长王乃彦院士等出席了开幕式，参加报告会的近400人中有国家机关干部，中央党校、清华大学等高等院校的教师、博士生、研究生、大学生，解放军有关院所技术人员，以及企事业单位、北京市有关部门的干部职工[132]。中国教育电视台对报告进行了全程录像，于2000年年底向全国播出。

2005年，中国核学会在浙江三门市举行了“院士行”活动，在当地引起轰动。据参加这次科普之行的中国工程院院士钱绍钧、阮可强等人回忆：当时，三门市的政府官员、学生、教师以及各种行业的人，在听取了有关核电的汇报后纷纷向各位专家提问，有些人还连续听了数场报告。事后，三门核电有限公司反馈信息，这场针对公众的科普教育，极大地提高了核电在当地民众中的认知度，有效地为三门核电工程在厂址维护、居民搬迁、环境调查以及政企沟通等方面提供了支持[133]。

三、核科学家传记

科学家传记是科普图书的重要组成部分。中华人民共和国成立前三十年中我国核工业处于极为严格的保密状态，仅出版过少数知名度较高的国外核科学家如居里夫人的传记读物。改革开放之后，随着世界各国核工业历史的相继解密，核科学家这一原先神秘群体的传记开始大量出版。

1.国内核科学家传记

“中国科技人物丛书”是一套由中国科协组织编辑，科学普及出版社出版，侧重于介绍近现代中国科技精英的丛书。1989年出版的任欣发著《播春者——核物理学家钱三强》是这套丛书出版发行的首卷。该书以通俗、生动的笔触向读者展示了“中国原子弹之父”钱三强在法国居里实验室留学、中华人民共和国成立后奋力开拓我国核事业的成功之路，着重描述了“播春者”钱三强在中国核事业创建过程中的科学组织、协调工作。这部钱三强的传记文学拉开了我国核科学家传记出版的序幕。

1999年9月，在庆祝中华人民共和国成立50周年之际，党中央、国务院、中央军委决定对当年为研制“两弹一星”做出突出贡献的23位科技专家予以表彰，并授予或追授“两弹一星功勋奖章”。出版界对此给予了密切关注，陆续出版了两弹一星功勋奖章获得者传记，其中包括王淦昌、钱三强、彭桓武、程开甲、陈能宽、邓稼先、于敏、朱光亚共8位核科学家。在此前后，赵忠尧、姜圣阶等一批虽未入选“两弹元勋”之列，但同样为我国核科学和核工业发展做出过卓越贡献的核科学家传记也相继出版。据笔者不完全统计，1989～2006年共出版核科学家传记58部（图4-11）。其中邓稼先、钱三强、王淦昌、吴健雄4位科学家均有10部以上的传记作品，邓稼先最多，总计有15部。下面选取两部代表性作品加以分析。

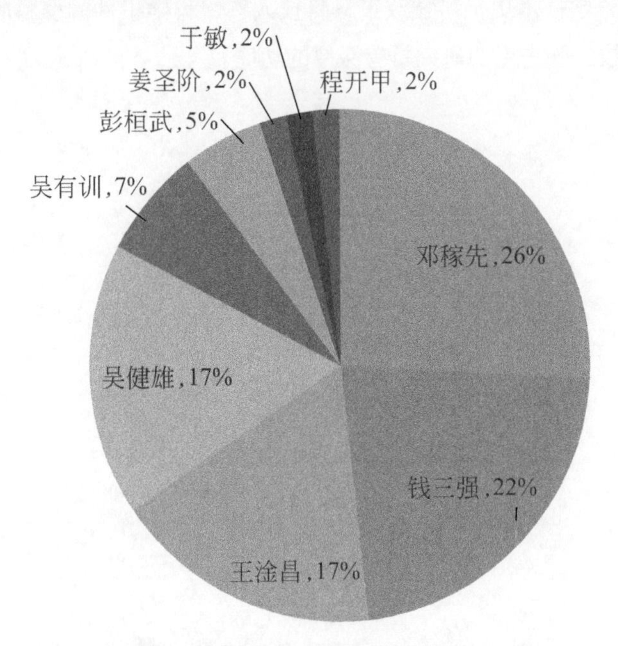

图4-11　国内核科学家传记出版数量统计（截止到2006年）

（1）《邓稼先传》

《邓稼先传》1998年由安徽人民出版社出版发行。自1986年6月24日《人民日报》《解放军报》同时刊登出大字标题《两弹元勋邓稼先》的文章，首次公开宣告了邓稼先与原子弹、氢弹的关系之后，国内创作了多部反映邓稼先许身报国的专题纪录片、文学作品等。这些作品有的气势宏博，有的哀婉凄绝。《邓稼先传》是一部同类作品中质量较高的传记图书。该书由邓稼先的亲属（妻子许鹿希、表弟葛康同、儿子邓志平、女儿邓志典）撰写。亲人笔下的邓稼先少了些“舍身壮河山，功勋泽人间”的轰烈，更多的是一个心地善良、头脑聪明的普通人，凭着对工作的专注和对祖国的赤诚，为国家核事业的发展贡献力量的平实感人形象。该书经杨振宁先生同意，将原载香港中文大学《二十一世纪》双月刊1993年6月号的《邓稼先》一文作为序言。杨振宁先生从科技发展史的高度，将同他有长期交往、所知甚深的中国、美国两位原子弹设计的领导人作了对比评述，既高且深，又亲切可读。

（2）《钱三强传》

《钱三强传》是2003年值钱三强九十诞辰之际由山东友谊出版社出版的（图4-12），这也是钱三强传记图书中最好的一部。作者葛能全曾担任钱三强的秘书，后来到中国工程院工作，历任院党组成员、秘书长。葛能全在工作之余长期进行科学技术史、科技政策、科技人物、科学事件的资料收集和研究，特别是对于钱三强先生的研究具有深厚的功底。

图4-12 《钱三强传》封面

该书在钱三强的家世背景和文化学养方面着墨甚多。钱三强父亲钱玄同是新文化运动的一位健将，无论在社会上还是在家中他都身体力行自己的主张。钱三强从小就受到“德先生”“赛先生”的熏陶。正是有了新文化运动的熏陶，钱三强在学习成长过程中，才会慢慢地养成竺可桢先生所概括的科学精神：“追求真理，不盲从，不附和，不武断，不专横”。作者认为钱三强之所以会取得重大成就，与其家学渊源和幼年成长经历密不可分。

作者客观再现了钱三强“从核心到边缘”的学术经历：从协助约里奥-居里改建云雾室，到发现铀核的三分裂和四分裂；从急匆匆回国要求发展原子科学，到第一颗原子弹和氢弹的成功；为了国家利益放弃自己的科研，毅然担负起组织协调两弹工程的重任，尽管其间受到过不少委屈；而当两弹成功后，却在科学事业的版图上消失了近十年光景，被抄家，进牛棚……

全书的另一个亮点是对于钱三强的学术成就不做过当的评价。国内的人物传记类图书，特别是科技人物传记，普遍存在一个“过”的问题。例如为了突出某人才能，说他小时候就聪明绝顶，从小学到大学门门功课在学校里都数一数二。对其成果的认定，也往往吹过头。作者在写作时非常注意这些问题，为了不过宁可不及。书中特别提到钱三强不接受国外称他为“中国原子弹之父”，因为他认为这绝不是哪几个人的功劳。《钱三强传》忠实地秉承了钱三强低调淡泊的品格。

《钱三强传》一书占有资料充分，立足点高，事实准确，文字朴实，受到多方面特别是科学界的关注。该书于2004年、2005年先后被评为“第二届吴大猷科普著作”单项奖和“科学时报读书杯”最佳传记奖，是中国核科学家传记类图书中的典范之作。

2. 国外核科学家传记

改革开放后我国陆续出版了多部国外知名核科学家传记，如1938年诺贝尔物理学奖得主、“原子能之父”恩利克·费米；曼哈顿计划的领导者、美国洛斯阿拉莫斯国家实验室主任罗伯特·奥本海默；两获诺贝尔奖、钋和镭的发现者居里夫人；量子力学的主要创始人、哥本哈根学派的代表人物、1932年诺贝尔物理学奖获得者沃纳·海森堡；苏联核科学技术的组织者和领导者、苏联科学院院士伊戈尔·库尔恰托夫等。

“美国原子弹之父”奥本海默，“苏联原子弹之父”库尔恰托夫和居里夫人的个人传记是其中的代表作。

（1）《罗伯特·奥本海默传——美国原子弹之父》

1986年原子能出版社发行了美国作家古德柴尔德著《罗伯特·奥本海默传——美国原子弹之父》（图4-13），该书由清华大学核能与新能源技术研究所时任所长吕应中教授夫妇翻译，是奥氏诸多版本传记中的一个特例。张九庆在其所著《阅读科学家——关于科学家传记的读书笔记》一书中关于近代以来科学家群体传记的个案解剖部分，便是选取了这版传记。

图4-13 《罗伯特·奥本海默传——美国原子弹之父》封面

奥本海默为人们所熟知，一是因为1942～1945年间他在曼哈顿工程中展示出来的卓越的管理才能，被称为“原子弹之父”；二是因为他的人生悲剧：1954年奥本海默被艾森豪威尔总统亲自下令进行保安审查，被指控为“苏联的代理人”、间谍克劳斯·富克斯的同谋犯，声誉一落千丈。作者认为奥本海默悲剧产生的根源除了麦卡锡主义猖獗的时代背景，也有其个人的原因：一是极端的个人性格。才华横溢的奥本海默只愿意和那些才华与他接近的朋友、学生或者同事组成小圈子，而其他人则被摈弃在小圈子之外。另外有少数人，一方面承认他的才华出众，另一方面却认为他骄傲自负，狭隘自私，树敌太多，得罪要人。二是反对美国的核武器战略。奥本海默是原子弹工程的指挥者，但他也意识到了原子弹的危害，因此对原子弹的爆炸成功深怀负疚感：“我成了死神，世界的毁灭者。”面对美国和苏联核武器竞赛加剧的局面，奥本海默希望苏联、美国等国核科学家达成相关协议，致力于原子能的和平利用。奥本海默强烈反对美国率先制造氢弹，这种在政治家们看来十分幼稚的政治主张使得他卷入了自己无法适应的政治漩涡中不能自拔，成了科学与政治联姻的牺牲品。军方对削减国防经费的抱怨，苏联原子弹的试验成功，政府对核武器的政治性依赖，科学家对发展氢弹的热情，都使得奥本海默的政治主张与当时美国的国家科技政策相去甚远[134]。

（2）《去掉镣铐的普罗米修斯——关于伊戈尔·库尔恰托夫的故事》

与奥本海默的悲剧色彩相比，苏联作家 C·斯涅戈夫的《去掉镣铐的普罗米修斯——关于伊戈尔·库尔恰托夫的故事》的笔触要轻松许多。该书是一部为青少年读者撰写的科学历史小说和科学普及读物，1990年由原子能出版社出版。全书分为两部分。在第一部分中，作者从20世纪30年代初发现中子开始，围绕着原子核科学领域的重大发现，生动扼要地描述了世界原子核科学先驱者的科学活动以及苏联原子核科学工作的开端和前期工作；第二部分则以苏联原子核科学的奠基人和领导者——伊戈尔·库尔恰托夫的活动为主线，生动地再现了在苏联反法西斯战争开始后苏联“铀工作”的“衰落”和再度兴起，以及在战争结束后的第四年制成苏联第一颗原子弹的历史过程。作者查阅了档案材料，走访了许多参加过原子弹研制工作的科学家、领导者、工人、工程技术人员和传主家属，客观再现了原子核科学中重大发现和关键技术问题解决的过程，并用通俗的语言阐明了科学道理。该书内容翔实、语言通俗、文笔生动、人物栩栩如生，是一本了解库尔恰托夫及苏联核工业史的入门读物。

（3）《居里夫人传》

当然，若论传记数量和流传广度，居里夫人的传记绝对是首屈一指的。居里夫人是公众心目中成功的女性科学家的典型代表。作为一名科学家，她一生曾获过两次诺贝尔奖：1903年凭借放射性现象的研究获得诺贝尔物理学奖；1911年又被授予诺贝尔化学奖，这次是为了表彰她发现钋和镭，以及在镭的应用方面所作出的贡献。虽然居里夫人并不是科学史上成就最高的科学家，但她享有的声誉以及她在公众心中的地位却可以与超一流的科学家比肩，她的名字也被经常与爱因斯坦、牛顿等人相提并论。但是作为一名普通女性，她却一生坎坷，经历丧母、屈辱、贫寒、苦读、成功、噩耗、绯闻、诋毁、盛誉。正是由于居里夫人身上的种种传奇色彩，使得她的传记作品非常之多。有学者统计，截止到2007年，居里夫人的各类中文传记（包含期刊文章）足有136种之多[135]。其中影响最大的要数居里夫人的小女儿艾芙·居里根据一手材料所写的《居里夫人传》。

居里夫人逝世后，艾芙在巴黎和母亲的故国波兰，用了近两年的时间整理研究各类文件和信札。1937年，《居里夫人传》面世，书里引用了很多居里夫妇的信札和日记，翔实生动，深受欢迎，陆续译成了32种语言[136]。中文版在1939年由商务印书馆出版发行，译本是由我国著名女翻译家左明彻根据法文版译出。一经推出便畅销不衰，多次修订再版（见表4-6）。

表4-6　商务印书馆之《居里夫人传》出版记录（部分）

出版年份	版次	出版年份	版次
1939年11月	一版	1984年7月	五版五次
1940年8月	二版	1992年	商务印书馆出版“世界名人传记丛书”，收录此书
1956年12月	三版	2003年2月	五版十三次
1957年9月	四版	2017年9月	商务印书馆出版“世界名人传记丛书”，收录此书
1978年5月	四版二次	2020年12月	精装版第一版

由于作者的特殊身份，写作时使用的很多材料都是独家的、一手的，因此书中描绘的传主的众多生活细节，显得亲切感人。再加上老一代译者的语言功力深厚，使得此书一直深受欢迎，感动了一代又一代的中国青年，以致后来的很多居里夫人的传记作家在写作中都参考了这部作品。可以说，艾芙·居里这部著作以及其所影响的一批国内原创性著作在极大程度上构建了居里夫人在公众心目中的光辉形象，这种影响一直延续到今天[135]。

四、特征分析

综合上述对三类核科普作品的描述，可以看出这一时期的核科普作品呈现如下3个特征。

① 核科普图书的出版一直处于较低水平且不稳定的状态。如果将同时期出版的核科学家传记扣除，这一时期核科普图书的年均出版量基本上仅维持在个位数（见图4-14）。由于基数较小，每年单是增加几种就会呈现较大的波动，2002年《中华人民共和国科学技术普及法》出台后虽然有所增加，但并未得到明显改观。

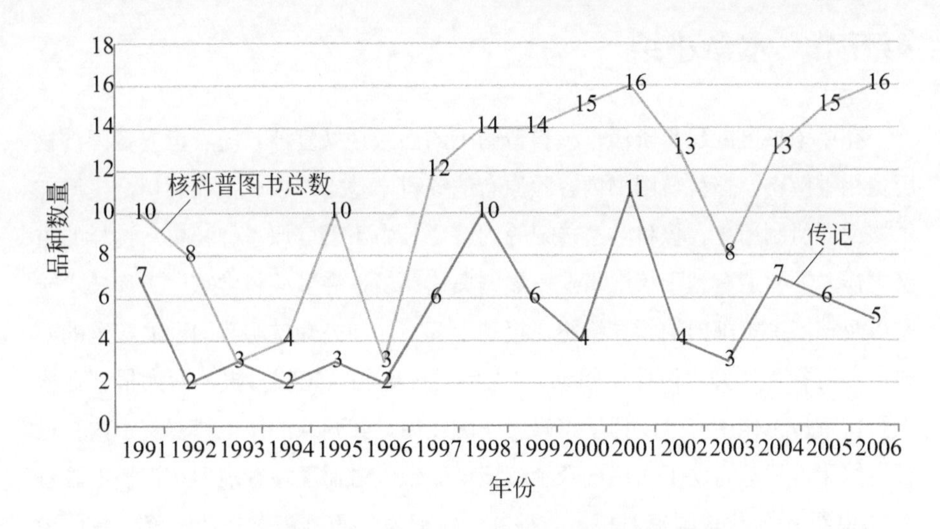

图4-14　1991~2006年核科普图书品种数量统计

② 就出版的核科学家传记整体情况来看，以歌颂赞美、树立典型、激励今人为主要目的的歌功颂德式人物传记占据了很大比重。当然，传主们对待科学工作的呕心沥血，为祖国科学事业的奉献牺牲，都是切切实实的，永远值得国人学习、敬仰。但脱离传主所从事专门领域的发展史和我国核科技发展的历史背景来讨论传主的生平和学术贡献，难免失之简单，因此上乘之作可谓凤毛麟角。

③ 从传主的学科领域来看，几乎全部为核物理学家。《核科学家的足迹》一书中曾分别做传的杨承宗、肖伦、汪德熙、吴征铠等放射化学家没有一部传记作品，只出版了一部纪念核化工专家姜圣阶去世一周年的纪念性文集——《勤学·实干·奉献——记化工与核工程专家姜圣阶》。这种现象在一定程度上折射出中国核事业在授奖和宣传方面存在的偏差。众所周知，核物理与放射化学原本是原子能科学的两大基础学科，但在我国，放射化学相对于核物理始终处于“配合”的从属地位。回首中国核武器研制的辉煌历史，人们总是把太多的目光聚焦在核物理及其相关领军科学家身上，以至于世人常常以为中国核武器的研制就是邓稼先、于敏、王淦昌等少数几位核物理学家的事情。而核燃料的制备工作及其科学家则被遗忘在历史的角落里，相关工作既没有获得授奖，领军人物也没有得到授勋，实为我国核科学技术发展史上的一件憾事。

第五节 本章小结

在中国核电的起步阶段，核科普图书的出版迎来复苏。随着世界各国涉核历史相继解密，核科普图书内容除原有的核科学基础知识、核能利用，又增加了核武器研制历史、核科学家传记等内容，其中不乏《原子弹秘史》这样的重磅之作。为营造有利于核电事业发展的舆论环境，许多核科学家、工程技术专家以及核能决策部门的领导纷纷在报刊上撰文，向公众说明我国发展核电的必要性和可行性，并宣讲核电知识。《人民日报》和《光明日报》两大报刊在核电科普宣传工作中充分发挥了官媒应有的作用，其刊载的核电科普文章内容虽各有侧重，但都有助于人民群众了解核电知识，进而理性客观地认识核电。进入20世纪90年代，国家对核电与核能技术研发的重视程度有所下降。受此影响，核科普在经历了20世纪80年代的第二次高潮后，呈现了长时期的平淡。一些核科普作家和核能专家勉力而为，撰写了不少科普作品。中国核学会作为组织核科普活动的主体，通过举办海峡两岸核科技夏令营、大型科普报告会等多种科普活动，宣传普及核科学技术知识，为日后核电重启做积极准备。

第五章

2007～2017年：聚焦核电与核安全

2007年10月，国家发展和改革委员会发布了《核电中长期发展规划（2005～2020年）》，标志着我国核电发展战略从“适度发展”转变到“积极推进”，进入了核电建设与发展的新时期。由此，核科普迎来了一个难得的“新局面”。核科普书刊和其他核科普活动如雨后春笋，其中有相当一部分作品的内容是“核电”“核安全”知识，一定程度上打消了公众对“核”的恐慌，增强了公众对核电的接受程度。2017年9月1日，《中华人民共和国核安全法》获得表决通过，在法律层面要求“开展核安全宣传活动”。未来的核科普之路，任重道远。

第一节　核科普重获重视

党的十六届五中全会正式确定了“积极发展核电”的方针，意味着核电在我国的能源结构调整中得到了前所未有的重视。然而，核电快速发展的民意基础却不牢固。自切尔诺贝利核灾难以来，我国公共领域形成并加剧了“核能＝危险＝灾难”的三位一体的公共舆论结构，而且这一公共舆论结构不断扩散传播，使建核电站就是制造危险、建核电站就是制造灾难的错误舆论不断从公共领域扩展到社会其他层面，以致在一些即将建造核电站的地区的公众可能企图通过上访、请愿、集会、游行等群体过激策略来促使当地政府放弃核电站建设[137]。核电重启后，要提高公众对核电的接受性，增强公众对核电安全发展的信心，唯有持续不懈地进行科学引导。

一、《核电中长期发展规划（2005～2020年）》出台

核能的开发利用是人类科技进步的重要标志，但核能的发展并非一帆风顺。1979年3月28日，美国三里岛核电站发生堆芯失水而导致熔化和放射性物质外逸的重大事故，该事故后被列为国际核事故分级标准的第五级（核事故分为7级，级别越高，危害越大）。在全世界人民还未从“核”阴霾中恢复过来之时，7年后的1986年4月26日，苏联切尔诺贝利核电站由于操作失误发生了核泄漏，该事故被列为核事故最高级。美国是世界上第一个研制出原子弹的国家，苏联是世界上第一个建成核电站的国家。在核领域有如此建树的两个超

级大国都难逃“墨菲定律”，作为后起之秀的中国又有多少把握保证核电站的安全？！核能应用第一次在世人面前展示是第二次世界大战时期美国投到日本广岛、长崎的两颗原子弹，再加上两次惨痛的核电站事故，不仅公众谈“核”色变，决策部门也就“要不要发展核电，核电发展应该走什么路线”展开了激烈的争论。从1970年2月8日周恩来总理对“发展核电”做出明确批示，到1991年秦山核电站并网发电，长达20多年的漫漫起步路，折射出我国核电事业发展过程的一波三折、各方权衡。

进入21世纪，随着我国国民经济的迅速发展以及对能源需求的急剧增长，能源领域所面临的问题日趋严重，能源供应面临三大挑战。一是能源发展需求与我国能源资源人均拥有量不足之间的矛盾。我国石油和天然气的人均可开采量仅分别为世界人均值的11%和4%，煤储量虽然比较丰富，但人均可开采量也仅为世界人均值的55%。这意味着我国化石能源将会更早进入枯竭期，难以满足我国国民经济可持续发展的需要。二是以煤为主的能源结构不合理。据2002年的数据，我国化石能源占能源消费的92.2%，其中煤和石油分别占66.1%和23.4%。大量燃煤不仅造成严重的环境污染，还会排放大量温室气体，严重制约我国的进一步发展。三是能源利用效率不高，浪费比较严重，主要产品能耗比发达国家加权平均高40%。例如我国的建筑能耗比欧洲高出3倍，交通能耗比国际高55%，水泥综合能耗高31%，等等[138]。

为应对上述挑战，保持国民经济平稳而较快地发展，采取积极措施逐步调整和优化能源结构，逐步降低化石能源的消费份额，提高核电等新能源的份额，改变能源结构不合理的现状是必须之举。

由于核电不造成对大气的污染排放，在地球温室效应、气候变化压力陡增的形势下，核能越来越受到重视。从国际环境看，在能源危机和环保压力下，美国、法国、俄罗斯、日本等核电发达国家和大多数发展中国家，也纷纷把核电作为今后能源结构中的重要组成部分，正在积极准备建造或开发新的核电机组。根据国际原子能机构2005年10月发布的数据，全世界正在运行的核电机组共有442台，其中压水堆占60%、沸水堆占21%、重水堆占9%、石墨堆等其他堆型占10%。这些核电机组已累计运行超过1万堆年。全世界核电总装机容量为3.69亿千瓦，分布在31个国家和地区；核电年发电量占世界发电总量的17%。核电发电量比重超过20%的国家和地区共16个，其中包括美国、法国、德国、日本等发达国家。各国核电装机容量的高低，很大程度上反映了各国经济、工业和科技的综合实力和水平。

截至2004年9月，我国共有9台核电机组投入运行，装机容量达到7吉瓦。2003年年底，我国核电装机容量和发电量的份额分别为1.7%和2.3%，其中浙江、广东两省的核发电量均超过本省总发电量的13%，成为当地电力供应的重要支柱。通过已建和在建核电项目的实施及关键技术的研究，我国在核电技术开发、工程设计、设备制造、工程建设、项目管理、核电站运行维修、安全监管等方面已经具有较好的基础和较强的实力，掌握了一些国外核电成熟的设计技术，初步具备了“以我为主、中外合作”条件下建设百万千瓦级压水堆核电站的能力[139]。

同时也应看到，我国核电事业的发展仍面临许多亟待解决的问题：一是与发达国家核电份额超过20%的情况相比，我国核电所占份额太低；二是大型商用核电站的设计技术还不全面，尚未形成完整的标准体系，设计管理技术、项目管理技术与国际水平还存有差距；三是核电健康发展所需的社会舆论基础没有形成。核无小事，世界核电发展的实践证明，核能发展不仅取决于科技水平的提升，也有赖于公众对核电的认知。核电发展的20多年间，核科学的普及工作起起伏伏，作用并不显著。

基于国际形势和国内现状，我国为促进核电事业快速健康发展，解决经济发展中的能源短缺问题，保证国家能源安全，提出了一系列发展核电的新举措。2007年1月2日，时任国务院总理的温家宝在视察田湾核电站时指出：“中国核电发展前景广阔，我们要大力发展核电，调整能源结构。”2007年3月在第十届全国人民代表大会第五次会议上，全国人大代表审议国家发改委《关于2006年国民经济和社会发展计划执行情况与2007年国民经济和社会发展计划草案》的报告。报告给出了2007年经济社会发展的主要任务和措施，指出：“做好经济运行调节工作……加快发展核电和太阳能、生物质能、风能、地热等可再生能源。”[140]

2007年7月，国务院对外发布了发改委上报的《核电中长期发展规划（2005～2020年）》（以下简称《规划》）。《规划》指出：贯彻“积极推进核电建设”的电力发展基本方针，统一核电发展技术路线，注重核电的安全性和经济性，坚持以我为主，中外合作，以市场换技术，引进国外先进技术，国内统一组织消化吸收，并再创新，实现先进压水堆核电站工程设计、设备制造、工程建设和运营管理的自主化。形成批量化建设中国品牌先进核电站的综合能力，提高核电所占比重，实现核电技术的跨越式发展，迎头赶上世界核电先进水平。由此可见，中国核电将进入“积极推进核电建设”新阶段，集零为整，开启批量规模生产发展的新模式。

对于核电建设，《规划》也提出了发展目标：到2020年，核电运行装机容量争取达到4000万千瓦；核电年发电量达到2600亿～2800亿千瓦时，核电装机容量占我国电力总装机容量的4%[141]。

这是我国发展核电的第一份中长期规划，对于积极推进核电建设，满足经济和社会发展不断增长的能源需求，实现能源、经济和生态环境协调发展具有重要意义。2009～2019年我国核电发展规模见图5-1。一时“核电”成了热词：2007年4月23日，三代核电技术报告会在上海举行，国家原子能机构主任孙勤在会上表示，我国决定引进具有国际先进水平的三代核电技术（AP1000）；5月22日，国家核电技术有限公司在北京人民大会堂举行成立大会，该公司是由国务院及部分国有企业共同出资组建的有限责任公司，是实现第三代核电技术引进、工程建设和自主化发展的主要载体和研发平台；6月28日，在广东地区建设的第三座大型商用核电站岭澳核电站二期工程核岛安装正式开工，等等。

《规划》的发布，指出了我国发展核电的新方式，促进核电发展走向高速

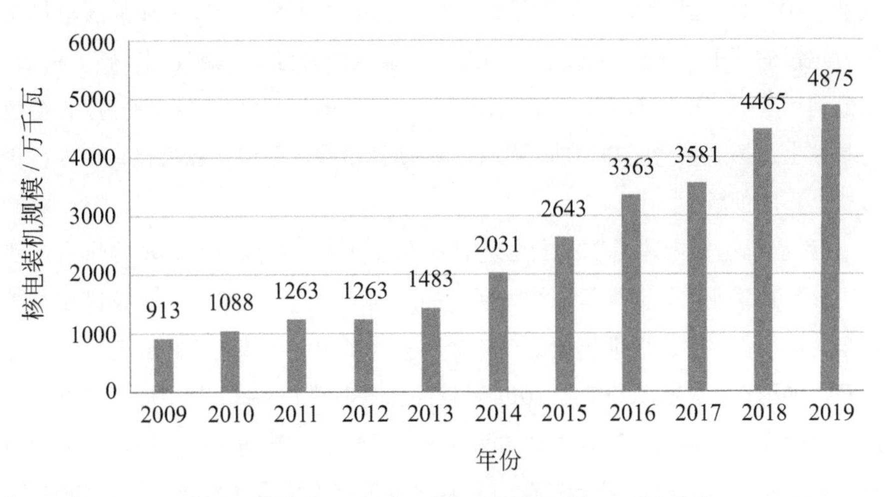

图5-1　2009～2019年全国核电装机规模增长情况[142]

通道，同时再次引发了社会各界对核电安全与核废料处理的密切关注和激烈讨论。过去，由于种种原因，公众对“核”的认识一直停留在“两弹一星”“原子弹”“核爆炸”的层面；即使我国在核能的和平利用方面取得了质的突破，但由于核电的非公开性，正面的、客观的信息不能及时传递给大众。许多不了解核科学知识的人简单地把核电站与原子弹画等号，认为核电站会像原子弹那样爆炸；切尔诺贝利的阴云会再次遮蔽人们的视野，大众的核邻避效应不减反增[143]。

缺乏公众理解与支持的核电事业是难以发展的，对公众进行核科普教育是助推核电发展的重要举措，核科普工作因而再次受到重视。

二、核科普图书出版的新局面

在《中华人民共和国科学技术普及法》的指导下，2006年2月，国务院颁布了《全民科学素质行动计划纲要（2006—2010—2020年）》（以下简称“纲要”）。纲要提出：全民科学素质行动计划旨在全面推动我国公民科学素质建设，通过发展科学技术教育、传播与普及，尽快使全民科学素质在整体上有大幅度的提高，实现到本世纪中叶我国成年公民具备基本科学素质的长远目标[144]。

为配合实施纲要，加强国家科普能力建设，提高公众的科学文化素质，科技部、中宣部、教育部等八部门于2007年1月17日下发《关于加强国家科普能力建设的若干意见》，文件明确指出要加强核的科普：统筹规划，整合资源，充分利用现有航空、航天、核、兵器、船舶工业的科普资源，在保持原有特色的基础上，拓展其功能并增加现代化的高新技术展示手段，在科普宣传内容和形式上不断创新[145]。

“积极推进核电建设”的电力发展基本方针和一系列科普政策的出台，使我国核科普事业在新时期呈现较为活跃的局面。为消除大众的知识盲区和对核安全的不信任，这一时期出版的核科普图书大多围绕“核电与核安全”等内容展开。如图5-2所示，2007～2017年核科普图书共174部，其中以“核电（核能）”“核安全与核防护”为主题的图书占据了超过半数的份额，相比其他类别具有显著优势。单从数字上来看，书名直接带有“核电（核能）”二字的书籍便有52部。

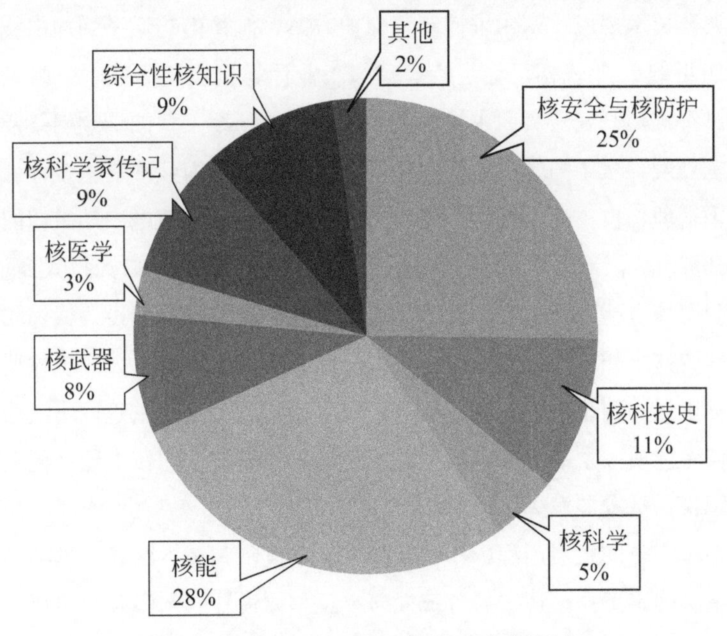

图5-2　2007~2017年核科普图书内容比例图

与20世纪50年代核科普热潮中许多著名核科学家亲自编写科普图书相类似，在国家大力发展核电的新形势下，核电界的院士们再次现身科普一线，向普通大众讲述核电基础知识和中国核能发展历程，助力核科普的升级。著名核反应堆和核电工程专家叶奇蓁院士就是其中的一位典范。

叶奇蓁1934年9月16日生于武汉，祖籍浙江海宁。1955年毕业于上海交通大学。1960年在莫斯科动力学院获电力系统专业副博士学位。1961年5月起先后在核工业第二研究设计院任组长、室主任、工程师、设计总工程师、院副总工程师等职。1982年2月至1986年5月，任核工业计算机应用研究所所长。1986年5月起任中国核工程公司（核电秦山联营有限公司前身，秦山核电二期工程的建设单位）副总经理。1991年6月开始任核电秦山联营有限公司副总经理、总设计师。2003年当选为中国工程院能源与矿业工程学部院士。

20世纪60年代，叶奇蓁参与我国武器级钚生产堆控制和仪表的研制项目，主持运行及事故动态分析和运行及事故处理规则、调试启动大纲的编制，为生产堆按时建成和安全运行做出了贡献。20世纪70年代，担任生产发电两用堆设计总工程师，主持制定了工程总体方案、洞体内主厂房布置方案、低参数汽轮机方案及技术规范、两用堆控制及保护方案、洞体内防原子弹冲击波袭击等方案。20世纪80年代初，他主持筹建核工业计算机应用研究所，组织计算机管理信息系统的开发，其间主持编制了秦山核电一期工程的计划网络及计划管理软件的开发。从电力到核能的经历，让叶奇蓁被选为我国自主设计、自主建造、自主管理、自主运营的第一座商用核电站——秦山核电二期工程的技术负责人。2002年4月15日，秦山二期核电工程1号机组提前47天投入商业运行，创造了我国核电建设史上的奇迹。秦山二期核电站的成功建设，锻炼和培养了一批优秀的技术和管理人才，实现了出产品、出经验、出人才的总体要求。秦山二期核电站的建设与投入商业运行，使中国实现了由自主建设小型原型堆核电站到自主建设大型商用核电站的重大跨越，对促进中国核电国产化发展，进而拉动国民经济发展发挥了重要作用[146]。

在中国核电的发展历程中，叶奇蓁院士不仅参与技术路线、堆型选择、主要技术指标确定工作，还主持可行性研究及总体设计，组织并实施自主设计及重大技术方案的审定，是中国核电事业奠基发展和自主创新的重要见证者和亲历者。

《为什么要发展核电》是叶奇蓁院士普及核科学知识的代表作，是一本读者对象广泛的核电科普教材。本书共六章，第一章介绍了核电在能源发展中的地位，从世界能源现状讲起，强调核电在我国能源战略中的重要地位。第二章介绍了核能发电的基本原理，回顾了从原子发现到原子核裂变的历史，着重讲述原子能发电的过程。第三章介绍并列举了核能发电的优势——安全性、清洁性和高效性，这是三大传统能源所不能及的。第四章介绍了核电厂保障核电安全的措施，从核设施选址、制造、施工、运营、监管等各方面，保护工作人员、社会环境免受放射性的危害。第五章介绍核电在拉动经济社会发展、拉动工业体系转型、增强国防、提升国际竞争力上的优势。第六章科普了我国推进核电安全高效发展的方针政策。书后还收录了党和国家领导人对核电发展的重要指示以及一些著名学者对核电发展的论述[147]。本书内容翔实丰富，言简意赅地全面介绍了核能、核安全的基本知识，特别是向读者梳理了国家在核电发展方面的政策演变。

诸如此类的作品还有王秉杰主编、辽宁大学出版社于2010年出版的“核与辐射科普知识系列丛书”。该丛书共包括《科学认识电磁辐射》《核事故应急科普手册》《工业用核辐射技术》《医用核辐射技术》4个分册。在我国发布

《核电中长期发展规划（2005～2020年）》后，辽宁红沿河核电站项目于2007年8月18日正式开工，社会各界也对核安全监管提出更高的要求。作者采用一问一答的形式，用简练易懂的语言讲述了核与辐射的基本常识，加深公众对相关法律法规的了解。《科学认识电磁辐射》一书共三篇47个问题，第一篇介绍常见的电磁辐射及其基本知识，第二篇介绍电磁辐射的防护技巧，第三篇介绍我国出台的电磁辐射法律法规。《核事故应急科普手册》一书共46个问题，内容包括核电基本原理、核电战略地位、核电站安全措施、核辐射效应、如何进行科学防护。《工业用核辐射技术》一书共45个问题，内容包括放射化学和辐射化学基本知识、核辐射技术应用简介、辐射事故与防护。《医用核辐射技术》一书共47个问题，内容包括核辐射基础知识、核辐射技术在医疗上的具体应用、后装治疗介绍、放射诊疗的安全问题。

除了核电与核能的科普图书，这一时期也出版了不少介绍核武器、核历史的佳作，为公众全面认识核能使用历史、正确区别核电站与核武器提供了参考资料。

光明日报出版社于2007年出版发行的《毁灭者还是创造者——核子风云录》一书由中国高温超导研究奠基人之一的赵忠贤院士担当总顾问，胡生青主编，是“21世纪科学·探索·实验文库”丛书中的一册。全书分两篇，核子篇共14节，讲述核子的发现历史与原子及其基本组成部分；核能篇共19节，从哈恩发现核裂变现象讲起，介绍了核裂变与核聚变这两种释放核能的方式，生动有趣地描述了核电站、核潜艇、人造小太阳等核能和平利用，同时讲述了为我国核工业奉献一生的王淦昌与钱三强的奋斗事迹。该书用生动、浅显易懂的语言描述了核能历史和应用，配以合适的插图，语言风趣幽默，从目录可窥一二：作者把“分子运动论”描述为“分子的游戏规则”，在介绍核聚变发电装置的“人造小太阳”前抛出了“黑夜能变成白天吗”的疑问，把“核弹爆炸”描绘为“恐怖的美丽瞬间”，“反应堆”定性为“核电厂的心脏”。在每节结束时，作者还加入了一些动手小实验和拓展思考，抓住读者兴趣的同时也加深读者对知识的消化理解，是一本面向青少年的科普读物，亦可当作课堂的延伸教材。

同年出版的梁东元著《596秘史》是一部重磅作品（图5-3），时任总参谋长陈炳德上将以及朱光亚、程开甲、杨振宁、何祚庥等多位知名科学家为此书撰写了推荐意见。

图5-3　《596秘史》封面

该书揭示了我国第一颗代号为“596”的原子弹从无到有的研发过程，从寻找铀-235到突破核武器制造技术，这一倾全国之力、分布于20多个省（直辖市、自治区）、涉及30多个部门和900多家工厂、被世界舆论称为第二次世界大战之后最具影响力的重大事件，都可以在作品中看到其伴随历史烟云一路走来的清晰痕迹。

该书作者多年来致力于收集我国第一颗原子弹制造历史的档案文献和数百名历史见证者的访谈，在此基础上著成此书。在笔者看来该书有以下优点：一是不同于其他科普作品，该书的学术性较弱，没有大篇幅地介绍核科学技术的基本知识，但把原子弹研制的历史讲得非常透彻，淡化了学术性，增加了趣味性。二是该书以口述史为线索，用当事人的记忆串起整个研制历史。访谈部分虽语言不够精练，但胜在原汁原味，贴近历史真相。三是该书不刻意回避敏感问题，不夸大也不贬低，试图以史学家的冷静还原一个真实的历史。例如对苏联撤走在华专家一事，作者便借二机部原部长刘杰的访谈来叙述，文中这样写道：

刘杰说，苏联毁约撤人，其实我们也早有预料。1960年4月，扎吉江任期满了，他们让他回去，他和我们一起工作生活了三年，出主意，想办法，来来回回奔波忙碌，有情有义也有功。他夫人是跳芭蕾的，儿子是搞导弹的。扎吉江走时，我和陈毅副总理、宋任穷部长都去机场为他送行，我们一再对他表示敬意和谢意，他很激动，很动感情，对我们说，中国人的格瓦拉（脑袋）是很聪明的，你们很早就有过四大发明，你们一定会成功。只要有人，有科学技术力量，苏联没有援助的东西，你们自己可以搞出来，那些东西其实没有什么了不起。[148]

该书叙事以史料和对当事人的访谈记录为据，事实叙述较多，抒情议论较少，既有史学作品的客观，又具备文学作品的趣味。正如程开甲在书评中指出的：《596秘史》以一种做学问的严谨态度，真实再现了中国原子弹制造的不寻常历史，挖掘出了这一宏大历史事件背后的深刻内涵，非常难得，值得一读。何祚庥也称赞：《596秘史》是一部信史，文学性与史学性相得益彰，是这么多年来很难见到的一部纪实力作[148]。

2016年由上海科技教育出版社出版的《放射性秘史：从新发现到新科学》译自美国作家玛乔丽·C.马利（Marjorie C. Malley）的科普名著 *Radioactivity : A History of a Mysterious Science*。作者在麻省理工学院获得物理学学士学位后，又于1976年在加州大学伯克利分校获得科学史博士学位，是一位非常出色的数学和科学史研究专家，发表过众多关于放射性、荧光、科学史、人物传记的文章和著作，曾担任过美国国家历史课程标准委员会委员、科学史学会教育委员会主席等职务。作者在自序中提到：本书给出了一个宽泛而准确的历史，同时避免过度的技术细节。它既适合相关学科如物理学、化学和历史学的专业人士阅读；也适合那些非专业人员，假如他们想进一步了解现代科学中这非常值得称道的一幕；以及那些对20世纪之交的世界状况有兴趣的读者[149]。

全书从1896年贝克勒尔发现放射性现象开始，讲述放射性从发现、创建学科到广泛应用在能源、工业、医疗这一曲折生动的历史，作者把科学史上一个个重大的发现融入历史故事中，生动地再现了科学家在研究放射性时遇到的纠结、转机、惊喜和失败，为青少年客观了解放射性现象提供了一本非常适宜的科普读物。例如作者在介绍第一次世界大战期间的放射性研究之前，便首先介绍了战争时期欧洲的文化、科学、社会现状，作者在文中这样写道：

到1913年，放射性发现18年后，世界已经发生了翻天覆地的变化。莱特兄弟的飞机试飞成功，福特开始生产T型车……欧洲人在巴尔干地区长期处于文化和政治紧张状态，爆发了一系列冲突，这些冲突终于在1913年伴随着脆弱的停战协议停息了……1914年，欧洲脆弱的缓和关系崩溃了，后果难以想象，最终引爆了第一次世界大战。正常的生活，包括大多数科学研究都停滞了。放射性研究的主要实验室中，也只有维也纳镭研究所在战争期间还努力维持着研究。一些科学家，如卢瑟福，投入到了军事技术项目研究，而其他一些人，如哈恩应征入伍了。居里夫人带着她17岁的女儿伊蕾娜在法国战场上到处跑……[149]

该书不仅仅普及了科学知识，更引发了读者对科学与历史、社会、文化、战争关系的思考，是一本科学理性与人文情怀并存的科普力作。

第二节　福岛核事故后核科普的因应

2011年3月11日，日本爆发了福岛核事故，在千里之外的中国引发了一场全国范围内的核恐慌和令人咂舌的“抢盐风波”。部分市民听信“吃碘盐可以防辐射”“日本核事故污染海水导致碘盐今后不能食用”等谣言，疯狂抢购食盐。这场荒谬的“抢盐风波”一是暴露了我国大众科学素养的匮乏，二是说明我国核科普宣传仍存软肋。福岛核事故后，有关机构针对我国核能知识的普及情况进行了调查，结果显示事故发生之前，仅有20%左右的公众接触过核能科普知识，65%左右的公众从来没有接触过这类信息，而95%以上的受访群众认为有必要在我国大范围开展核科普宣传[150]。

针对广大群众对核辐射的畏惧和疑惑，为了安定公众情绪，我国出版界及时反应，迎来了一波“抢救性”的核科普图书出版高峰。据笔者统计，仅2011年一年就出版了核科普图书45部，其中过半数图书旨在普及核辐射与防护等基本知识，引导公众正确对待“核”。

科学出版社2011年出版的《核与辐射防护手册》（图5-4）由潘自强院士担任主审，国家核应急协调委专家委员会副主任、环境保护部核安全与环境专家委员会委员陈竹舟担任主编。该书首版于2006年出版发行，系“中国工程院‘反爆炸、生物、化学、核与辐射恐怖活动’科普系列”中的一个分册。福岛核事故爆发后，作者迅速对其进行修订和改版，并定名为《核与辐射防护手册》，见图5-4。全书分为放射性基本知识、电离辐射对人体健康的影响、核与辐射突发事件的特征与可能后果、公众防护行动四章，以102个生动形象的问答，为读者提供了有关核与辐射较为全面的知识，全书语言简练通俗，辅以生动的图文，非常适合公众阅读。

核与辐射防护手册

把它与原子弹爆炸直接相关联，于是有一些人感到放射性可怕、神秘，甚至产生“恐核”的心理。

其实，从地球诞生的时刻起，放射性就已经存在。我们的生活环境中，可以说是放射性无时不有、无处不在。天上、地下、水里、海中、吃的、住的、用的、乃至人体肌肉组织和骨骼都存在有放射性。一句话，我们天天在接触放射性，只是自己并没有感觉到。

我们把天然存在的放射性称为天然放射性。把天然存在的能自发释放出射线的核素，称为天然放射性核素，如钾-40及铀、钍等放射性核素。

人们受到的天然放射性的照射，来源于下列3个方面：①宇宙射线。宇宙射线是来自宇宙空间的射线，包括初级宇宙射线和次级宇宙射线。前者是直接来自宇宙空间的质子和重带电粒子，

16

图5-4　《核与辐射防护手册》封面及内容页

潘自强院士是我国著名的辐射防护和环境保护专家。1957年毕业于北京大学技术物理系，亦是我国培养的第一届核专业毕业生。1984年10月以后在核工业部工作，历任安防环保卫生局副局长、局长，科技委副主任、主任等职。1997年当选为中国工程院院士。在我国辐射防护学科发展的初期，他提出了我国实用保健物理学框架，完成了具有国际水平的“低本底气流式测量装置”等多项监测装置和方法的研究工作，参与指导和解决了大量技术问题，为建立我国辐射防护监测和学科体系奠定了基础。长期以来，潘自强院士在积极推动核能发展的同时，特别关注对公众和环境的保护。由他主持、指导或参与完成的《中国核工业30年辐射环境质量评价》《辐射防护的现状与未来》《核与辐射恐怖事件管理》《辐射安全手册》《核燃料循环前段与后段技术发展战略

研究》等著述论述了放射性与非放射性污染物对环境与公众健康危害评价的新方法，推动了能源环境评价工作的开展[151]。

潘自强院士为该书写的前言凸显了本书出版宗旨：核与辐射突发事件的影响是多方面的，我们只有及时掌握一些基本知识，才能更好地判断和应对，包括采取正确的措施来实现自我防护和救助，同时也避免一些不必要的恐慌，共同努力将社会和个人损失降到最低[152]。

除了出版科普图书，电视节目、新闻报道、科普论坛、科普讲座、科普宣传、手机短信、专家咨询等方式也被采用，组成一套核科普应急组合拳，来应对福岛核事故引起的民众恐慌。以当时受到很大影响的沿海大都市上海为例，上海市科协在事故发生不久便组织上海市核学会、上海市环境科学学会、上海市气象学会等领域的专家学者与30多位媒体记者现场交流答疑，可以说首先对新闻从业者进行了一次核科普，抓住了应急科普中的关键，从后来的新闻报道可以看出，产生了很好的效果。

上海科技报社还专门加班加点制作科普特刊，并于2011年3月19日（周六）在上海科技馆、地铁站点等人流密集区域免费向市民发放近10万份科普特刊，受到市民的关注和好评。针对社会上出现的一些不明谣言短信，科普事业中心抓紧编写与此相关的专题科普知识，通过上海电信平台向市民免费发送，还专门组织力量编制了《核辐射科普知识》专题科普宣传挂图、展板和折页，相继下发到各区县科协和长三角部分省市科协，并与上海人民广播电台《市民与社会》栏目合作制作了一档普及相关核知识的节目，成效明显[153]。

可以说，上述多位一体的核科普工作发挥了巨大的功用，对于破除网络谣言、制止抢购食盐等食品的现象、消除社会民众的心理恐惧起到了有效而积极的作用。

随着时间的推移，有识之士开始不断拷问福岛核事故的真相，追踪真相和反思的书籍相继出版，其中影响力最大的当数《福岛核事故真相》（图5-5）一书。《福岛核事故真相》由日本著名纪实文学作家、知名媒体人门田隆将创作于2012年11月（国内在2015年引进）。门田隆将1958年出生于日本高知县安艺市，毕业于中央大学法学部政治学科后就职于新潮社，18年间写下政治、经济、历史、司法、社会案件、体育新闻等各领域近800篇专题报道，其作品以细腻而翔实著称，屡屡被改编为电视剧。

图5-5 《福岛核事故真相》封面

作者是日本唯一采访过福岛核事故现场救灾指挥、第一核电站所长吉田昌郎的人，经过对吉田昌郎、前首相菅直人、当地居民及企业人员、科学家等近百人的访谈，从各种角度还原现场情况，对灾难的发生提出深刻反思。作者没有开启上帝视角，也没有简单列出福岛核事故的时间线，更没有冷冰冰的数字，而是从每个当事人的视角入手，讲述他们每个人在核事故中的亲身经历，哪怕是土生土长在福岛县双叶郡的伊泽郁夫这样的"小人物"，从而拼接和还原出福岛核事故爆炸的全过程。对于核事故的严重程度，作者通过对吉田昌郎的访谈这样形容：第一、第二核电站共有10座核反应堆，仅凭单纯的计算，我们就可以得到相当于切尔诺贝利10倍这样的数字。

作者给出两次本可以防止这次事故发生的机会。一次是2001年"9·11"恐怖袭击。"9·11"事件和造成福岛核事故的首要原因——自然灾害并没有关系，但其造成了3000人死亡，这样大规模的恐怖袭击使得美国核能相关人员迅速行动，寻找"在失去所有电源的情况下如何控制核反应堆"这一问题的对策，2006年美国核能管理安全委员会制定出了应对方案。消息也传到了日本，但幼稚的乐观主义使得日本核电负责人们并不认为日本会成为恐怖袭击对象，同样也忽视了和恐怖袭击相当，甚至比其更严重的自然灾害。第二次机会是“9·11”恐怖袭击发生后的2004年苏门答腊里氏9.3级的局部大地震以及由此引发的巨大海啸，可以说这是上天的第二次警告，却没有敲醒日本。

在书的前言中，作者这样写道：但最后，那场危机之中，福岛人成功避免了核反应堆存放容器爆炸而导致核泄漏的最恶劣的事态发展。正是以吉田昌郎先生为首的人，直到最后不言放弃，贯彻了使命感和对故土的爱，展开了悲壮战争。我想，本书不仅仅在于揭露福岛核事故的真相，通过纪实，表现出“赌上一切也要放手一搏”的福岛人身上所挥发出来的“毅力和信念”，作者希望把这样的精神传递给每位读者。[154]

第三节　核科普形式的多样化

进入21世纪的第二个十年，随着科学技术的发展、手机和互联网的普及，公众接受知识的渠道变得愈发丰富。传统说教式、灌输式的科普图书已很难提起公众的兴趣，公众更乐于通过亲身体验获取知识，这便促进了互动性强、双向交流式的科普新方式的诞生。2015年中国公民科学素质调查中对核能利用进行了调查，显示公众获取相关信息的渠道，如图5-6所示[2]。

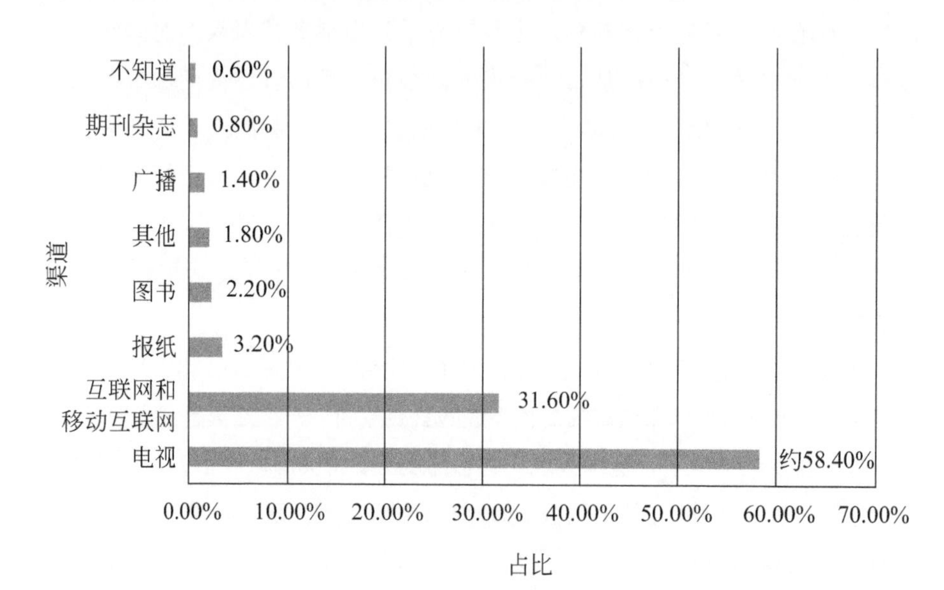

图5-6　公众获取核能利用信息的渠道

该项调查结果表明，我国现阶段的科普形式已呈现多样化。期刊、科技馆、互动式展览、互联网和自媒体的出现，不仅改变了科普知识的传播方式，更加快了科普知识的传播速度，成为新时期核知识普及的有力媒介。

一、《中国核工业》和《中国核电》刊载的科普文章

不同于其他科普平台，期刊杂志上的科普文章往往由核领域行业内专家撰写。这类文章或许欠缺一些趣味性，但客观准确地传递了核科学知识，也向读者提供了核领域研究的前沿动态。据统计，2007～2017年，我国核领域的两大刊物《中国核工业》和《中国核电》（创刊于2008年1月），分别刊登核科普文章183和48篇，既有院士专家亲笔撰写的核电知识文章，又有可读性更强的核工业先贤的访谈录。

1.《中国核工业》

《中国核工业》创刊于1989年，是中国核行业国内公开发行的大型综合类月刊，由中国核工业集团公司主办，中国核工业建设集团有限公司协办，中国核工业报社出版发行。杂志以“记录历程，引领发展”为己任，开辟“本期关注”“本刊专访”“对话”“月度聚集”“行业观察”“图片报道”“文化·人物”等精品栏目[155]。为科研工作者提供了学术交流的园地，同时也普及核科学知识，有助于读者把握全球核行业前沿研究、了解国家核政策，为我国核工业建设不断建言献策。我国核工业领域叶奇蓁、潘自强、王乃彦、徐銤等院士专家均在《中国核工业》杂志上发表过核科普文章❶。

例如叶奇蓁院士在2009年第11期上发表《关于中国核能发展战略的几点思考》。文章第一节，作者回望了核能在我国能源可持续发展中的战略地位，指出要应对我国能源发展所遇到的挑战，就必须积极发展替代能源。第二节，作者指出在《核电中长期发展规划（2005～2020年）》的指导下，我国核电强势逆袭，“规模化批量化发展的格局”已经形成，核电产业自主化程度高，设备国产化率超过70%。第三节，叶院士提出我国未来核电的发展目标，在更高的核安全要求上积极消化吸收第三代核电技术。最后，叶院士指出，要利用快堆增殖系统，构建核燃料循环体系，加快建设商用后处理厂[156]。

针对福岛核事故引发的核辐射恐慌，潘自强院士等及时在《中国核工业》

❶ 因本章重点关注2007年后期刊发表的科普文章，故对2007年前发表的核科普文章不做分析。

杂志上发表科普文章《由核事故看核与辐射安全》。作者在文章第一部分剖析了核辐射引起社会恐慌的内外因素：内因即核产业链的长期封闭性，核交流仅限于产业内部，与公众和媒体沟通不充分不到位；外因则是科普工作的不到位，使得大部分公众错误地把核事故与核武器爆炸联系在一起，再加上部分媒体过分渲染核事故的影响，核阴霾久久不散。文章第二部分向读者普及了核能是安全、友好的能源：从工作人员所受辐射剂量上看，核能链比煤电链的辐射剂量低；作为清洁能源，核电站的温室气体排放系数远比煤电低；从安全上看，我国核设施至今没有发生引起人员伤亡和急性损伤的事故。最后，作者介绍了我国在核安全领域的监管措施，国家高度重视核与辐射产业的安全，出台一系列法律法规并在国家层次设立专门的监管机构，确保核安全、辐射防护和放射性废物的管理与监督[157]。

徐銤院士也在杂志上发表《致青年科技工作者的一封信》一文。徐銤1961年毕业于清华大学工程物理系核反应堆工程专业，是我国快堆事业的领军科学家，2011年当选中国工程院院士。文中，徐銤院士回忆了恩师朱光亚先生放弃美国优渥的科研条件，毅然回国投身祖国核工业建设的洪流中。他向青少年们提出我国仍有经济不发达地区，国家要强大、要有竞争力，就必须发展经济、国防和科技。科技工作者依靠人民的哺育和国家的培养，更应厚道地对待国家的需要，多做出贡献。徐銤院士以真切感人的笔触，向青少年提出积极奉献社会的期望，体现了老一辈科学家对祖国科研教育事业的关切。

除介绍核电知识和核电政策的文章外，《中国核工业》杂志还刊登了许多关于核工业前辈科学家们自力更生、艰苦奋斗的报道。自2012年第3期开始，该杂志在“文化”板块特别推出“人物”专栏，旨在与读者一起感悟核工业领域里专家学者“立功、立言、立德”之道。专栏先后以自述或他述的形式刊登了朱光亚、王乃彦、王方定、彭士禄、陈佳洱、钱三强、刘杰、阮可强、陈念念、刘广均、张焕乔、潘自强、于俊崇、胡思得、何祚庥、王淦昌、杨承宗、何泽慧、钱皋韵、周永茂、黄祖洽、陈子元、张金麟、王世真、金星南等一批核领域院士专家的事迹。

2.《中国核电》

《中国核电》是核电行业较为知名的期刊，由原子能出版社于2008年1月创办。至2018年，该刊年投稿量由80篇增至400余篇，发行量保持在每期4000册左右，居核领域科技期刊前列[158]。期刊设置“人物专访”“热点聚焦”“核电知识”等栏目。在每期最后还会固定刊载“国内特别报道”和“国外最新消息”，旨在为读者提供核电领域的实时性新闻。该刊曾刊登过叶奇蓁、潘自强、李冠兴、于俊崇、徐銤等院士和邢继总设计师等权威专家关于核能科普和前沿动态等主题的论文和专访。

例如，潘自强院士在2014年第3期发表了《核电——现阶段最好的低碳能源》一文。作者在文中这样写道：我国温室气体排放总量已经位居世界前列，能源需求数量巨大且急剧增长，能源利用引起的温室气体排放总量将进一步增加。核能属于低碳密集型能源，增加核能发电的比例，对削减温室气体排放量的潜在贡献是十分明显的。

李冠兴院士在2010年第1期发表了《我国核燃料循环前端产业的现状和展望》。李冠兴1940年出生于上海市，硕士毕业于清华大学工程物理系，长期从事核燃料与工艺技术研究，1999年当选为中国工程院院士。李冠兴院士在文中首先明确，我国积极推进核电建设的方针为核燃料循环产业提供了前所未有的发展机遇。他在回顾我国天然铀资源开发利用现状的基础上指出，我国作为核燃料需求大国，要力保天然铀供给链稳定。最后作者分析了我国铀转化和铀浓缩这两项尖端产业的现状，依托技术保障，未来在满足国内核电发展的基础上，我国将逐步成为亚洲地区的铀浓缩中心。

2015年第2期杂志刊登了《核电发展势在必行，提高核安全文化素养是关键——专访于俊崇院士》的文章。于俊崇院士表示，我国核电发展呈现多堆型、多技术的多样性现状，顶层设计不充分可能是其中一个重要原因，反对建设那些没有任何技术基础或对国家发展战略意义不大的堆型。于俊崇院士特别强调了提升核科普与核安全文化素养的重要性，他在文中强调指出：核电的健康发展不仅仅要靠成熟安全的工程建设，培育健康的舆论环境更为重要，把核安全文化变成一种修养需要一个过程，建议把核知识普及纳入科普基本教育内容，甚至从小学起就可开设一些常识性课程。只有经历一个长期的宣传普及，才能真正建立起核安全意识[159]。

上述两刊均为国内有一定影响力的涉核期刊，但定位有明显的差异，作为中核集团机关刊物的《中国核工业》关注的领域更为全面，《中国核电》则聚焦于核电领域。前者的主要读者对象是中核集团职工及核科学技术领域的科研人员，后者则更多是面向核电领域的从业人员。两刊发表的核科普文章常年保持在一个较高的水准，对于关心核电发展的普通读者，两刊均为很好的选择，可以获得最新的核科普资讯。

二、核科普教育基地

1. 我国核科普场馆

相比纸质读物和科普讲座等单向形式的核科普，核科普展览具有更好的直观性、互动性和亲和力。西方国家利用科普场馆开展核科普工作的起步较早，经验也更加丰富。例如美国早在1949年就在原子城——橡树岭建立了“美国原子能博物馆”（1978年正式更名为“美国科学与能量博物馆”），“核旅游”已成为橡树岭的一块招牌。又如日本东京涩谷电力馆，设有专门的展厅介绍核能知识，包括核燃料的生产和处理、辐射防护、核电厂运行情况。其中核岛模型就是按照福岛第二核电站2号机组的1/3比例设计的，参观者可以进入模型内部了解核岛结构，增长反应堆知识[160]。

我国核电事业虽起步较晚，但也注重利用科普场馆开展核科普工作。始建于1987年的大亚湾核电站在建设早期就设置了具有科普基地性质的大亚湾核电基地公关中心，2006年12月1日起作为工业旅游项目对海内外游客开放。随着近年来核电行业对科普工作的重视力度不断加大，我国运行中的几乎所有核电厂都开设了公众展厅，部分涉核科研机构、辐射环境监测站也配置了核展馆。

为了更好地发挥核科普场馆的科普作用，中国核学会于2016年在全行业评选全国核科普教育基地，先后共有20家单位获得了“全国核科普教育基地”称号。2017年2月17日公布了首批全国核科普教育基地名单（表5-1），同年12月16日评选出第二批（表5-2）。

表5-1 首批全国核科普教育基地名单

序号	基地名称	所在地区	隶属单位
1	中国核工业科技馆	北京市房山区	中国核工业集团有限公司
2	大亚湾核电科普展厅	广东省惠州市	大亚湾核电运营管理有限责任公司
3	核工业西南物理研究院	四川省成都市	中国核工业集团有限公司
4	田湾核电会展中心	江苏省连云港市	江苏核电有限公司
5	三门核电公众展厅	浙江省台州市	三门核电有限公司
6	桃花江核电科技馆	湖南省益阳市	湖南桃花江核电有限公司
7	中国原子能科学研究院	北京市房山区	中国核工业集团有限公司

续表

序号	基地名称	所在地区	隶属单位
8	山东核电科技馆	山东省烟台市	山东核电有限公司
9	中核北方核燃料元件有限公司	内蒙古自治区包头市	中国原子能工业有限公司
10	中国科学院等离子体物理研究所	安徽省合肥市	中国科学院

表5-2　第二批全国核科普教育基地名单

序号	基地名称	所在地区
1	中核核电运行管理有限公司（秦山核电）	北京市房山区
2	中核辽宁核电有限公司	辽宁省葫芦岛市
3	福建宁德核电有限公司	福建省宁德市
4	福建福清核电有限公司	福建省福州市
5	上海核工程研究设计院有限公司	上海市徐汇区
6	南华大学	湖南省衡阳市
7	辽宁红沿河核电有限公司	辽宁省大连市
8	广西防城港核电有限公司	山东省烟台市
9	海南核电科普展厅	内蒙古自治区包头市
10	华能山东石岛湾核电有限公司	山东省荣成市

（1）中国核工业科技馆

中国核工业科技馆是经国家发改委批准建设的国内首个系统介绍核科技知识、核工业成就的国家级行业馆，隶属中国核工业集团有限公司。它依托中国原子能科学研究院建设，坐落于北京西南郊的原子科学城，被中国科学技术协会和国家文物局评价为“填补了我国行业科技馆的空白”。已先后入选国家国防教育示范基地、国家环保科普基地、全国核科普教育基地、国家能源科普教育基地、全国中小学生研学实践教育基地和国防科技工业军工文化教育基地。

中国核工业科技馆总建筑面积达13000平方米，地上3层，展区面积有7000余平方米。科技馆内设有中国核工业、探索核奥秘、核燃料循环、开发核能源、核在我身边、核在国防中、核与辐射安全7个展厅，通过大量历史文物、实物模型及多媒体互动展项，普及核科技知识，展示核工业成就，传承核工业文化。除了常设展区外，还设有临展区、会议区、放映厅、接待厅等场所，视频网络、多媒体等配套设施齐全，是集展览展示、科普教育、文化宣传和学术交流等功能于一体的综合性展示平台。

（2）山东核电科技馆

山东核电科技馆（烟台核电基地宣传展示中心）是山东核电有限公司精心打造的核电公众科普宣传展馆，位于烟台市高新技术产业区，坐落在烟台美丽的海滨风景带，距海边约300米，距海阳核电厂约100千米。展示中心总建筑面积约为4185平方米，地上3层，分为展览展示区、公共服务区、管理保障区、4D影院4个功能区域，其中展览展示区包含“人类与能源”“神奇的核能”“走近核电站”“未来能源之路”四大主题展区，51个展项。展馆日最高接待能力为300人次。作为国际先进、国内一流的核电专题科普宣传场馆，它向社会公众开展核能及核电专题知识科普宣传与教育，让公众科学认识核电、走进核电、感受核电、了解核电、支持核电。

（3）上海核工程研究设计院

具有近50年的核电技术研究设计、工程建设经验以及30年的核电安全运行经验的上海核工程研究设计院整合资源，集专家之智、行业之力，搭建了以科技展厅、关键设备及创新成果展、核电站主控制室及虚拟现实厂房为主展区，总面积超过2000平方米的展示平台，以多渠道、多平台、多方式，全面展现中国坚持和平利用核能的现状与方向。

其中科技展厅从“什么是核能”“核能怎样发电”“辐射是什么”等核电原理知识开始，通过增强现实技术（AR）看核岛、扫码看视频、通电玻璃看大片等方式，向公众展示了中国核电近50年的技术研究、工程设计、设备制造、工程建设以及安全运行的发展历程。

在关键设备及创新成果展区，参观者可以通过反应堆本体、蒸汽发生器、爆破阀、主泵等关键设备的实物、工程样机或试验件，了解国家科技重大专项——大型先进压水堆CAP1400在填补产业领域空白和国家能力提升方面的作用。核电站主控制室是核电站的“大脑”“中枢神经”，在核电站主控制室及虚拟现实厂房内，参观者可以体验被誉为“黄金人”的核电操纵员在模拟事故工况下的实操应对，也可以带上VR设备，走进核电站，感受核电站内部的精密设计。

（4）原子城

除上述核科普教育基地外，笔者通过文献调研也收集到了部分核科普场馆的信息，其中最具代表性的即位于青海省海北藏族自治州海晏县金银滩草原的原子城（图5-7）。

图5-7 原子城展览馆展出的原子弹模型（新华社）

相比其他近年来新建的核科普场馆，原子城这一全国重点文物保护单位除具有科普功能外，还具有爱国主义教育功能，是全国唯一全面、系统介绍中国原子能科学事业和核工业创建与发展历程、原子城特殊历史与辉煌成就的大型综合性专题纪念馆，也是集宣传教育、开发研究、收藏展示、旅游观光为一体的综合性红色旅游景区。

2. 我国核展馆特点

通过对国内现有核科普场馆进行综合比较分析，可发现当前我国核展馆主要呈现以下特点。

①核电企业是当下核科普场馆建设的主力军。如表5-1、表5-2所列，依托核电企业的科普教育基地数量为13家，占比65%。

②场馆位置与建设时代相关。早期的核科普场馆大多依托远离城区的核电站建设，且只接受单位团体预约，因此不便于游客参观。近年来新建的核科普场馆多建在交通较为便利的新城区，如位于烟台市高新技术产业区的山东核电科技馆。部分新建核科普场馆虽依旧坐落于核电基地，但为方便市民参观，在城区人口较为稠密的地区设置了展区或展览。如辽宁红沿河核电有限公司于2018年5月在大连市规划展示中心设立了红沿河核电展区，近两年每年参观人

数超过15万[161]，达到了很好的效果。

③展示方式上注重运用声光电等现代手段，反应堆模型为“标配”，但平面展板仍较普遍。2010年新建或翻新的核展馆基本均配置了投影仪、答题机、电子显示屏（用于动画视频播放和电子游戏互动）等设备。其中，山东核电科技馆还配置了4D影院、虚拟驾驶高科技装置；大亚湾核电科普展厅经过翻新，印刷型展板几乎全部被替换为电子显示屏，可根据不同观众随时调控展示内容；秦山核电基地一期展厅近年来也增设了电子显示屏。作为标配的核反应堆模型，纷纷配置了辅助灯光和动画，形象展示核电厂的运行流程和工作原理。然而，无论是传统印刷展板，还是电子展板，平面型静态展板的占比还较高，这也可能是由于想要传播的知识内容太多，受限于表达形式和制作成本。

三、其他形式的科普作品

1.核科普网站

在核电事业稳步发展的大环境下，核电企业积极参与各类科普活动，除组织技术人员撰写核科普文章、建设科普场馆外，也积极利用网络、新媒体等数字化途径开展核科普工作。中核、中广核、国核三大核电运营企业均在其网站开辟了核科普专栏。除核电企业外，其他涉核单位，如科研院所、各级核学会、门户网站等也在其官网设有核科普板块。

例如中广核官方网站设有“爱・科学”科普专栏，以文字、漫画、视频等方式普及核电发展历史、发电原理、核能安全、政策法规等常识。“读・核电史”内，以时间轴配图文的方式给读者讲述了自1896年贝克勒尔发现放射性现象开始，核能利用历史上的大事件。“核・词典”中，科普了核能基础、核电安全、辐射防护、核电工程、核电厂设备、核电厂运行、核燃料循环七大领域，关于“射线”“核裂变”等共计84个专有名词。“看・核视频”内发布了12个科普小视频。“核安全”模块以问答、名词解释、漫画等方式科普核安全常识及我国的政策法规等[162]。

不过，对这些网站的信息主要内容、发布频率和浏览量等信息进行分析，会发现一些明显存在的问题。

①核电企业网站的科普内容多以核电为主，基础性核科学知识较少；核学会网站的科普内容相对更加全面。

②网站信息更新频率慢且发布日期较为集中，难以让网民持续关注网站的

信息。

③浏览量较少。

2. 核科普公众号

生活中被广泛使用的微信是普及核科技知识的又一新兴载体。以“核”为关键词进行对公众号进行检索，可检索出“核电那些事”“核电文摘”“核宝一族”“中国核网”“核品汇”“核闻天下”等定位为发布核领域前沿动态和核科普知识的公众号，也有中核集团、中广核、中国核学会等涉核国家机关和企事业单位的官方公众号。

以核电行业内传播力最强的公众号“核电那些事”（微信传播指数，即WCI，为770.59）[163]为例，该号注册于2016年11月10日。最初名称是“华龙一号HPR1000”，其定位是核能领域独立运营的媒体平台和公众沟通、舆情服务提供商，发布的推文主要是行业内市场分析、技术研究、人事信息等资讯。除了上述转载的推文，也经常发布一些原创科普文章。例如，2017年4月18日“核电那些事”推送了一篇名为《核燃料循环漫记》（第1、2话）的趣文（图5-8）。

图5-8 “核电那些事”公众号发布的《核燃料循环漫记》一文插图

编者用漫画的形式配以生动的语言，绘声绘色地讲述了乏燃料从核电站卸出后再送往后处理厂的经过。其中乏燃料被称为“乏燃·廖”，人生格言是“燃烧自己，照亮别人”；用以暂时储存乏燃料的核电站离堆储水池被称为“养老院”；用来吸收中子并降低乏燃料温度的含硼水则称为泡“硼水澡”；后处理是“后厨·李”，一系列类比妙趣横生。

这些公众号因其运营主体的不同，也存在一些显著差异。

①运营主体为政府、企事业单位的账号大多定期发布；个人运营的公众号则无规律。

②单位运营的账号科普内容与单位涉及的领域密切相关，如医疗机构的内容多为核医学等；个人运营账号除少数专注于某一领域外，大多科普的内容较为全面。

③部分个人运营账号较单位运营账号发布的信息更具有趣味性，便于读者理解。

除差异外，涉及核科普的公众号也存在阅读量较低这一普遍性问题。例如上文所举的《核燃料循环漫记》一文，阅读量也仅为1334，而诸如聚焦行业内高层人事变动推文的阅读量往往都会过万，可见核科普类的文章还有很大的提高空间。

3. 核科普纪录片

纪录片是21世纪以来另一种重要的核科普形式。实际上我国早在核工业创立之初就曾专门制作过专题片。1955年，根据周恩来总理指示，中国科学院成立原子能知识普及和讲座委员会，拍摄科普幻灯影片，为核工业的创建和发展营造了良好的舆论氛围。2007年后，科普纪录片、电影百花齐放，《解密中核》《中华之核》（见表5-3）等纪录片广受好评。

表5-3　2017年前部分核科普纪录片

片名	上映时间/年	集数	时长（每集）/分钟	国家/制作发行方
《解密中核》	2016	2	48	中国/中央电视台财经频道
《核武器》	2015	10	30	中国/央视国防军事频道
《中华之核》	2015	3	—	中国/央视科教频道
《国家命运》	2012	29	45	中国/央视电视剧频道
《核武风云》	2011	5	45	中国/北京卫视

续表

片名	上映时间/年	集数	时长（每集）/分钟	国家/制作发行方
《罗布泊的蘑菇云：中国人的原子弹梦》	2011	2	43	中国/北京卫视
《核战秘录》（*Nuclear Secrets*）	2007	3	45	英国/BBC
《东方巨响》	1999	1	91	中国/八一电影制片厂
《尘封核爆》（*Trinity and Beyond: The Atomic Bomb Movie*）	1995	1	93	美国/—

《解密中核》这部纪录片（图5-9）于2015年由中央电视台财经频道出品，以纪念我国核工业建设60周年。纪录片第一集介绍了位于福建省福清市的中国自主三代核电技术“华龙一号”首堆示范工程——中核集团福清核电站5号机组的建设，展现了中国核电的自主化之路。第二集聚焦于核燃料后处理技术及核能的其他应用。纪录片深入中国核工业生产一线，目睹最震撼的超级工程，触摸最核心的装备部件，寻访神秘基地的灵魂人物，这是对中国核工业篇幅最大的一次报道，而且以最大尺度解密核潜艇、铀浓缩、核燃料、核聚变等近尖端技术，其中大多是中国核工业60年历史上从来没有披露过的秘密。

图5-9 《解密中核》纪录片片头

总而言之，在新一轮的核科普热潮中，方法手段不断创新。由核电企业主导的科普展览、“院士行”“核你在一起”公众开放周等活动，逐步摆脱了过去司空见惯的宣讲式的灌输，取而代之的是参与者进行亲身体验。其中，以科普图书为核心的传统纸媒在核科普体系内居于“配角”的定位则被基本固化下来，而且不难预见，在自媒体飞速发展的当下，这种定位势必会持续相当长的一段时间。

第四节　本章小结

历经了20世纪80～90年代的“不温不火”之后，我国核电发展事业在2007年迎来了春天。在《规划》“积极推进核电建设”基本方针的指引下，核电站的建设呈现一片欣欣向荣。配套的核科普工作全面铺开：院士、专家、作家、涉核单位等积极投身科普创作，“核电”“核安全”“核辐射”等成为科普作品的主要内容。2011年福岛核事故后，多位一体的核科普应急举措对于消除社会民众的心理恐慌起到了有效而积极的作用，提高了公众对核电的接受程度，为核电健康发展提供了良好的社会舆情。随着核电市场规模的迅速壮大，在图书出版、网站搭建、新媒体传播、线下活动等方面，核电企业俨然成为新时期科普工作的主力军。但以核电企业为主进行科普宣传，难免有“王婆卖瓜”之嫌——企业本身自己说核安全，天生就存在公信力的缺陷。以政府为主导，涉核企业、科研单位多方协作，明确核科普工作分工，当是未来核科普工作的改善方向。

第六章

总结与建议

一、我国核科普作品的总体特征分析

回顾我国核科普作品近70年的出版历史，虽然其在不同阶段呈现较大差异，但仍可归纳出若干普遍性的总体特征。

①从变化趋势上看，核科普作品的出版趋势与我国核科技发展轨迹基本一致（除个别特殊时段外）。核科普作品历史上的三次出版高潮恰好对应了我国核工业发展历程中的三个重要节点：核工业的创建、改革开放后核电起步与关于如何发展核电的大辩论、日本福岛核事故与国内核电项目审批的暂停以及2015年的重启。在每个节点上，核科普作品都可谓功不可没。特别是20世纪50年代那场空前的出版热潮，为提升人民科学素养、破除对原子能的误会发挥了重要作用。许多年轻学子受到鼓舞将原子能专业作为第一志愿，为国立业，为己立身。

②从作品内容上看，从新中国成立初期的原子核物理、原子弹，逐步扩展到核化学、核技术的应用、核历史、核科学家传记，再到如今以核电、核安全为主多领域并茂，基本上客观反映了同时期我国核科学技术的发展水平与核能政策。在这个意义上讲，核科普作品的出版史也为解读我国核工业的发展历史提供了一个独特的视角。

③从创作群体来看，核能科技工作者一直是我国核科普作品创作的中坚力量。这一方面说明核科技专业性强，核科普创作准入门槛高；另一方面也说明了我国核科普创作群体的实际规模较小，而不似国外作者群体既有专职科普作家，又有记者，还有历史学家，从而导致我国核科普作品存在视角略显单一、内容不够丰富的缺憾。这也就是为什么我国历史上虽然也不乏《原子能的原理和应用》《核能开发与应用》这类专业性与通俗性兼具的科普佳作，但终究未能产生一部能够与美国作家理查德·罗兹那本蜚声中外的《原子弹秘史》媲美或者接近的核科普巨著。

④从呈现方式上看，核科普作品形式不断丰富且技术含量逐渐提高。核科普作品与其他学科的科普作品一样，借助于信息传播技术的发展，新形式不断涌现。从早期单一的科普图书、期刊，逐渐发展到如今以科普图书、期刊为主的纸质文本、影视作品、科技馆和新媒体等众多形式共存。但核科普因其学科特殊性，也有一些其他学科科普作品不具备的特色，如退役核设施改建而成的工业遗址博物馆。形式多元的核科普作品为公众提供了更多的选择空间。

需要指出的是，我国核科普作品的出版很大程度上反映了过往的核科普工作。从西方发达国家的经验看，提高公众对核能发展的认可是一项非常复杂的工作，需要强大的信心和耐力，通过持之以恒的核科普潜移默化地影响公众。但是我国核科普作品的创作初衷在相当长的时期内，主要是为国家的核能政策与发展战略提供舆论氛围[116]，难以产生持续的普及效应。

二、对未来核科普工作的建议

以史为鉴，笔者认为今后我国核科普工作有如下两点值得改进之处。

一是加强统筹，引领核科普长期有序开展。

目前国内的核科普工作缺乏统一规划和有效评估，各企业各地方各行其是。过去几十年来围绕核科学的科普工作虽然取得了一定成效，公众对核早已不再陌生，但是要真正消弭公众内心对核的恐惧感，进而理解、接受、信任直至支持核能开发（尤其是核电），依然是任重道远。建议由政府相关部门牵头，联合核科学研究机构及相关企事业单位，充分结合我国核科学事业发展规划，研究建立相应的科普规划体系，做好顶层设计，推动相关制度建设，构建多方联动机制，推动核科普工作的长期稳定有效开展。

二是探索激励机制，促进核科普人才的发掘培养。

长期以来，我国核科普创作的核心群体一直是以科研工作者为主的兼职科普作家。然而，目前学术界通行的各类评价考核体系未能为从事核科普工作的科研人员提供相应的空间和条件，客观上造成核科技人员不愿或“不屑”于进行科普创作。建议一方面调整完善科研机构评价指标体系[164]，充分调动科研人员积极性，投入核科普事业，为核科普提供源源不断的专业人才；另一方面依托行业学会或科普基地，聚集、发掘和培养具有专业素质、科普能力、专兼结合的核科普队伍，通过政策导向、项目牵引、成果评价等机制，引导对核科普感兴趣的科普工作者、科学记者及人文学者等加入核科普工作队伍，促进一大批核科普人才的培养；此外，通过在国家层面的科普发展战略和规划中体现核科普的内容，并开展相关的培训及服务，更好地促进核科普工作者能力提升，形成可持续的人才培养机制。

附录

附录一　核科普图书书目（1923~2017年）

序号	书名	作者（译者）	出版机构	出版时间/年
1	原子论浅说	李书华	商务印书馆	1923
2	原子构造概论	〔日〕竹内洁（陆志鸿）	商务印书馆	1926
3	原子说发凡	〔英〕罗素（B. Russell）（郑贞文）	商务印书馆	1927
4	原子论	李书华	商务印书馆	1929
5	原子与电子	〔英〕萨立凡（J. Sullivan）（伍况甫）	商务印书馆	1930
6	最近原子论大要	〔德〕格来致[1]（L. Gratz）（郑太朴）	商务印书馆	1931
7	时空与原子	〔美〕考格斯（R. T. Cox）（柳大维）	商务印书馆	1935
8	原子及宇宙	〔德〕赖顺伯克[2]（H. Reichenbach）（陈岳生）	商务印书馆	1935
9	从原子到银河	〔美〕薛普莱（H. Shapley）著（严鸿瑶）	商务印书馆	1936
10	原子浅释	〔英〕安雷特（E. Andrade）（胡珍元）	开明书店	1936
11	原子（上、下）	〔法〕培兰（J. Perren）（高铦）	商务印书馆	1936
12	原子趣话	〔美〕郝乐（B. Harrow）（李泽彦）	商务印书馆	1939
13	居里夫人传	〔法〕艾芙·居里（左明彻）	商务印书馆	1939
14	原子物理学概论	〔日〕菊池正士（夏隆坚）	商务印书馆	1940
15	原子炸弹	杨西贫	—	1945
16	原子弹	徐绍清	军事委员会政治部	1945
17	原子炸弹：谜样的新武器	高君毅	九星出版社	1945

[1] 现译“格雷兹”。

[2] 现译“赖兴巴赫”。

续表

序号	书名	作者（译者）	出版机构	出版时间/年
18	神秘的原子炸弹	陈汉光	台南书局	1945
19	原子炸弹之控制与消灭	赵瑞熊	正气出版社	1945
20	原子弹（又名“原子弹与世界前途”）	李宗尉	世界兵学社	1946
21	原子弹与雷达	滕砥平	居然出版社	1946
22	军用原子能	〔美〕史麦斯（Henry D. Smyth）（章康直）	中国科学图书仪器公司	1946
23	未来的原子能	〔美〕地兹（D. Dietz）（顾振军）	中国文化服务社	1946
24	第三粒原子炸弹怎样爆发	邓明之	经纬书局	1946
25	记原子弹下的广岛	〔美〕约翰·赫尔塞（John. Hersey）（求思）	合群出版社	1946
26	原子炸弹	陈泽凤	中央广播事业管理处	1946
27	新炼金术	〔英〕卢德福[1]（R. Rutherford）（葛培根）	商务印书馆	1946
28	原子炸弹	作者不详	联合出版社	1946
29	原子炸弹	冯石竹	经纬书局	1947
30	原子核论丛	吴有训，等	中华自然科学社	1947
31	原子能与宇宙及人生	〔美〕加谟（G. Gamow）（陈忠杰，舒重则）	商务印书馆	1947
32	原子轰击与原子弹	〔加〕罗伯生（J. K. Robertson）（文圣常）	世界书局	1947
33	原子炸弹	王味辛	大东书局	1947
34	原子弹与世界末日	〔美〕麦思伟（A. S. Maxwell）（顾长声）	时兆报馆	1947

[1] 现译“卢瑟福”。

续表

序号	书名	作者（译者）	出版机构	出版时间/年
35	天下一家或陆沉	美国科学家协会（纪泽长）	商务印书馆	1947
36	原子炮术及原子弹	〔加〕饶伯森（Robertson）（张理京）	商务印书馆	1948
37	原子能与原子弹	〔加〕罗伯孙（J. Robertson）（张其耀）	正中书局	1948
38	原子弹和原子能	姚启铎	中华书局	1948
39	从原子时代到海洋时代	顾均正	开明书店	1948
40	原子能是怎样来的	梁明致	中华书局	1948
41	原子能与原子弹	陈岳生	开明书店	1948
42	原子世界旅行记	〔苏〕伊林（王昊夫）	光华书店	1948
43	原子弹	王中一	光华书店	1948
44	原子能	〔苏〕伏洛格琴（毕黎）	中华书局	1949
45	原子与原子能浅释	〔美〕黑希特（S. Hecht）（陈忠杰）	商务印书馆	1949
46	原子能论——原子能的军事和政治后果	〔英〕勃兰凯特[1]（P. M. Blackett）（明今，等）	世界知识出版社	1949
47	居里夫人	秦似	生活·读书·新知三联书店	1949
48	原子弹为什么不能决定战争的胜负	中国保卫世界和平大会委员会	大连新华书店	1950
49	原子与原子能	曾昭抡	生活·读书·新知三联书店	1950
50	“加有标记的”原子	〔苏〕阿尔特肃列尔（方垦）	作家书屋	1950
51	原子能和原子武器	朱光亚	商务印书馆	1951
52	原子能与社会	〔美〕艾伦（J. Allen）（刘慕和，孙伴芬）	五十年代出版社	1951
53	由蒸汽到原子能	〔苏〕良普洛夫（匡敏）	启明书局	1951

[1] 现译“布莱克特”。

续表

序号	书名	作者（译者）	出版机构	出版时间/年
54	约里奥-居里传略	〔法〕鲁杰（Michel Rouze）（李诚）	世界知识社	1951
55	原子能的原理和应用	〔奥〕勃洛达（E. Broda）（景林）	商务印书馆	1952
56	原子武器的威力是可以消除的	徐愈	商务印书馆	1952
57	原子世界	〔苏〕席斯曼（滕砥平）	开明书店	1952
58	原子学说的进展与现况	梁家通，曾昭抡	生活·读书·新知三联书店	1953
59	约里奥-居里传	〔苏〕库兹涅佐夫（陈中辅）	世界知识出版社	1953
60	原子能	赵忠尧	中华全国科学技术普及协会	1954
61	原子能和它的应用	王淦昌	北京图书馆	1954
62	原子能与氢原子弹	温德（陈之藩）	中华文化出版事业委员会	1955
63	原子能通俗图解	科学大众社	通俗读物出版社	1955
64	原子能常识	祝贺	通俗读物出版社	1955
65	原子和原子能	何寄梅	北京书店	1955
66	苏联怎样和平利用原子能	巫味平	学习生活出版社	1955
67	原子能通俗讲话	原子能通俗讲座组织委员会	中华全国科学技术普及协会	1955
68	原子能问答	王攸	中国青年出版社	1955
69	谈谈原子能	施士元	江苏人民出版社	1955
70	谈谈原子能	刘为涛	四川人民出版社	1955
71	拥护和平利用原子能反对使用原子武器	金汤，宋嘉哲	辽宁人民出版社	1955

续表

序号	书名	作者（译者）	出版机构	出版时间/年
72	要和平利用原子能反对使用原子武器	张太	山东人民出版社	1955
73	和平利用原子能	李二，等	山东人民出版社	1955
74	谈谈原子能	石拄子	山西人民出版社	1955
75	什么是原子能	胡振之	江西人民出版社	1955
76	原子能的和平用途	祝贺	通俗读物出版社	1955
77	原子能问题上两条路线的斗争	潘际垧	新知识出版社	1955
78	原子能发电	燃料工业出版社	燃料工业出版社	1955
79	什么是原子能	黄友谋	华南人民出版社	1955
80	原子能	〔苏〕列希科夫切夫（周奇）	中国青年出版社	1955
81	原子能及其应用	〔苏〕纳乌明柯（吴礼恕）	中华全国科学技术普及协会	1955
82	原子和原子能	〔苏〕布亚诺夫（汪镇藩）	中华全国科学技术普及协会	1955
83	禁止原子武器及和平利用原子能问题文件选辑	世界知识社	世界知识社	1955
84	原子能常识讲话	王治樑	天津通俗出版社	1955
85	学习原子能知识促进和平利用原子能	广东人民图书馆	广东人民图书馆	1955
86	原子能常识（蒙古文）	内蒙古科学技术普及委员会	内蒙古科学技术普及委员会	1955
87	原子能及其和平用途	孙瑞元	安徽省科学技术普及协会	1956
88	原子和原子能	何寄梅	教育图片出版社	1956
89	原子能的原理和应用	赵忠尧，何泽慧，杨承宗	科学出版社	1956
90	原子能辐射病原理和防避法	王恒守，陈仁彪	中国科学技术出版社	1956
91	原子能必须用于和平	潘际垧	天津人民出版社	1956

续表

序号	书名	作者（译者）	出版机构	出版时间/年
92	原子和原子能	祝贺	湖北人民出版社	1956
93	原子能和未来	胡占文讲述；湖北省襄樊市人民图书馆编	湖北省襄樊市人民图书馆	1956
94	原子武器及其防御	〔苏〕纳乌明柯（东生）	科学普及出版社	1956
95	原子能和冶金工业	〔苏〕萨马林，等（王景韫）	中华全国科学技术普及协会	1956
96	原子动力——未来时代的动力	〔苏〕诺维克夫，等	中华全国科学技术普及协会	1956
97	原子核里的宝藏	〔苏〕斯捷巴诺夫（陈铁心）	上海科学技术出版社	1956
98	奇妙的原子	〔苏〕布扬诺夫（华涵）	中国青年出版社	1956
99	原子能和它的应用前途	〔苏〕米哈依洛夫，木可铁切夫（邵成勋，寿荣宗）	科学普及出版社	1956
100	原子能在农业和食品工业中的利用	〔苏〕库津	中华全国科学技术普及协会	1956
101	利用原子能的化学	〔苏〕科斯雅科夫，等	中华全国科学技术普及协会	1956
102	原子能在昆虫学中的应用	张宗炳	上海科学技术出版社	1957
103	原子能常识讲话（哈萨克文）	王治樑（新疆人民出版社）	新疆人民出版社	1957
104	从化学家观点谈原子能	侯德榜	化学工业出版社	1957
105	原子和原子能	〔苏〕密仁采夫（高淑敏，等）	国防工业出版社	1957
106	原子能化学	郭挺章，等	科学普及出版社	1957
107	研究原子能的工具	谢家麟，等	科学普及出版社	1957
108	原子能利用上的两条路线	刘诗白	重庆人民出版社	1957

续表

序号	书名	作者（译者）	出版机构	出版时间/年
109	原子能通俗讲话（朝鲜文）	原子能通俗讲座组织委员会（尹泰镇）	民族出版社	1957
110	居民防御原子武器常识	警铁	科学普及出版社	1957
111	居里夫人	〔日〕秋田雨雀（柯森辉）	少年儿童出版社	1957
112	居里夫人	〔德〕施密特（L.M. Schmied）（清河）	中国青年出版社	1957
113	居里夫人传	〔法〕居里（E. Curie）（左明彻）	商务印书馆	1957
114	全民办铀矿	梁基	科学普及出版社	1958
115	轰击原子核的大炮——各种加速器	郦庚元	上海科学技术出版社	1958
116	原子能和交通	余平，等	科技卫生出版社	1958
117	原子能和生物学	吕家鸿，等	科技卫生出版社	1958
118	原子能和农业	金忠成，等	科技卫生出版社	1958
119	发掘原子能	星火	科技卫生出版社	1958
120	原子能通俗图解	上海市科学技术协会	科技卫生出版社	1958
121	放射线的防护	赵惠扬	科技卫生出版社	1958
122	热核反应和人造太阳	徐余麟，等	科技卫生出版社	1958
123	铀矿及其探查	苗迪青	科技卫生出版社	1958
124	原子能与冶金工业	朱添梁	科技卫生出版社	1958
125	原子能和医学	上海第一医学院放射医学研究所	科技卫生出版社	1958
126	新兴的辐射化学	蔡亲颜	科技卫生出版社	1958
127	我国跨入原子能时代	蒋铮，等	科技卫生出版社	1958
128	原子能和采矿工业	沙化	科技卫生出版社	1958
129	原子能发电厂	〔德〕明辛格尔（秦中，等）	水利电力出版社	1958

续表

序号	书名	作者（译者）	出版机构	出版时间/年
130	为医学服务的原子能	〔苏〕格罗德辰斯基（滕砥平，等）	科学普及出版社	1958
131	原子武器与原子防护	〔苏〕阿尔希波夫（刘铭于，白淑惠）	国防工业出版社	1958
132	原子工业	〔苏〕阿斯大申科夫（苏杭）	国防工业出版社	1958
133	放射性	〔苏〕扎波连科（钟建安）	科学普及出版社	1958
134	原子弹与火灾	〔英〕洛松（D. Lawson）（熊明朝，张可文）	国防工业出版社	1958
135	怎样找铀矿	〔美〕普罗克托（P. Proctor），等（文裔）	地质出版社	1958
136	原子能和印染工业	杨栋标	科技卫生出版社	1959
137	原子能和土建工程	卫成	科技卫生出版社	1959
138	原子能和纺织工业	庄嘉寅，杨栋樑	科技卫生出版社	1959
139	原子能和食品工业	劳泉	科技卫生出版社	1959
140	原子能发电	何须	科技卫生出版社	1959
141	原子锅炉——各种反应堆	郑一善，等	科技卫生出版社	1959
142	探测射线的工具	孙沩	科技卫生出版社	1959
143	放射性同位素及其生产	郦庚元	科技卫生出版社	1959
144	原子能常识讲义	中国科学院原子能研究所	中国科学院原子能研究所	1959
145	原子能基本知识问答	广州文化出版社	广州文化出版社	1959
146	原子能基础知识	中国物理学会成都分会	四川人民出版社	1959
147	原子在工作	〔苏〕斯马庚（李晓华，等）	科学普及出版社	1959
148	热核能——未来动力的基础	〔苏〕库尔恰托夫，等（何青，等）	科学普及出版社	1959
149	放射能的发现	〔苏〕涅察叶夫（郭文杰）	上海科学技术出版社	1959

续表

序号	书名	作者（译者）	出版机构	出版时间/年
150	原子核	〔苏〕柯尔松斯基（裴毓华）	科学出版社	1959
151	原子武器及其防御	〔苏〕格沃捷夫，亚柯夫金（集成）	群众出版社	1959
152	原子核能	〔法〕纳明阿斯（周奇）	科学出版社	1959
153	原子能在昆虫学中的应用	张宗炳	上海科学技术出版社	1959
154	原子和原子能	〔苏〕玛卡尔耶娃（施明德）	商务印书馆	1960
155	原子医学基本知识	叶根耀，等	人民卫生出版社	1961
156	新科学技术知识讲演资料 原子能的原理和应用	全国科协普及工作办公室	全国科协普及工作办公室	1962
157	核化学的成就	〔苏〕拉夫鲁希娜（吕小敏）	科学出版社	1962
158	原子巨人	何菁，孔宪璋	科学普及出版社	1963
159	原子的秘密	俞乐	少年儿童出版社	1963
160	一亿人的生命——核战争中最多的幸存者	〔美〕理查德·弗里克隆德（Richard Fryklund）（张继华）	世界知识出版社	1964
161	原子和原子能	林岸殊	上海教育出版社	1965
162	原子能的原理和应用（修订本）	赵忠尧，何泽慧，杨承宗	科学出版社	1965
163	比一千个太阳还亮——原子科学家的故事	〔德〕罗伯特·容克（Robert Jungk）（何纬）	原子能出版社	1966
164	原子核和原子能	金星南	人民出版社	1973
165	谈谈原子能和核爆炸（第2版）	施士元	江苏人民出版社	1974

续表

序号	书名	作者（译者）	出版机构	出版时间/年
166	崭新的能源——受控核聚变	白唐，尹儒英	四川人民出版社	1976
167	原子能与农牧业	白宝宽	内蒙古人民出版社	1978
168	原子能工业	孟先雍	原子能出版社	1978
169	原子射线与防护	唐任寰	陕西人民出版社	1978
170	现在可以说了——美国制造首批原子弹的故事	〔美〕格罗夫斯（L. Groves）（钟毅，等）	原子能出版社	1978
171	欧内斯特·卢瑟福——杰出的原子核物理学家	〔新西兰〕约翰·罗兰（J. Rowland）（姜炳炘）	原子能出版社	1978
172	原子能在农业上的应用	〔美〕托马斯·S. 奥斯本（闻理）	原子能出版社	1979
173	空间辐射	〔美〕威廉·R. 科利斯（傅惠敏）	原子能出版社	1979
174	探索原子的人们	〔美〕加兰特（R. A. Gallant）（谢德秋，赵华福）	上海科学技术出版社	1979
175	原子武器防护知识	刘云波	原子能出版社	1979
176	“烧”原子核的电站	曹富津	原子能出版社	1979
177	原子世界探索	王植榆	上海科学技术出版社	1979
178	卢瑟福——卓越的原子核物理学家	〔新西兰〕约翰·罗兰（J. Rowland）（姜炳炘译；孙贤陵，冯怀荣绘）	人民美术出版社	1979
179	居里夫人	卢永建	山东科学技术出版社	1979
180	铀和原子能的故事	郑能武	安徽科学技术出版社	1980
181	原子能科学研究与动物	〔美〕爱德华·R. 里奇阿蒂（金名）	原子能出版社	1980

续表

序号	书名	作者（译者）	出版机构	出版时间/年
182	能的直接转换	〔美〕W.科利斯（江月）	原子能出版社	1980
183	核时钟——放射性同位素地质年龄测定	〔美〕亨利·福尔（秋平）	原子能出版社	1980
184	核动力与商船	〔美〕W. H. 多恩利（杨宇）	原子能出版社	1980
185	放射性同位素发电	〔美〕罗伯特·L.米德，威廉·R.科利斯等（乐俊楚）	原子能出版社	1980
186	全身计数器	〔美〕J. H. 伍德伯恩，F.W. 兰格曼（楚雪）	原子能出版社	1980
187	无损检验	〔美〕H. 伯杰（张斌）	原子能出版社	1980
188	合成超铀元素	〔美〕厄尔·K.海德（谢力）	原子能出版社	1980
189	钚	〔美〕威廉·N.迈因纳（童欣）	原子能出版社	1980
190	激光	〔美〕赫尔曼（黄厚坤）	原子能出版社	1980
191	原子能科学研究与动物	A.R.里奇阿蒂（金名）	原子能出版社	1980
192	伦琴	〔德〕奥托·格拉塞尔（高耘田，吴逸瀚）	原子能出版社	1980
193	漫话原子时代	张叶舟	宁夏人民出版社	1980
194	原子内幕	〔美〕I. 阿西莫夫（张礽荪，等）	科学普及出版社	1980
195	原子核能的故事	〔美〕I. 阿西摩夫（何笑松）	科学出版社	1980
196	居里夫人的故事	〔波〕H.博宾斯卡（董福生）	中国少年儿童出版社	1980
197	奇特原子	王蕴玉	原子能出版社	1980
198	多才多艺的原子	王辑梧，陈乐生	广东科技出版社	1980
199	铀——最重的天然元素	盛正直	科学普及出版社	1980
200	人体与辐射	〔美〕N.A. 弗里格里奥（张关铭）	原子能出版社	1981

续表

序号	书名	作者（译者）	出版机构	出版时间/年
201	放射性废物	〔美〕C.H. 福克斯（柯普）	原子能出版社	1981
202	核电站	〔美〕R.L.莱尔利，W.米切尔（柴芳蓉）	原子能出版社	1981
203	核燃料史话	〔美〕A.L.辛格尔顿（原地）	原子能出版社	1981
204	神秘的箱子——核科学与艺术	〔美〕B.吉斯克（王婷）	原子能出版社	1981
205	核试验的放射性沉降物	〔美〕C.L.科马尔（韩诚）	原子能出版社	1981
206	走向超重岛	〔苏〕弗辽洛夫，伊利诺夫（温琛林，蔡雍雍）	原子能出版社	1981
207	能源宝库的明珠——核能发电浅谈	里天，高至	原子能出版社	1981
208	核武器爆炸对人的远期影响	李春海	原子能出版社	1981
209	惰性气体化学	〔美〕C.L.切尔尼克（闻静）	原子能出版社	1981
210	核能开发与利用的安全防护知识	隋鹏程	科学普及出版社	1981
211	原子结构	张学铭	北京出版社	1981
212	原子能讲座	中央人民广播电台科技组，科学普及出版社编辑部	科学普及出版社	1981
213	居里夫人	〔法〕艾芙·居里（葛智强）	上海译文出版社	1981
214	原子大观园	王惠林	河北人民出版社	1981
215	原子能与农业	毛炎麟	农业出版社	1982
216	核电站	郭汉彬	科学普及出版社	1982
217	核电站	杜圣华	原子能出版社	1982
218	原子能的故事	〔美〕费米夫人（Laura Fermi）（翁菊容，吴伯泽）	原子能出版社	1982

续表

序号	书名	作者（译者）	出版机构	出版时间/年
219	原子、大自然与人类	〔美〕N.O.海因斯（唐霞）	原子能出版社	1982
220	人与原子	〔美〕G.T. 西博格，W.R.科利斯（严世莆）	原子能出版社	1982
221	受控核聚变	〔美〕塞缪尔·格拉斯顿（舟可）	原子能出版社	1982
222	放射性同位素在医学上的应用	〔美〕E.W. 费伦（雨田）	原子能出版社	1982
223	核动力的安全问题	〔美〕J.F. 霍格顿（石庆元）	原子能出版社	1982
224	辐射对遗传的影响	〔美〕I. 阿西莫夫，T.杜布赞斯基（陈只）	原子能出版社	1982
225	低温学	H.L.拉克（汪忠明）	原子能出版社	1982
226	计算机	W.R.科利斯（闻贤姝）	原子能出版社	1982
227	物质的微观结构	克利福德.E.斯沃茨（张李正）	原子能出版社	1982
228	原子科学的两千四百年	〔法〕利纳·弗里斯（兰宜申）	江苏科学技术出版社	1982
229	约里奥-居里传	〔英〕莫里斯·戈德史密斯（施莘）	原子能出版社	1982
230	居里夫妇	〔英〕伊丽莎白·卢滨（高志冲）	原子能出版社	1982
231	核医学诊疗问答	孙明华	湖南科学技术出版社	1983
232	原子巨人——费米	朱伟，李顺祺	贵州人民出版社	1983
233	临床核医学问答	刘玉英	科学技术文献出版社	1983
234	居里夫人的故事	〔波〕索恩（A. Thorne）（杨国勇）	河南科学技术出版社	1983
235	辐射保藏食品	〔美〕G.M.厄罗斯（王裕新）	原子能出版社	1983
236	研究用反应堆	〔美〕F.H.马丁斯，N.H.雅各布逊（柴芳蓉）	原子能出版社	1983
237	放射性同位素和生命过程	〔美〕W.E.基西莱斯基，R.贝西加（金晔）	原子能出版社	1983

续表

序号	书名	作者（译者）	出版机构	出版时间/年
238	中国医学百科全书——核武器损伤与放射医学	中国医学百科全书编辑委员会	上海科学技术出版社	1984
239	原子结构浅说	韩建成	上海教育出版社	1984
240	核能	侯逸民，黄炳印	能源出版社	1984
241	原子核物理学的奠基者卢瑟福	熊柯	商务印书馆	1984
242	我们怎样发现了原子	〔美〕I. 阿西莫夫（向华明）	地质出版社	1984
243	原子核	〔美〕霍尔顿（G. Holton），等（葛绳武，等）	文化教育出版社	1984
244	原子的模型	〔美〕霍尔顿（G. Holton），等（程毓征）	文化教育出版社	1984
245	原子竞争1939—1966	〔法〕戈尔德密特（B. Goldschmidt）（高强，路汉恩）	原子能出版社	1984
246	一个美国天才：回旋加速器之父劳伦斯传	〔美〕赫伯特·蔡尔兹（Herbert Childs）（陈家宁，姚琮）	原子能出版社	1984
247	居里夫人传	〔法〕艾芙·居里（左明彻）	商务印书馆	1984
248	居里夫人的科学道路	隋启仁	内蒙古人民出版社	1984
249	居里夫人	〔英〕艾·陶莉（孙雪芹）	少年儿童出版社	1985
250	核电与环境问答	美国核学会（卢钺章，赵惠南）	原子能出版社	1985
251	漫画解说原子能	〔日〕林乔雄（郝秀义，郝卓然）	原子能出版社	1985
252	中国医学百科全书——核医学	中国医学百科全书编辑委员会	上海科学技术出版社	1986
253	核电站探秘	林连宝，郑秀珠	少年儿童出版社	1986

续表

序号	书名	作者（译者）	出版机构	出版时间/年
254	核潜艇的故事	王义山	科学普及出版社	1986
255	核电站	中国核学会	中国核学会	1986
256	探索原子世界的奥秘	中国物理学会普及委员会，广西物理学会	广西人民出版社	1986
257	沿着开发核能的征途	陈效军	科学出版社	1986
258	新能源和关于核电站的争论	〔法〕阿莫兰（B. Hamelin）（严文魁，李恒腾）	原子能出版社	1986
259	原子弹秘史	〔美〕安东尼·凯夫·布朗，查尔斯·B.麦克唐纳（董斯美，等）	原子能出版社	1986
260	罗伯特·奥本海默传——美国原子弹之父	〔美〕彼得·古德柴尔德（吕庆中，陈庆槐）	原子能出版社	1986
261	核能——它的原理、历史、现状和前景	郭星渠	人民教育出版社	1986
262	当代中国的核工业	李觉，等	中国社会科学出版社	1987
263	原子时代的奇迹	鲍云樵	科学普及出版社	1987
264	卢瑟福与现代科学的发展	阎康年	科学技术文献出版社	1987
265	王淦昌和他的科学贡献	胡济民，等	科学出版社	1987
266	吴健雄：“当代居里夫人”的故事	庞瑞垠	湖南文艺出版社	1987
267	原子能与农业	〔苏〕考尚斯基（闻理）	原子能出版社	1987
268	人类的困惑——关于核能的辩论	〔美〕M. 卡库，J. 特雷纳（李晴美）	中国友谊出版公司	1987
269	核能：20世纪后的主要能源	郭星渠	原子能出版社	1987
270	震惊世界的核警告	〔苏〕谢尔巴克（刘生文）	中国新闻出版社	1988
271	切尔诺贝利核爆炸	〔苏〕谢尔巴克（陈淑贤，张晓强）	江苏文艺出版社	1988

续表

序号	书名	作者（译者）	出版机构	出版时间/年
272	重原子核三分裂与四分裂的发现	钱三强	科学技术文献出版社	1989
273	播春者——核物理学家钱三强	任欣发	科学普及出版社	1989
274	伟大的发现——钱三强的回忆	郭奕玲	北京科学技术出版社	1989
275	居里和居里夫人	严济慈	科学技术文献出版社	1989
276	原子科学史话	〔法〕利纳·德弗里斯（兰宜申）	中国对外翻译出版公司	1989
277	爱开玩笑的科学家费曼	〔美〕费曼（R.P. Feynman）（吴丹迪，吴慧芳，黄涛）	科学出版社	1989
278	核科学家的足迹	核工业神剑文学艺术学会	原子能出版社	1989
279	裂变之光——记钱三强	王春江	中国青年出版社	1990
280	核医学漫谈	项景德，等	科学普及出版社	1990
281	漫画解说原子能的秘密	〔日〕林乔雄（宓培庆，顾汉文）	原子能出版社	1990
282	原子弹出世纪	〔美〕罗兹（R. Rhodes）（李汇川，等）	世界知识出版社	1990
283	去掉镣铐的普罗米修斯——关于伊戈尔·库尔恰托夫的故事	〔苏〕斯涅戈夫（胡丕显，等）	原子能出版社	1990
284	库尔恰托夫——苏联原子弹之父	〔苏〕阿斯塔申科夫（马文龙）	上海翻译出版公司	1991
285	核科学开拓者——核物理学家王淦昌	张何平，钟培基	科学普及出版社	1991
286	核电——安全洁净的能源	应春豹	学林出版社	1991
287	居里夫人：放射化学的开创者	陈晶石	吉林人民出版社	1991

续表

序号	书名	作者（译者）	出版机构	出版时间/年
288	中国原子弹的制造	〔美〕刘易斯（J.W. Lewis），薛理泰（李丁，等）	原子能出版社	1991
289	美国氢弹之父特勒	〔美〕斯坦利·A.布卢姆伯格，格温·欧文斯（华君铎，赵淑云）	原子能出版社	1991
290	现在可以说了——美国制造首批原子弹的故事	〔美〕莱斯利·R.格罗夫斯（钟毅，何伟）	原子能出版社	1991
291	核科学家的足迹	核工业神剑文学艺术学会	原子能出版社	1991
292	比一千个太阳还亮——原子科学家的故事	〔德〕罗伯特·容克（钟毅，何纬）	原子能出版社	1991
293	苏联原子弹之父库尔恰托夫	〔苏〕斯涅戈夫（胡丕显，等）	原子能出版社	1991
294	原子先驱者	〔法〕贝特朗·戈德史密特（刘雪红，闻军）	原子能出版社	1992
295	核武器损伤与放射医学 化学武器防护医学 生物武器的医学防护	中国医学百科全书编辑委员会	上海科学技术出版社	1992
296	核电站　公众关心的30个问题	郭星渠	原子能出版社	1992
297	秦山核电站	欧阳予	浙江科学技术出版社	1992
298	国之光荣——秦山核电站建设者之歌	李鹰翔	原子能出版社	1992
299	核魔瓶的诱惑	赵有平	四川教育出版社	1992
300	两弹元勋邓稼先	葛康同，等	新华出版社	1992

续表

序号	书名	作者（译者）	出版机构	出版时间/年
301	勤学·实干·奉献——记化工与核工程专家姜圣阶	李鹰翔	原子能出版社	1993
302	娃娃博士——中国原子弹氢弹元勋邓稼先	郭兆甄，苏方学	河南人民出版社	1993
303	吴有训传	林家治	河南人民出版社	1993
304	核能源与核技术	吴茂良	四川大学出版社	1994
305	核能与核技术	李士，等	上海科学技术出版社	1994
306	蘑菇云之梦——记核物理家钱三强	刘杰	吉林人民出版社	1994
307	居里夫人——为科学真理而生的女性	〔日〕松冈洋子（王欣，刘桂欣）	河北科学技术出版社	1994
308	威力无穷的原子上卷：原子能史	原书无作者信息	新疆人民出版社	1995
309	威力无穷的原子下卷：核电世界	原书无作者信息	新疆人民出版社	1995
310	中国核工业四十年摄影集（1955—1995）	中国核工业总公司	原子能出版社	1995
311	死神俯视众生——核武器与核战争	陈荣弟，李云龙	福建教育出版社	1995
312	费米的故事	彭为弘	福建少年儿童出版社	1995
313	卢瑟福的故事	汪雪莲	福建少年儿童出版社	1995
314	居里夫人全传	周雁翎，杨建邺，肖明	长春出版社	1995
315	核扩散：危险与防止	朱明权	上海科学技术文献出版社	1995
316	广岛遗恨——第一朵蘑菇云及核武器走势	崔向华，陈大鹏	解放军文艺出版社	1995
317	英国第一颗原子弹	叶春堂，等	原子能出版社	1995
318	核科技发现与发明纵横谈	李盈安	原子能出版社	1996

续表

序号	书名	作者（译者）	出版机构	出版时间/年
319	核物理学家王淦昌	李瑞芝，等	原子能出版社	1996
320	邓稼先	冯媛	中国和平出版社	1996
321	世界核电站	〔英〕蒙菲尔德（P.R.Mounfield）（曹宜铮，曹关平）	原子能出版社	1997
322	中国核电科技攻关	汤紫德	原子能出版社	1997
323	核世纪的恩怨	侯逸民	福建教育出版社	1997
324	核变奏曲	王行国	北京广播学院出版社	1997
325	揭示巨大能源的秘密——核能的故事	刘飞虹，雷京永	泰山出版社 中华工商联合出版社	1997
326	卢瑟福	松鹰	四川少年儿童出版社	1997
327	费米	松鹰	四川少年儿童出版社	1997
328	吴健雄——物理科学的第一夫人	江才健	复旦大学出版社	1997
329	邓稼先小传	郑坚坚	广东旅游出版社	1997
330	科学顽主——费曼	孙立新	北京图书馆出版社	1997
331	费米（1901—1954）——美国科学家	陶永喜	海天出版社	1997
332	漫画科学百科——原子能的利用	徐梅，周彪编译；金英奎绘	明天出版社	1998
333	核世纪——人类灭绝性武器的真实故事（上、中、下）	洛晋	中国民族摄影艺术出版社	1998
334	无穷的潜力——核技术与社会	朱继洲，等	山东科学技术出版社	1998
335	卢瑟福	赵增越	中国国际广播出版社	1998

续表

序号	书名	作者（译者）	出版机构	出版时间/年
336	微观宇宙之王——卢瑟福的故事	汪雪莲	福建少年儿童出版社	1998
337	邓稼先传	许鹿希，等	安徽人民出版社	1998
338	邓稼先	张广军	中国国际广播出版社	1998
339	吴有训传	聂冷	中国青年出版社	1998
340	吴健雄 林巧稚	李冰，王海安	未来出版社	1998
341	自然之子——著名核物理学家彭桓武	王霞	解放军出版社	1998
342	费曼	徐贵湘	中国国际广播出版社	1998
343	费米	谢尊修，等	辽海出版社	1998
344	弗雷德里克·约里奥·居里	章序麟	中国国际广播出版社	1998
345	物质微观世界探秘——著名科学家谈核科学	袁之尚，张美媛	广西师范大学出版社	1999
346	战神霹雳——导弹与核武器	张伟超	长江文艺出版社	1999
347	走出核冬天——核化学与人类生活	唐任寰	湖南教育出版社	1999
348	打开原子的大门	郭正谊	湖南教育出版社	1999
349	追求卓越 王淦昌年表	吴水清	经济科学出版社	1999
350	以身许国取神火——核物理学家王淦昌	刘敬智	辽宁教育出版社	1999
351	无限的原子能——从放射元素的发现到原子能的利用	原书无作者信息（郑成熹）	河北科学技术出版社	1999
352	国防科技知识普及丛书：核能	李盈安	宇航出版社	1999

续表

序号	书名	作者（译者）	出版机构	出版时间/年
353	邓稼先	张茸	团结出版社	1999
354	邓稼先	斯云，耕夫	江苏文艺出版社	1999
355	吴健雄	赵锐	江苏文艺出版社	1999
356	神奇光线——从伦琴发现X射线到卢瑟福的放射性研究	刘兵	湖南少年儿童出版社	1999
357	海森伯传	王自华，桂起权	长春出版社	1999
358	请历史记住他们——中国科学家与“两弹一星”	科学时报社	暨南大学出版社	1999
359	人类的灾难——核武器与核爆炸	乔登江，朱焕金	清华大学出版社，暨南大学出版社	2000
360	中子——打开原子能时代的金钥匙	丁大钊	清华大学出版社，暨南大学出版社	2000
361	加速器与科技创新	谢家麟	清华大学出版社，暨南大学出版社	2000
362	人造小太阳——受控惯性约束聚变	王淦昌	清华大学出版社，暨南大学出版社	2000
363	魔鬼天使——核武器与核能卷	王蕤	延边人民出版社	2000
364	中国核武器试验追踪	韩庆贵	长征出版社	2000
365	导弹与核武器	聂云，凌翔	中国少年儿童出版社	2000
366	杀伤力巨大的“魔王”——核生化武器	郎宗亨，余友春	国防科技大学出版社	2000

续表

序号	书名	作者（译者）	出版机构	出版时间/年
367	蘑菇云：恐怖中的和平——核大国五十年角逐风云录（上、中、下）	舒涵	中国档案出版社	2000
368	不散的核阴云 核武器与核战略：从昨天到明天	王仲春，闻中华	国防大学出版社	2000
369	王淦昌	崔纪敏	河北教育出版社	2000
370	王淦昌	陈刚	江苏文艺出版社	2000
371	吴有训	林家治	河北教育出版社	2000
372	科学顽主——费曼（维吾尔文）	孙立新	新疆人民出版社	2000
373	走近核能	侯逸民	科学出版社	2000
374	核世纪大揭秘	卢天贶，等	原子能出版社	2001
375	人类生存发展与核科学	刘洪涛，等	北京大学出版社	2001
376	核弹问世	俞启宜	安徽教育出版社	2001
377	两弹一星——共和国丰碑	解放军总装备部政治部	九州出版社	2001
378	创造奇迹的人们——中国“两弹一星”元勋	柏万良	湖北教育出版社	2001
379	“两弹一星”元勋传（上、下）	宋健	清华大学出版社	2001
380	核能透析	李昌烟，等	山东大学出版社	2001
381	日魄——著名核物理学家王淦昌	郭兆甄，苏方学	中国人民解放军出版社	2001
382	王淦昌	刘屏	河北少年儿童出版社	2001
383	钱三强	祁淑英	河北少年儿童出版社	2001

续表

序号	书名	作者（译者）	出版机构	出版时间/年
384	钱三强	葛能全	河北教育出版社	2001
385	民族之光——著名核物理学家邓稼先	苏方学，郭兆甄	解放军出版社	2001
386	彭桓武	王霞	河北少年儿童出版社	2001
387	华人十大科学家——吴健雄	李莉	大象出版社	2001
388	吴健雄	孟宪明	大象出版社	2001
389	邓稼先	祁淑英，魏根发	河北少年儿童出版社	2001
390	揭开核武器的神秘面纱	经福谦，等	清华大学出版社，暨南大学出版社	2002
391	透明的蓝：一个摄影师眼中的岭澳核电站	左力摄影，撰文；卢倬英文翻译；陈伟丰法文翻译	人民美术出版社	2002
392	岭澳 岭澳	郭良原，陈马林，杨慧	花城出版社	2002
393	原子能工业	连培生	原子能出版社	2002
394	蘑菇云下的阴影——诺贝尔奖与原子弹	杨建邺，徐绪森	武汉出版社	2002
395	核损伤医学防护	毛秉智	军事医学科学出版社	2002
396	微粒爆惊雷——核能科技	陈祖甲，殷雄	北京理工大学出版社	2002
397	战场恶魔——核生化武器	李伟，徐宏	北京少年儿童出版社，北京出版社	2002
398	核能——无穷的能源	欧阳予，等	清华大学出版社，暨南大学出版社	2002
399	钱三强年谱	葛能全	山东友谊出版社	2002
400	吴健雄——献身物理科学的一生	东南大学	东南大学出版社	2002

续表

序号	书名	作者（译者）	出版机构	出版时间/年
401	吴健雄传	张怀亮	南京大学出版社	2002
402	海森伯传	〔美〕卡西第（David C. Cassidy）（戈革）	商务印书馆	2002
403	钱三强传	葛能全	山东友谊出版社	2003
404	威力巨大的新核武器	吴学忠	天津科学技术出版社	2003
405	核武器装备	钱绍钧	原子能出版社，航空工业出版社，兵器工业出版社	2003
406	核生化武器的危害与防护	谭有金，等	解放军文艺出版社	2003
407	追踪裂变光环——核武器	李伟，徐宏	山西科学技术出版社	2003
408	原子与人	虞云耀，等编；苗地、江帆绘	北京理工大学出版社	2003
409	邓稼先图片传略	许鹿希	安徽教育出版社	2003
410	邓稼先的故事	新禾，李宪华	时代文艺出版社	2003
411	起步到发展：李鹏核电日记	李鹏	新华出版社	2004
412	余音——献给原子能事业的开拓者	吕允文	原子能出版社	2004
413	魔鬼与天使之谜——原子、核能事件探秘	王志坚	中国青年出版社	2004
414	核能	〔英〕费利克斯·皮拉尼（刘伟红、谢讯）	中国宇航出版社	2004
415	核能画卷	江向东，黄艳华	原子能出版社	2004
416	两刃利剑——原子能研究的故事	管乐	广东教育出版社	2004
417	邓稼先	邓志平，彭洁，葛康同	贵州人民出版社	2004
418	彭桓武	王霞	贵州人民出版社	2004

续表

序号	书名	作者（译者）	出版机构	出版时间/年
419	程开甲	熊杏林	贵州人民出版社	2004
420	哥本哈根——海森伯与玻尔的一次会面	〔英〕迈克尔·弗雷恩（M. Frayn）（戈革）	上海科学技术出版社	2004
421	原子弹之父——罗伯特·奥本海默的故事	张洪野，袁继贤	广东教育出版社	2004
422	恩里科·费米与现代物理学革命	〔美〕丹·库珀（Dan Cooper）（罗爽）	陕西师范大学出版社	2004
423	两弹一星工程与大科学	刘戟锋，刘艳琼，谢海燕	山东教育出版社	2004
424	原子在我家中——我与恩里科·费米的生活	〔美〕劳拉·费米（Laura Fermi）（何兆武，何芬奇）	上海人民出版社	2005
425	核与放射事故医学应急	苏旭，刘英	光明日报出版社	2005
426	一个女记者和中国核电	丁燕	浙江摄影出版社	2005
427	会“魔法”的女人：居里夫人和镭	〔英〕伊恩·格雷厄姆编；〔英〕戴维·艾特拉姆绘；李玉帼译	北京少年儿童出版社	2005
428	环境放射性与健康	杨孝桐	海风出版社	2005
429	核能开发与应用	马栩泉	化学工业出版社	2005
430	走近核科学技术	罗上庚	原子能出版社	2005
431	原子弹演义	金孩	世界知识出版社	2005
432	在放射攻击事件中人员辐射照射的防护	国际放射防护委员会（潘自强，等）	原子能出版社	2005
433	超级杀手——核生化武器探秘	周学志	中国经济出版社	2005
434	能源之星——核电	陈叔平，等	原子能出版社	2005
435	中华名人成才故事邓稼先（双色图文）	高洪波	希望出版社	2005
436	于敏	郑绍唐，曾先才	贵州人民出版社	2005

续表

序号	书名	作者（译者）	出版机构	出版时间/年
437	王淦昌	常甲辰	贵州人民出版社	2005
438	钱三强	葛能全	贵州人民出版社	2005
439	钱三强	葛能全	山东友谊出版社	2006
440	站在巨人肩上——从卢瑟福谈原子核物理学	薛焕玉	喀什维吾尔文出版社，新疆青少年出版社	2006
441	世界巨人大传——费米	刘卫伟	远方出版社	2006
442	如何应对核与辐射恐怖	陈竹舟，叶常青	科学出版社	2006
443	核电知识科普读物	中电投核电有限公司	原子能出版社	2006
444	中学生核电知识	浙江省海盐县教育局教研组，秦山核电公司科协	原子能出版社	2006
445	核世纪风云录：中国核科学史话	王甘棠，孙汉城	科学出版社	2006
446	环保学家谈核能	〔法〕布鲁诺·康姆（Bruno Comby）（罗健康）	原子能出版社	2006
447	辐射环境保护常识100问	刘建琳	江苏人民出版社	2006
448	岁月如歌：中国原子能科学研究院反应堆事业五十年	中国原子能科学研究院反应堆事业五十年编委会	原子能出版社	2006
449	话说秦山	中核集团秦山核电公司宣传部	原子能出版社	2006
450	吴有训图传	林家治	湖北人民出版社	2006
451	天葬核废料	于今昌	中国社会出版社	2006
452	“小男孩”摧毁一座城市	于今昌	中国社会出版社	2006
453	追踪原子	梁衡	中国社会出版社	2006
454	放射情缘	梁衡	中国社会出版社	2006

续表

序号	书名	作者（译者）	出版机构	出版时间/年
455	核电在中国	汤紫德	江苏人民出版社	2007
456	596秘史	梁东元	湖北人民出版社	2007
457	毁灭者还是创造者——核子风云录	胡生青	光明日报出版社	2007
458	核能史话	龙飞，等	远方出版社	2007
459	化学新地带	龙菲，许晓	远方出版社	2007
460	武器霸王：核武器100问	胡学兵，郑科伦，曹健峰	国防工业出版社	2007
461	蘑菇云之梦——记核物理学家钱三强	刘杰	吉林人民出版社	2007
462	宇宙能源——聚变	〔英〕加里·麦克拉肯（G. McCracken），彼得·斯托特（P. Stott）（核工业西南物理研究院翻译组）	原子能出版社	2008
463	中国核电从这里起步：记为核电建设拼搏奉献的勇士们	秦山核电基地党委宣传部	北京十月文艺出版社	2008
464	画说核安全	国家能源局，国家核安全局	人民出版社	2008
465	核能大探秘	寒木钓萌	少年儿童出版社	2008
466	辐射：健康的隐形杀手	关美红	中原出版传媒集团，中原农民出版社	2008
467	三哩岛事故和切尔诺贝利事故：核电史上两起严重事故详情	邹正宇，苏鲁明	原子能出版社	2008
468	科学的双刃剑：诺贝尔奖和蘑菇云	杨建邺	商务印书馆	2008
469	原子与材料	（美）凯尔·柯克兰德（K. Kirkland）（马博学）	上海科学技术文献出版社	2008

续表

序号	书名	作者（译者）	出版机构	出版时间/年
470	鹰首飞狮："二战"中最大的间谍英雄	〔美〕阿诺德·克拉米什（A. Kramish）（高蕴华）	上海科技教育出版社	2008
471	中国蘑菇云	孟昭瑞	辽宁人民出版社	2008
472	核能	智趣信息技术有限公司	电子工业出版社	2008
473	原子弹秘史：历史上最致命武器的孕育	〔美〕理查德·罗兹（R. Rhodes）（江向东，廖湘彧）	上海科技教育出版社	2008
474	放射防护实用手册	赵兰才，张丹枫	济南出版社	2009
475	核世界的奥秘与人类	卢盛甲	辽宁科学技术出版社	2009
476	核能	胡生青，薛海芬	人民武警出版社	2009
477	认识能源·核能	〔英〕史蒂夫·帕克尔（申屠德君）	科学普及出版社	2009
478	巨大能源的秘密：核能的故事	刘飞虹，雷京永	泰山出版社	2009
479	探索微观世界：化学的故事	陈子耕	泰山出版社	2009
480	走近核能	李代广	化学工业出版社	2009
481	从核弹到核电——核能中国	王喜元	中国科学技术大学出版社	2009
482	现代核生化武器	曹正荣，梁沂	星球地图出版社	2009
483	邓稼先	魏丛	二十一世纪出版社	2009
484	奥本海默传："原子弹之父"的美国悲剧	〔美〕凯·伯德（K. Bird），马丁·J. 舍温（M. J. Sherwin）（李霄垅，等）	译林出版社	2009
485	钱三强与何泽慧	祁淑英	春风文艺出版社	2009
486	核事故应急科普手册	王秉杰	辽宁大学出版社	2010
487	工业用核辐射技术	王秉杰	辽宁大学出版社	2010
488	医用核辐射技术	王秉杰	辽宁大学出版社	2010

续表

序号	书名	作者（译者）	出版机构	出版时间/年
489	科学认识电磁辐射	王秉杰	辽宁大学出版社	2010
490	国家宝贵的资源——铀	罗上庚，马栩泉，潘英杰	原子能出版社	2010
491	核电丰碑——秦山核电站并网发电	马夫	吉林出版集团有限责任公司	2010
492	毁灭人类的核武器	毁灭人类的核武器编写组	世界图书广东出版公司	2010
493	原子能的开发利用	原子能的开发利用编写组	世界图书广东出版公司	2010
494	核能	核能编写组	世界图书广东出版公司	2010
495	神魔双刃剑：核科学史话	邱仁森	湖南科学技术出版社	2010
496	放射性	〔美〕P. 安德鲁・卡拉姆，本・P. 斯坦（刘淑华）	上海科学技术文献出版社	2010
497	中国原子能科学研究院简史：1950—2010	中国原子能科学研究院	原子能出版社	2010
498	现代核技术与应用	靖宝庆	广西人民出版社	2010
499	新型核能技术：概念、应用与前景	周志伟	化学工业出版社	2010
500	辐射危害预防与应急处置	刘铁民	中国矿业大学出版社	2010
501	散不尽的蘑菇云：核武器与战争	闫丹	花城出版社	2010
502	希特勒的“原子弹”	〔德〕赖纳・卡尔施，海科・彼得曼（闻立欣）	国际文化出版公司	2010
503	英雄大爱：邓稼先与许鹿希的旷世爱情	胡银芳	华夏出版社	2010
504	东方之珠——广东大亚湾核电站开工建设	马夫	吉林出版集团有限责任公司	2011

续表

序号	书名	作者（译者）	出版机构	出版时间/年
505	核事件医学应急与公众防护	程天民，粟永萍	人民军医出版社	2011
506	核与辐射医学防治手册	刘素刚，艾辉胜	人民军医出版社	2011
507	核与辐射防护手册	陈竹舟，叶常青	科学出版社	2011
508	托卡马克装置工程基础	袁保山，姜韶风，陆志鸿	原子能出版社	2011
509	日本福岛核电站事故核辐射防护知识问答	刘超	军事医学科学出版社	2011
510	核事故公众防护问与答	苏旭，等	科学普及出版社	2011
511	核武器的前世今生：核武器的性能发展与战争经历	肖旭光	解放军出版社	2011
512	日本核危机启示录	林汶奎	中国商业出版社	2011
513	核电员工最后遗言——福岛事故十五年前的灾难预告	〔日〕平井宪夫，等（陈炯霖，苏威任）	人民文学出版社	2011
514	走进核电	中国原子能科学研究院	中国原子能出版传媒有限公司	2011
515	核辐射安全防护60问	刘晓星，陈乐，邓延陆	中国环境科学出版社	2011
516	核与辐射应对防护99问	刘华	中国环境科学出版社	2011
517	核辐射安全防护知识问答	广东省环境辐射监测中心	广东科技出版社	2011
518	核危害防护读本	吴静	金城出版社	2011
519	核电厂核事故防护知识问答	环境保护部科技标准司，等	中国环境科学出版社	2011
520	直击福岛事件：核与辐射安全防护120问	谭丽玲	中国铁道出版社	2011
521	“核”来不怕——正确应对核辐射	顾乃谷，吴锦海	复旦大学出版社	2011

续表

序号	书名	作者（译者）	出版机构	出版时间/年
522	核知识读本	何能	经济日报出版社	2011
523	费米讲的核裂变核聚变的故事	〔韩〕宋恩永（吴荣华）	云南教育出版社	2011
524	认识我们身边的核能	张立辉	时代文艺出版社	2011
525	原子的觉醒——解读核能的历史和未来	〔美〕詹姆斯·马哈菲（J.Mahaffey）（戴东新，高见，等）	上海科学技术文献出版社	2011
526	人类历史上的核灾难	盛文林	台海出版社	2011
527	瓶中的太阳：核聚变的怪异历史	〔美〕查尔斯·塞费（C. Seife）（隋竹梅）	上海科技教育出版社	2011
528	核能与安全：智慧与非理性的对抗	〔美〕约翰·塔巴克（J.Tabak）（王辉，胡云志）	商务印书馆	2011
529	核辐射防护手册	陈继银	江苏人民出版社	2011
530	核辐射健康知识手册	本书编委会	化学工业出版社	2011
531	辐射防护实用手册	杨龙，王忠灿，王长军	苏州大学出版社	2011
532	核患无穷？核泄漏危机的应对之策	韦元波，吕熹元	金城出版社	2011
533	核辐射离我们有多远	王传珊	上海大学出版社	2011
534	居里夫人讲的放射性的故事	〔韩〕郑玩相（李明顾）	云南教育出版社	2011
535	核辐射普及读本	刘学公，等	黄山书社	2011
536	核与辐射突发事件知识百问	蔡建明，李雨	第二军医大学出版社	2011
537	核辐射防护知识问答	中国辐射防护研究院老科技工作者协会	山西经济出版社	2011
538	人体防辐射知识读本	张为忠	青岛出版社	2011
539	中国辐射水平	潘自强，等	原子能出版社	2011
540	关于核辐射不可不知的几件事	邹士亚，王善强，艾宪芸	国防工业出版社	2011
541	走近核电	中原	原子能出版社	2011

续表

序号	书名	作者（译者）	出版机构	出版时间/年
542	工业电离辐射防护与安全	肖铮	兰州大学出版社	2011
543	医用电离辐射防护与安全	肖铮	兰州大学出版社	2011
544	中国研发“两弹一星”的文化透视	孙丽	经济科学出版社	2011
545	两弹元勋邓稼先	周禹彤	吉林人民出版社	2011
546	原子弹日记	李旭阁	解放军文艺出版社	2011
547	为蘑菇云升起而奋斗的钱三强	陈洪声	吉林人民出版社	2011
548	核辐射·地震·海啸120问	本书编写组	上海科技教育出版社	2011
549	核电厂科普知识	中国核工业集团公司	中国原子能出版社	2012
550	先进核电站辐射安全	华明川	中国原子能出版社	2012
551	两刃利剑——原子能研究的故事	管成学	吉林科学技术出版社	2012
552	人类对核能的开发与利用	曾智慧	光明日报出版社	2012
553	又爱又恨是核能	李莉，韩玮玮，杜新贞	甘肃科学技术出版社	2012
554	认识我们身边的核能	刘艳	延边大学出版社	2012
555	悬挂在人类头上的达摩克利斯之剑——核危机回忆录	刘金川	哈尔滨出版社	2012
556	话说核电——阿核的博客	中国核能行业协会，中国电力投资集团公司	科学普及出版社	2012
557	威力无比的核能	雅风斋	金盾出版社	2012
558	大有作为的核能科技	谢宇，李翠	河北少年儿童出版社	2012

续表

序号	书名	作者（译者）	出版机构	出版时间/年
559	核能——威力惊人的能量	李英丽	安徽科学技术出版社	2012
560	威力无比的核弹	桑中林，路自平	河北科学技术出版社	2012
561	强大的核能	刘波	光明日报出版社	2012
562	未来科学家科学的天梯：原子能与人类生活	廖胜根	现代出版社	2012
563	令我好奇的原子能	〔韩〕李银哲，洪元杓（陈琳）	化学工业出版社	2013
564	钱三强与中国原子能事业	中国原子能科学研究院	中国原子能出版社	2013
565	为什么要发展核电	中国核科技信息与经济研究院，中国核能电力股份有限公司，秦山核电基地	中国原子能出版社	2013
566	核武器科学与工程	经福谦，陈俊祥，华欣生	贵州人民出版社	2013
567	话说核电	中国核能行业协会中国电力投资集团公司	科学普及出版社	2013
568	安全监管保护你我他	郭秋菊，郑平辉，张瀛编；孟祥霞插图	科学出版社	2013
569	惊天能量：可怕的蘑菇云	姜忠喆	成都时代出版社	2013
570	科学魅力——核能科技	黄勇	兵器工业出版社	2013
571	绿色的核能科技	何一涛	甘肃科学技术出版社	2013
572	21世纪的核能（第3版）	〔英〕伊恩·霍尔-拉齐（I. Horn-Lacy）	清华大学出版社	2013
573	一枝独秀的核能	楼仁兴，李方正	吉林出版集团有限责任公司	2013
574	核电造福你我他	郭璐，曹亚丽，戴文博编；黄雷蕾插图	科学出版社	2013
575	核技术服务你我他	郭璐，李炜炜，莫冰冰编；郭建东插图	科学出版社	2013

续表

序号	书名	作者（译者）	出版机构	出版时间/年
576	中国原子能之父钱三强	张泉	福建教育出版社	2014
577	核与辐射安全科普知识宣传手册	环境保护部核与辐射安全中心	人民交通出版社	2014
578	走进核电站	大鹏新区华侨中学，大亚湾核电运营管理有限责任公司	南方出版社	2014
579	核电公众安全读本	浙江省核学会	科学技术文献出版社	2014
580	核电 雾霾 你：从福岛核事故细说能源、环保与工业安全	郭位	北京大学出版社	2014
581	图说原子能的开发	王博	吉林出版集团有限责任公司	2014
582	大开眼界之新科技：强大的核能（漫画版）	书香文雅	天津古籍出版社	2014
583	威力无比的核能	袁飞	甘肃科学技术出版社	2014
584	喜忧参半的核能科技	林新杰	测绘出版社	2014
585	核技术利用	环境保护部核与辐射安全中心	中国原子能出版社	2015
586	核燃料循环	环境保护部核与辐射安全中心	中国原子能出版社	2015
587	核与辐射应急	环境保护部核与辐射安全中心	中国原子能出版社	2015
588	核燃料循环辐射环境影响和管理	环境保护部核与辐射安全中心	中国原子能出版社	2015
589	核与辐射安全监管	环境保护部核与辐射安全中心	中国原子能出版社	2015
590	核电	环境保护部核与辐射安全中心	中国原子能出版社	2015
591	电磁辐射	环境保护部核与辐射安全中心	中国原子能出版社	2015

续表

序号	书名	作者（译者）	出版机构	出版时间/年
592	辐射防护	环境保护部核与辐射安全中心	中国原子能出版社	2015
593	核能	环境保护部核与辐射安全中心	中国原子能出版社	2015
594	叱咤风云——核武器的历史	刘丙海	金盾出版社	2015
595	军事科技史话——导弹与核武器	李俊亭	科学普及出版社	2015
596	新型交叉学科：核考古	冯向前，闫灵通，李丽	科学普及出版社	2015
597	一瓣太阳——可控核聚变的寻梦之旅	〔英〕丹尼尔·克利里（Daniel Clery）（石云里）	上海教育出版社	2015
598	福岛核事故真相	〔日〕门田隆（沈长清，金建华）	上海人民出版社	2015
599	核我约会吧	中国核能电力股份有限公司	中国原子能出版社	2015
600	书写辉煌——泰山核电基地开工建设30周年口述实录	李大宽	中国原子能出版社	2015
601	核安全立法知识读本	核安全立法知识读本编委会	人民交通出版社股份有限公司	2015
602	核与辐射安全	潘自强	中国环境出版社	2015
603	走近核科学技术（第2版）	罗上庚	中国原子能出版社	2015
604	可怕的核能、核电和核爆炸	齐浩然	金盾出版社	2015
605	“核”我探秘——我们身边的核科学技术	中国核学会	原子能出版社	2015
606	未来能源的主导——核能	杜伟娜	北京工业大学出版社	2015
607	绚丽核创新——从奥本海默到AP1000	韩旭	哈尔滨工程大学出版社	2015
608	我们的地球——核能	〔英〕萨拉·莱维特（王爱，侯晓希）	科学普及出版社	2015

续表

序号	书名	作者（译者）	出版机构	出版时间/年
609	可控核聚变——人造小太阳的梦想	钟云霄	河北科学技术出版社	2015
610	核科学技术的历史、发展与未来	吴明红，王传珊	科学出版社	2015
611	原子能之父——爱因斯坦	吴定初，黄萍	巴蜀书社	2015
612	王淦昌传	郭兆甄	中国青年出版社	2015
613	巨鲨猎洋——核潜艇	杨连新	未来出版社	2016
614	大国重器——核武器	刘进军	未来出版社	2016
615	寻找给地球降温的答案——发展小型核电	〔美〕里斯·帕利（R. Palley）（蔡德宇，陈益彰，陈宏敏）	机械工业出版社	2016
616	百问核电	中国电力发展促进会核能分会	中国电力出版社	2016
617	探索核电的奥秘	方红君	湖南人民出版社	2016
618	AP1000及核电科普知识读本	中核集团三门核电有限公司	中国原子能出版社	2016
619	放射性秘史：从新发现到新科学	玛乔丽·C·马利（乔从丰，汤亮，陈日德，等）	上海科技教育出版社	2016
620	“核”你一起医学揭秘	李亚明，安锐，陈萍	科学出版社	2017
621	核与辐射安全公民读本	环境保护部宣传教育中心	科学普及出版社	2017
622	走近神秘的核医学“核”协诊疗	上海市医学会、上海市医学会核医学专科分会组	上海科学技术出版社	2017
623	可燃冰与核聚变	张国生，曾思良	科学普及出版社	2017
624	细推物理须行乐——核物理学家朱光亚的故事	朱明远	科学普及出版社	2017
625	徐主任讲核电	徐浏华	中国原子能出版社	2017
626	原子能的世界	日本原子力教育研讨会（长春金伦翻译有限公司译）	吉林出版集团股份有限公司	2017

续表

序号	书名	作者（译者）	出版机构	出版时间/年
627	原子能之父爱因斯坦	杨玲玲	辽海出版社	2017
628	发现神秘核能之旅	秋石	河北美术出版社	2017
629	法国核能概况与核燃料循环后段	杨长利	中国原子能出版社	2017
630	魅力核电 美丽田湾	江苏核电有限公司	中国原子能出版社	2017
631	中国核电科普手册	中国核能电力股份有限公司	中国原子能出版社	2017

附录二　期刊中的核科普文章[1]（1933~2017年）

序号	题名	作者	刊名	卷期：页码
1	原子的奇观	—	科学画报	1933年第1卷第10期
2	简易原子模型制作法	温步颐	科学世界	1933年第2卷第1期
3	原子世界：第一讲、物质与电	Haas, A.	科学世界	1933年第2卷第6期
4	原子世界（续）：第二讲、构成原子的砖石	Haas, A.	科学世界	1933年第2卷第7期
5	原子世界：第三讲、光量子	Haas, A.	科学世界	1933年第2卷第8期
6	原子世界（续）：第四讲、光谱与能阶	Haas, A.	科学世界	1933年第2卷第9期
7	原子世界（续）：第五讲、元素：元素的周期系统	Haas, A.	科学世界	1933年第2卷第10期
8	原子世界：第六讲、原子如一行星系统	Haas, A.	科学世界	1933年第2卷第11期
9	原子世界（续）：第七讲、分子	Haas, A.	科学世界	1933年第2卷第12期
10	新式原子击破机	—	科学画报	1934年第1卷第17期

[1] 这里的期刊主要指科普类的刊物，亦包括少数综合类的学术刊物。《科学画报》等民国科普期刊在标注作者信息时多数使用的是笔名或化名，对于此类文章本表不再单列作者姓名。

续表

序号	题名	作者	刊名	卷期：页码
11	镭的发明和放射的神奇	—	科学画报	1934年第1卷第24期
12	称原子重量的仪器	—	科学画报	1934年第2卷第6期
13	关于原子的新发现——生氢	—	科学画报	1934年第2卷第16期
14	击破原子的巨大金属蛋	—	科学画报	1934年第2卷第24期
15	原子构造及原子价	杨希曾	科学世界	1934年第3卷第1期
16	原子世界（续）：第八讲、放射性	Haas, A.	科学世界	1934年第3卷第1期
17	原子世界（续）：第九讲、元素的蜕变	Haas, A.	科学世界	1934年第3卷第2期
18	原子世界（续）：第十讲、原子的波动力学	Haas, A.	科学世界	1934年第3卷第3期
19	元素的放射性	吴景业	科学世界	1934年第3卷第4期
20	锻接新法：原子氢焰	康白鸾	科学画报	1935年第3卷第10期
21	击破原子的巨大金属蛋	—	科学画报	1935年第2卷第24期
22	关于原子的新发现：重氢	—	科学画报	1935年第2卷第16期
23	原子构造与元素之化学性	张玑	科学世界	1935年第4卷第2期
24	二十一岁少年推进原子的研究	—	科学画报	1936年第4卷第2期
25	双层的击破原子机	—	科学画报	1936年第4卷第6期
26	又是一个击破原子机	—	科学画报	1936年第4卷第9期
27	原子是什么	—	科学画报	1936年第3卷第11期
28	量原子力的仪器	—	科学画报	1936年第3卷第22期
29	原子击碎机制镭	—	科学画报	1936年第3卷第22期
30	二十五年来原子物理学之回顾	Rutherford, L.	科学世界	1936年第5卷第2、3期
31	略述原子构造学之发展	龚家虎	科学世界	1936年第5卷第10、11期
32	提取镭的代替品	—	科学画报	1937年第4卷第12期
33	粉碎的原子	周文	科学画报	1937年第4卷第19期
34	击碎原子用的巨大发电机	—	科学画报	1937年第5卷第2期
35	疗治癌肿与击碎原子的新射线	孙莲汀	科学画报	1937年第4卷第16期
36	原子击破机包藏巨大真空管	—	科学画报	1938年第5卷第14期

续表

序号	题名	作者	刊名	卷期：页码
37	分子的再分：原子	—	科学画报	1939年第5卷第21、22期
38	最简单终极的原子是什么	—	科学画报	1939年第5卷第23、24期
39	原子质点照相机	—	科学画报	1939年第6卷第3期
40	击破原子的新机	—	科学画报	1939年第6卷第5期
41	看穿原子的巨眼：分光镜	孙莲汀	科学画报	1940年第6卷第9期
42	分光镜：看穿原子的巨眼	孙莲汀	科学画报	1940年第6卷第10期
43	可代燃料的原子	—	科学画报	1940年第6卷第12期
44	一亿伏特的原子击碎机	—	科学画报	1940年第7卷第4期
45	重大摄谱仪称原子	—	科学画报	1940年第7卷第5期
46	原子浅释	—	科学杂志	1941年第2卷第1期
47	铀235的质变产生六种元素	—	科学画报	1941年第7卷第10期
48	以光速旋动电子的小型原子击破机	—	科学画报	1941年第7卷第11期
49	用14尺长试管分别原子	—	科学画报	1941年第8卷第2期
50	原子的新发现	—	科学杂志	1942年第3卷第3期
51	放射性	—	科学画报	1943年第9卷第9期
52	原子的裂解	—	科学画报	1943年第9卷第11期
53	十九世纪原子观念的分析	—	科学画报	1943年第9卷第12期
54	原子的化合物	—	科学画报	1943年第10卷第4期
55	用反原子解释天象	—	科学画报	1943年第10卷第5期
56	放射现象与原子理论	葛培根	科学世界	1943年第12卷第1期
57	电子对在原子间之移动学说	侯家骕	科学世界	1943年第12卷第1期
58	近代原子核物理学之进展	葛培根	科学世界	1943年第12卷第5期
59	原子排表法	—	科学画报	1944年第10卷第12期
60	瞭望台：原子弹之谜	—	世界知识	1945年第12卷第11期
61	原子弹与世界政治：原子弹的诞生	Jaffe, B.	世界知识	1945年第12卷第12期
62	原子弹与世界政治：怎样避免原子战	Russell, B.	世界知识	1945年第12卷第12期

续表

序号	题名	作者	刊名	卷期：页码
63	轰炸原子溯从头	—	科学画报	1945年第12卷第1期
64	原子的转变与铀的分裂	叶蕴理	科学画报	1945年第12卷第1-2期
65	轰炸原子溯从头	—	科学画报	1945年第12卷第1-2期
66	原子与星球之间	—	科学画报	1945年第12卷第2期
67	原子舞台上的新角色（上）	姚启钧	科学画报	1945年第12卷第2期
68	原子炸弹初试目睹记	—	科学画报	1945年第12卷第3期
69	原子炸弹造成的放射性物质	—	科学画报	1945年第12卷第3期
70	原子舞台上的新角色（下）	姚启钧	科学画报	1945年第12卷第3期
71	原子时代的海军	尼米资	世界知识	1946年第14卷第1期
72	原子炸弹放射的新发见	Digest, S.	科学大众	1946年第1卷第2期
73	原子舞台上的新角色（下）	姚启钧	科学画报	1946年第12卷第3期
74	原子炸弹造成的放射性物质	—	科学画报	1946年第12卷第3期
75	原子炸弹初试目睹记	—	科学画报	1946年第12卷第3期
76	宇宙射线和原子炸弹	—	科学画报	1946年第12卷第4期
77	原子炸弹研究之经过	曹梁厦	科学画报	1946年第12卷第4、6期
78	试验原子炸弹时的记录飞机	—	科学画报	1946年第12卷第8期
79	我国代表参观原子炸弹试验	—	科学画报	1946年第12卷第8期
80	能的新来源：原子	潘德孚，潘德济	科学画报	1946年第12卷第8期
81	原子梦与科学界应有的觉醒	陈岳生	科学画报	1946年第12卷第9期
82	德国的原子炸弹	—	科学画报	1946年第12卷第9期
83	能的新来源：原子（续完）	潘德孚，潘德济	科学画报	1946年第12卷第9期
84	打破原子近闻：新型超级X射线机	—	科学画报	1946年第12卷第9期
85	放射性“示踪剂”：从碲制碘	—	科学画报	1946年第12卷第10期
86	原子剿癌的捷音	—	科学画报	1946年第12卷第11期

续表

序号	题名	作者	刊名	卷期：页码
87	原子能的世纪	—	科学时代	1946年第1卷第1期
88	第一颗原子炸弹被试验的时候	Taylor, G.	科学时代	1946年第1卷第1期
89	原子问题漫谈	—	科学时代	1946年第1卷第1期
90	原子弹改变了气候吗？	—	科学时代	1946年第1卷第10期
91	原子能的意义	—	化学世界	1946年第1卷第1期
92	漫谈原子能的应用问题：烧茶煮饭将来总可成为开门七件事中的家用要品	—	化学世界	1946年第1卷第2期
93	解放原子能的略史	梁厦	化学世界	1946年第1卷第8期
94	原子科学家的彷徨	苏儒	世界知识	1946年第13卷第8期
95	瞭望台：原子弹试验	—	世界知识	1946年第14卷第1期
96	世界点滴：瑞典将制造原子弹	高弼	世界知识	1946年第14卷第6期
97	原子能	李晓舫	科学月刊（成都）	1946年第1期（该刊无卷信息）
98	由原子能之应用论及爱因斯坦之质能转变式	李光涛	科学月刊（成都）	1946年第3期
99	继铀元素	惠群	化学世界	1946年第1卷第13期
100	原子弹的故事（一）	高弼	世界知识	1946年第14卷第9期
101	原子弹的故事（一续）	高弼	世界知识	1946年第14卷第10期
102	世界点滴：原子弹的数字	高弼	世界知识	1946年第14卷第10期
103	原子弹的故事（二续）	高弼	世界知识	1946年第14卷第11期
104	原子弹的故事（续完）	高弼	世界知识	1946年第14卷第12期
105	世界点滴：用原子能治病	—	世界知识	1946年第14卷第17期
106	苏联的原子城	—	世界知识	1946年第14卷第18期
107	原子怎样治病	徐名模	科学大众	1947年第1卷第4期
108	原子动力可能么	Murphree, E.V.	科学大众	1947年第1卷第4期
109	原子能常识：铀的裂变的完全方程式	薛苏	科学大众	1947年第2卷第6期
110	原子炸弹的故事（上）	—	科学大众	1947年第3卷第1期
111	原子炸弹的故事（下）	—	科学大众	1947年第3卷第2期

续表

序号	题名	作者	刊名	卷期：页码
112	原子分裂照片揭载	—	科学画报	1947年第13卷第1期
113	原子炸弹既长且重诺贝尔奖金得奖人揭晓	—	科学画报	1947年第13卷第1期
114	原子炸弹之理论及其制造	—	科学画报	1947年第13卷第1期
115	最新原子尺	—	科学画报	1947年第13卷第2期
116	研究原子	—	科学画报	1947年第13卷第2期
117	原子发电厂	—	科学画报	1947年第13卷第4期
118	原子炸弹一段秘史	—	科学画报	1947年第13卷第4期
119	原子和中子也自转的	—	科学画报	1947年第13卷第6期
120	原子时代诞生的素描	—	科学画报	1947年第13卷第6期
121	原子破坏机	—	科学画报	1947年第13卷第6期
122	原子时代的地下城市	—	科学画报	1947年第13卷第3期
123	庞大的原子击破机	—	科学画报	1947年第13卷第3期
124	原子炸弹爆炸时发出的死线	—	科学画报	1947年第13卷第3期
125	原子战后为害虫世界	—	科学画报	1947年第13卷第3期
126	原子炸弹爆炸时发出的“死线”	—	科学画报	1947年第13卷第3期
127	发现新爆炸原子	—	科学画报	1947年第13卷第5期
128	比原子炸弹更凶猛的死光炮	—	科学画报	1947年第13卷第7期
129	原子弹的杀人秘密	—	化学世界	1947年第2卷第12期
130	原子燃料	—	科学画报	1947年第13卷第12期
131	认识原子战：（1）原子弹的实际威力到底如何？	科学时代资料室	科学时代	1947年第2卷第3期
132	认识原子战：（2）原子弹的秘密何在？	科学时代资料室	科学时代	1947年第2卷第3期
133	认识原子战：（3）原子弹出世后会从此结束人类间的战争吗？	科学时代资料室	科学时代	1947年第2卷第3期
134	认识原子战：（4）从一年来的新闻报导看各国秘密研究原子武器的活动和心理	科学时代资料室	科学时代	1947年第2卷第3期

续表

序号	题名	作者	刊名	卷期：页码
135	认识原子战：（5）原子武器对于军事地位和战略观念有何影响？	科学时代资料室	科学时代	1947年第2卷第3期
136	认识原子战：（6）原子弹是世界和平的决定因素吗？	科学时代资料室	科学时代	1947年第2卷第3期
137	化学能与原子能：生产的原理与量的对比	—	科学时代	1947年第2卷第6期
138	原子弹对于人体的创作	—	科学时代	1947年第2卷第7、8期
139	原子能发电	—	科学世界	1947年第16卷第4期
140	我国应从速建立原子核研究室	吴有训	科学世界	1947年第16卷第8、9期
141	原子核物理发展年表	李国鼎，姚国珣	科学世界	1947年第16卷第8、9期
142	各种基子之发现及其性能	王淦昌	科学世界	1947年第16卷第8、9期
143	研究原子核之工具	施士元	科学世界	1947年第16卷第8、9期
144	天然和人造放射性物质的发现及提炼	卢嘉锡，朱沅	科学世界	1947年第16卷第8、9期
145	从铀之分裂谈到原子弹	卢鹤绂	科学世界	1947年第16卷第8、9期
146	原子能发展的将来	钱宝钧	科学世界	1947年第16卷第8、9期
147	放射性物质对于生物之影响及其用途	蓝天鹤	科学世界	1947年第16卷第8、9期
148	放射性元素与新陈代谢的研究	沈昭文	科学世界	1947年第16卷第8、9期
149	宇宙线现象	周长宁	科学世界	1947年第16卷第8、9期
150	铀的化学	裘家奎	科学世界	1947年第16卷第8、9期

续表

序号	题名	作者	刊名	卷期：页码
151	超铀元素之化学	余柏年	科学世界	1947年第16卷第8、9期
152	铀矿地质及世界铀矿	彭琪瑞	科学世界	1947年第16卷第8、9期
153	世界研究原子核物理地方介绍	李国鼎，吴乾章	科学世界	1947年第16卷第8、9期
154	原子能和平用途之新发展	本刊编辑室	科学世界	1947年第16卷第10期
155	原子能丛谈：新原子核分列现象	本刊编辑室	科学世界	1947年第16卷第10期
156	原子弹与天气	卢温甫	科学世界	1947年第16卷第11期
157	美国和平时原子能研究简况	—	科学世界	1947年第16卷第11期
158	原子能丛谈	—	科学世界	1947年第16卷第12期
159	原子能丛谈：放射性同位素的供给	本刊编辑室	科学世界	1947年第16卷第12期
160	太阳的生命：原子能和星体的演进（附图）	Gomaw, G.	科学时代	1947年第2卷第1期
161	太阳的生命：原子能和星体的演进（续）	Gomaw, G.	科学时代	1947年第2卷第2期
162	太阳的生命：原子能和星体的演进（续）	Gomaw, G.	科学时代	1947年第2卷第3期
163	太阳的生命：原子能和星体的演进（续）	Gomaw, G.	科学时代	1947年第2卷第4期
164	太阳的生命：原子能和星体的演进（续）	Gomaw, G.	科学时代	1947年第2卷第5期
165	太阳的生命：原子能和星体的演进（续）	Gomaw, G.	科学时代	1947年第2卷第9、10期
166	原子冲击器（上）（即使原子质点加速的各种技术）	汤文及	科学月刊（成都）	1947年第6期

续表

序号	题名	作者	刊名	卷期：页码
167	原子冲击器（下）	汤文及	科学月刊（成都）	1947年第7期
168	英设计庞大火箭赴月球探险 、原子弹之真面目	—	科学月刊（成都）	1947年第8期
169	漫谈原子核	汤文及	科学月刊（成都）	1947年第13期
170	原子弹的秘密和苏联是否已有原子弹	张民石	科学月刊（成都）	1947年第15期
171	太阳的生命：原子能和星体演变（续）	Gomaw, G.	科学时代	1948年第3卷第1期
172	太阳的生命：原子能和星体演变（续）	Gomaw, G.	科学时代	1948年第3卷第2期
173	太阳的生命：原子能和星体演变（续）	Gomaw, G.	科学时代	1948年第3卷第3期
174	科学工作者对于原子能的态度	钱伟长	科学时代	1948年第3卷第3期
175	太阳的生命：原子能和星体演变（续）	Gomaw, G.	科学时代	1948年第3卷第4期
176	太阳的生命：原子能和星体演变（续）	Gomaw, G.	科学时代	1948年第3卷第5期
177	太阳的生命：原子能和星体演变（续）	Gomaw, G.	科学时代	1948年第3卷第6期
178	太阳的生命：原子能和星体演变（续）	Gomaw, G.	科学时代	1948年第3卷第7期
179	原子放射测量新法	—	科学大众	1948年第4卷第3期
180	原子时代的新光辉	Armagnac, A.P.	科学大众	1948年第4卷第1期
181	原子击破器	—	科学大众	1948年第5卷第1期
182	原子的奇妙事实	—	科学大众	1948年第4卷第1期
183	原子炸弹史话	余范	科学大众	1948年第5卷第3期
184	现代的各种原子破坏机	—	科学画报	1948年第14卷第5期
185	原子的奇迹	—	科学画报	1948年第14卷第5期

续表

序号	题名	作者	刊名	卷期：页码
186	原子物理演进史搬上银幕了	—	科学画报	1948年第14卷第9期
187	漫游原子世界	—	科学画报	1948年第14卷第10期
188	原子能用于和平建设的开端	—	科学画报	1948年第14卷第10期
189	原子动力工程问题的讨论	—	科学世界	1948年第17卷第1、2期
190	原子时代之冶金研究	—	科学世界	1948年第17卷第2期
191	一年来各国研究原子能动态述要	—	科学世界	1948年第17卷第7期
192	碳原子的奇妙结构：爱克司光照出	朱鸳福	化学世界	1948年第3卷第4期
193	原子能的万能用途：它可以杀害人类，也可以造福人类	—	世界知识	1948年第17卷第9期
194	什么是“原子堆”	—	世界知识	1948年第17卷第12期
195	他们在玩原子火	詹森	世界知识	1948年第17卷第14期
196	纳粹为何造不出原子弹	Haldane, J. B. S.	世界知识	1948年第18卷第5期
197	瞭望台：原子外子与国际危机	—	世界知识	1948年第18卷第13期
198	回顾原子展望核能	刘民治	科学月刊（成都）	1948年第17期
199	原子能底前途	瞿友仃	科学月刊（成都）	1948年第19期
200	原子能治癌的进展	伊利斯	科学月刊（成都）	1948年第23期
201	太阳的生命：原子能和星体演变（续）	Gomaw, G.	科学时代	1949年第4卷第1期
202	太阳的生命：原子能和星体演变（续）	Gomaw, G.	科学时代	1949年第4卷第2期
203	太阳的生命：原子能和星体演变（续）	Gomaw, G.	科学时代	1949年第4卷第3期
204	太阳的生命：原子能和星体演变（续）	Gomaw, G.	科学时代	1949年第4卷第4期
205	原子堆特辑：和平原子堆诞生	—	科学时代	1949年第4卷第2期

续表

序号	题名	作者	刊名	卷期：页码
206	原子堆特辑：和平原子堆的褓姆：若里郁教授	—	科学时代	1949年第4卷第2期
207	原子堆特辑：原子堆为什么不爆炸	Campbeell, J.	科学时代	1949年第4卷第2期
208	英国的原子能研究中心	—	科学月刊（成都）	1949年第29期
209	原子时代开始的信号	—	科学画报	1949年第15卷第12期
210	论原子弹和联合国机构	Blackett, P. M. S.	世界知识	1949年第19卷第4期
211	放射性元素在红血球研究上之应用	邹焕文	科学世界	1950年第19卷第1期
212	原子弹伤害的症状	卢侃	科学世界	1950年第19卷第1期
213	原子战声浪的共鸣和反响	李四光	科学通报	1950(08):515-518
214	铀矿——原子能的源泉	何锡麟	科学大众	1950(11):156-158
215	原子的观念与原子的构造	曾昭抡	科学大众	1950(11):161-164
216	美国的原子歇斯底里症	李亚	世界知识	1950(22):7-8
217	斯大林关于原子武器谈话的伟大意义	—	世界知识	1951(39):2
218	一笔原子账——美国对加拿大铀矿的掠夺	狄逊·加脱尔	世界知识	1951(43):10
219	原子能的产生	金星南	物理通报	1952(01):8-10
220	为和平目的而使用的原子能	塞列根	科学大众	1953(07):261-262
221	要使原子能为和平服务	潘际垧	世界知识	1954(02):12-13
222	苏联原子能电力站建成的伟大意义	王淦昌	科学通报	1954(08):4-5
223	苏联第一个原子能工业电力站开始发电	—	科学大众	1954(07):242
224	原子能的和平应用	E.特雷霍夫	科学大众	1954(09):344-345
225	苏联应用原子能于和平事业粉碎了美国的原子讹诈政策	梅汝璈	世界知识	1954(14):10-12
226	美国进行大规模毁灭性武器的试验场 马绍尔群岛	谷风	世界知识	1954(24):21-22

续表

序号	题名	作者	刊名	卷期：页码
227	原子能通俗图解	何寄梅	科学大众	1955(03):101-104
228	原子能的和平利用与化学	郭挺章	化学通报	1955(04):193-200
229	原子能的基本原理与和平用途	周培源	世界知识	1955(05):9-12
230	预防原子弹的“妙法”！	士芳	世界知识	1955(10):33
231	苏联在和平利用原子能方面的成就	王淦昌	世界知识	1955(20):9-10
232	原子能在医学上的贡献	A. 巴格达萨罗夫，冯罗	生物学通报	1955(10):39-40
233	和平利用原子能的现状与前景	丹·诺·普里特	世界知识	1955(17):5-6
234	原子能在食品工业方面的应用	—	生物学通报	1955(05):37
235	原子能在化学工业方面的应用	王箴	化学世界	1955(05):194-198
236	新的动力源泉——原子能	黄昆	物理通报	1955(03):150-153
237	在“原子能电力站”	王稻	科学大众	1955(03):83
238	原子核的分裂	—	科学大众	1955(03):1，87
239	在北极的冰下（原子能的和平应用之一）	坡克罗夫斯基，鸿影	科学大众	1955(12):477-479
240	原子能的基本原理与和平用途	周培源	世界知识	1955(05):9-12
241	原子能在昆虫学研究中的应用	张宗炳	昆虫知识	1956(06):247-255
242	天然放射性原子核——纪念天然放射性发现六十周年	梅镇岳	物理通报	1956(11):653-659
243	利用原子能为人类谋福利	哥里柯夫，契连柯夫	科学大众	1956(06):244-245
244	介绍苏联和平利用原子能科学技术展览会	杨澄中	物理通报	1956(08):500-502，509，517
245	从原子时代的大门往里看	潘际坰	世界知识	1956(13):10-12

续表

序号	题名	作者	刊名	卷期：页码
246	原子破冰船	—	世界知识	1956(11):29
247	弗·约里奥—居里在和平利用原子能方面的贡献	金星南	物理通报	1956(05):266-270
248	原子能与冶金工业	A.M.萨马林	科学通报	1956(02):85-88
249	苏联和平利用原子能科学技术展览会　和平利用原子能的光辉榜样	—	科学大众	1956(07):289
250	原子能发动机	何寄梅，张甦	科学大众	1956(07):306-310
251	原子能和冶金工业	何寄梅	科学大众	1956(07):310
252	把原子能应用于牲畜饲养业	—	科学大众	1956(09):416
253	原子能工业	金星南	科学大众	1957(03):103
254	原子动力的今天和明天	关大经	科学大众	1957(12):570,571
255	原子能应用于石油地质勘探——放射性测井	蒋学明	地球物理学报	1958(01):70-73
256	苏联的原子动力	阿纳尼耶夫	科学通报	1958(16):494-498
257	原子能和它的和平利用	许国保	物理教学	1958(02):1-3
258	我国原子能的和平利用正在大踏步迈进	钱三强	科学通报	1959(19):627-629
259	放射性同位素在养蚕业上的应用	邹伟民	蚕桑通报	1959(04):18-19
260	原子能为人类福利服务	Л.布尔尼雅舍夫	世界知识	1959(13):25-26
261	原子巨人开始征服北冰洋——谈列宁号“原子能破冰船”	郭以实	世界知识	1959(11):27-28
262	原子能时代的人类的未来	H.H.谢苗诺夫	科学通报	1959(01):20
263	苏联的无私援助和我国原子能科学技术的发展	彭桓武	科学通报	1960(03):65-66

续表

序号	题名	作者	刊名	卷期：页码
264	辐射化学今貌	张曼维	科学通报	1962(02):14-24
265	加强国防力量的重大成就保卫世界和平的重大贡献我国第一颗原子弹爆炸成功	—	科学大众	1964(11):401-402
266	原子能发电（原子核反应堆）浅说（连载）	施子京	电力技术通讯	1975(10):65-70
267	原子能发电（原子核反应堆）浅说（续一）	施子京	电力技术通讯	1975(11):60-64
268	原子能发电（原子核反应堆）浅说（续二）	施子京	电力技术通讯	1975(12):55-62
269	原子能发电（原子核反应堆）浅说（续三）	施子京	电力技术通讯	1976(01):68-74
270	原子能发电（原子核反应堆）浅说（续四）	施子京	电力技术通讯	1976(02):62-69
271	原子能发电（原子核反应堆）浅说（续完）	施子京	电力技术通讯	1976(03):59-66
272	法国核能工业的发展	胡杰	世界知识	1979(04):23,25
273	美国三里岛的核风波	王殿宸	世界知识	1979(10):30-31,19
274	几乎把宾夕法尼亚州送掉的一星期——三里岛核电厂事故经过	Lee Torrey	世界科学译刊	1979(09):38-42
275	三千亿千瓦	J.Emmett	世界科学译刊	1979(10):34-36
276	原子能动力的生态学问题	H.C. Бабаев，等	世界科学译刊	1979(10):37-42
277	新升起的一颗能源明星——世界核电能的现状、问题和前景	任正德	世界知识	1980(12):28-29
278	辐射化学的应用进展	马瑞德，潘治平	化学世界	1980(08):251,252
279	核电是安全能源	志宏	世界知识	1980(12):29

续表

序号	题名	作者	刊名	卷期：页码
280	阿根廷是怎样独立发展核能的？	章叶	世界知识	1980(18):26-27
281	太阳能的研究和利用	P. Sabady	世界科学译刊	1980(02):33-34
282	核线——世界的选择	刘群贤	世界知识	1981(01):26-27
283	非洲有多少铀	王连志	世界知识	1981(01):31
284	关于世界核发电量	笑寒	世界知识	1981(01):32
285	澳大利亚的铀矿	持平	世界知识	1981(07):28
286	清除三里岛核废物	永光	世界知识	1981(19):25
287	西德能源设施观感	宋明江	世界知识	1981(24):22-23
288	核能：是必需，岂仅是选择 记者唐·珂克对薛格华特·爱克仑特博士的采访记	黄明晖	世界科学	1981(07):31-33
289	世界核能现状和发展趋势	朱维和	大自然探索	1982(02):179
290	以色列原子弹的秘密	雁文	世界知识	1982(12):23
291	核能的挑战	Austin W. Betts	世界科学	1982(03):11-15
292	加蓬铀都与“奥克洛现象”	郑其行，黄舍骄	世界知识	1983(02):10-11
293	核垃圾的威胁	段乔	世界知识	1983(03):31
294	再谈“奥克洛现象”	肖卿	世界知识	1983(22):23
295	核能——世界能源中的重要成分	Vladimir Baum，春江	世界科学	1984(10):43-44
296	欧美主要国家原子能发电的现状	金木雄司，黄首一	世界科学	1984(12):34-36
297	漫谈民用核工业	高立	世界知识	1985(10):20-21
298	世界能源发展动向及其对我国的影响	钱今昔	世界科学	1985(04):57-58
299	原子弹是怎样产生的？	陈恒六	大自然探索	1986(01):169-176

续表

序号	题名	作者	刊名	卷期：页码
300	一类新的天然放射现象	钱树高	大自然探索	1986(02):148
301	美国的核力量	杨超英	世界知识	1986(04):28-29
302	谈谈核能利用的安全问题	任晋	世界知识	1986(11):27
303	从切尔诺贝利事件谈起——访核工业部安全防护卫生局副局长潘自强	董建平	世界知识	1986(12):12-13
304	我国核工业的回顾与展望	蒋心雄	中国科技论坛	1986(03):4-6
305	今日核能（一）——核能的自述	孔献之	今日科技	1986(11):33-34
306	今日核能（二）——“两弹”简介	孔献之	今日科技	1986(12):30-31
307	切尔诺贝利的冲击波	李月英	世界知识	1986(13):28
308	核能源与核安全	米尔顿·S.普利斯特，蔡德诚	科技导报	1986(04):35-36
309	台湾的核电事业	董树善	科技导报	1986(04):46-48
310	今日核能（三）——核潜艇之“谜”	孔献之	今日科技	1987(01):38-39
311	今日核能（四）——也谈核电站	孔献之	今日科技	1987(02):37-38
312	法国格拉弗林核电站	吕全成	世界知识	1987(15):27，34
313	切尔诺贝利：核电工业的前景	哈罗德·M.埃格纽，托马斯·A.约翰斯顿，肖庆山	科技导报	1987(04):56-57
314	世界核电开发的概况	板仓哲郎，清水胜利；穆能伶编译	世界科学	1987(06):47-50

续表

序号	题名	作者	刊名	卷期：页码
315	有关切尔诺贝利核电站事故的报告	王乃粒，朱长超	世界科学	1987(04):39-43
316	美国三里岛核电站事故后的进展——善后处理的纠葛和收获	Susan Q. Stranahan；赵忠孝编译	世界科学	1987(04):44-46
317	切尔诺贝利核电站事故及其后果	朱维和	大自然探索	1988(01):48
318	中国应否发展核电	刘万程	科技导报	1988(02):27，42-45
319	切尔诺贝利——一年之后	迈克·爱德华兹；金微编译	世界科学	1988(04):30-32
320	切尔诺贝利核电站事故后的世界核电	板仓哲郎，清水胜利；穆能伶，甄立平编译	世界科学	1988(04):34-37
321	能源发展与环境污染	Yu. A. Izrael；彭树威编译	世界科学	1988(09):26，46-47
322	切尔诺贝利核电站的教训和结论	孙荣科	科技导报	1989(04):63
323	核能振兴有望	朱泽民	世界科学	1989(10):21
324	核能前景光明	强玉才	世界知识	1990(12):28-29
325	我国东部各省发展核电的必要性和可能性	张祖还	科技导报	1990(03):16-18
326	美国可再生能源瞰视与展望	Nancy Radet；孙爱军编译	世界科学	1990(03):28-29
327	我国核电工业的希望——访上海核工程研究设计院副院长沈增耀	朱泽民	世界科学	1990(07):13-14

续表

序号	题名	作者	刊名	卷期：页码
328	21世纪的核能	W. M. Lomer；王乃粒编译	世界科学	1990(08):50-51
329	谈谈核经济学	何祚庥	世界科学	1990(10):33-34
330	世界核电站与核发电	卓然	世界知识	1991(12):29
331	发展中的核电	陈志新	世界环境	1991(04):51
332	我国核能的现状和前景	郭星渠	物理	1991(11):689-693
333	一部科技史的交响诗	罗箭	世界知识	1991(17):18
334	我们必须拥有核能吗？	Frederick Seitz；刘贵勤编译	世界科学	1991(07):44，56
335	日本核安全措施的现状	蓝彧祥	世界科学	1991(08):46-48
336	从月球开发热核燃料	A. Кульчинский；张敬贤编译	世界科学	1991(09):22,32-33
337	提早开发第二代核电站——快堆电站	王洲	科技导报	1992(07):39
338	我国重点发展的先进堆型——快中子增殖堆	王洲	科技导报	1992(09):47-48，52
339	西方的忧虑：原苏联、东欧的老式核电站	谢培智	世界知识	1992(16):14
340	快堆及其在我国核能发展中的地位	常甲辰	中国科学院院刊	1993(04):301-306
341	核能发电的优点	郭扬	世界环境	1993(02):28
342	南非如何制造核武器	贺文萍	世界知识	1993(09):31
343	可复用能源综述	John Twidell；王建华编译	世界科学	1993(05):43-44

续表

序号	题名	作者	刊名	卷期：页码
344	120亿美元的大买卖——美俄高浓缩铀交易	汪铮	世界知识	1994(04):5-6
345	实现我国核电发展良性循环的探讨——核电中长期发展规划的动态投入产出分析	章庆华，李林，莫雪峰，等	科技导报	1994(03):30,35-37
346	通向“第二个核时代”	君沛节	世界科学	1994(02):32-34
347	世界核能发展概况	耿战修	百科知识	1995(11):20
348	“原子弹之父”奥本海默	黄汉平	百科知识	1995(05):56-57
349	让核能热气球飘飞在木星上	刘本林	世界科学	1995(02):14-16
350	美国核能工业需要新燃料	张渔	世界科学	1995(12):24-25
351	核电可怕吗？	夏元复、周道其	科学大众	1996(01):14-16
352	加速器驱动的核电站	戴光曦	科技导报	1996(08):38-39,58
353	我国核电发展现状与展望	赵仁恺	大自然探索	1997(04):16-21
354	中国需要核电	于鸣	科学大众	1997(05):13-14
355	中国核电建设走向新世纪	于东生	百科知识	1997(07):11-13
356	吃“垃圾”吐“黄金”的快堆——裂变核能的未来	田雨	百科知识	1997(08):14
357	福祸是非再看核电	曾红鹰	百科知识	1997(09):34-35，43
358	砺剑之路（1）——中国战略导弹核武器之发展	张健志	科学中国人	1998(08):14-19
359	砺剑之路（2）——中国战略导弹核武器之发展	张健志	科学中国人	1998(09):18-24

续表

序号	题名	作者	刊名	卷期：页码
360	砺剑之路（三）——中国战略导弹核武器之发展	张健志	科学中国人	1998(10):42-45
361	砺剑之路（四）——中国战略导弹核武器之发展	张健志	科学中国人	1998(11):29-34
362	亚洲的三个核弹专家	余洋	世界知识	1998(17):13-15
363	低温核能供热用深水池供热堆	田嘉夫	科技导报	1998(11):55-57
364	打开潘多拉的魔盒——原子弹的诞生	晓军	百科知识	1999(10):19-21
365	我国第一颗原子弹爆炸那一天	姚明勤	世界知识	1999(18):33-35
366	台海危机与中国核武器计划	姚明勤	世界知识	1999(24):38-40
367	不必谈“核”色变	夏元复	科学大众：小诺贝尔	2000(03):4-6
368	秦山二期建设与核电可持续发展	叶奇蓁	中国核工业	2000(03):17-18
369	参观法国核电站的感悟	吴建民	世界知识	2000(15):38-39
370	永别了，核能？——德国要关闭核电站	骆荣辉	科技文萃	2001(02):19-21
371	《回望人类发明之路》连载之释放核能	张开逊	大自然探索	2014(3～5)
372	寻找更安全的核能源——外中子源驱动的次临界堆核能系统	宋文杰	百科知识	2001(07):16-17
373	统一思想，积极发展核电	刘长欣，王乃彦	科技导报	2001(08):6-8
374	大科学家　科坛失踪　核蘑菇云　华夏升空	沈菴	世界科学	2001(12):2-4
375	沦陷核冬天	赵校民	大自然探索	2002(01):34-35
376	掰开原子弹	廖健敏	科学大众	2002(09):39
377	飞出潘多拉魔盒的核弹	安欣	百科知识	2002(09):6-7

续表

序号	题名	作者	刊名	卷期：页码
378	关于核电安全的争议	傅凯思，赵莎	科技导报	2002(03):61-64
379	中国需要大规模发展核电	吴宗鑫，吕应运	科技导报	2002(07):26-28
380	核武器的错位发展	张沱生，楚树龙	世界知识	2003(22):18-19
381	核能与可持续发展	潘自强	科技导报	2003(07):9-13
382	爱因斯坦：祈求人类遗忘	姚明勤	世界知识	2005(09):62-63
383	伊朗的核步伐	吴成，李巨川	世界知识	2006(05):24-26
384	巴西也有核国梦	孙岩峰	世界知识	2006(15):40-41
385	加速发展核电——中国能源结构调整的必由之路——专访著名热力涡轮机和热能工程专家徐大懋院士	王景，范兴川	科学中国人	2006(03):54-57
386	建设资源节约型和环境友好型社会需大力发展核电——专访著名核能科技专家毛用泽院士	范兴川	科学中国人	2006(03):58-61
387	国际核能发展态势	周胜，王革华	科技导报	2006(06):15-17
388	云横九派长空的丹顶鹤——中国核能先驱卢鹤绂及其后代（上）	—	世界科学	2006(03):43-45
389	云横九派长空的丹顶鹤——中国核能先驱卢鹤绂及其后代（下）	—	世界科学	2006(04):47-48
390	壮志酬国梦 悠悠赤子情——专访中国科学院院士、核反应堆和核电专家欧阳予	张洁	科学中国人	2007(03):56-57
391	从核电科技的发展历程看当前我国核电发展的技术路径	赵仁恺	科技导报	2007(05):1

续表

序号	题名	作者	刊名	卷期：页码
392	核能发电是地球之友——用核能和风能取代燃煤发电是时候了！	王乃粒	世界科学	2007(10):2-3
393	核能新时代的愿景	王乃粒	世界科学	2007(11):6-7
394	核电产业的复兴	王乃粒	世界科学	2007(11):8-10
395	核能发展的黄金时代	王乃粒	世界科学	2007(11):10-13
396	解读核电站	王春永	科学大众	2008(03):41
397	把握核电可持续发展的几个重要问题	叶奇蓁	中国核电	2008(04):290-295
398	朝核危机：拐点在哪里	吴德烈	世界知识	2008(06):26-27
399	沧桑无数，荣光相随——江苏核电有限公司原总工程师马一教授访谈	刘之灵	科学中国人	2008(08):106-109
400	核电站到核扩散，咫尺之间	许辉	世界知识	2008(14):38-39
401	芬兰的核能开发与管理	方陵生	世界科学	2008(10):20-21
402	海湾国家未来的核计划	王润	世界科学	2008(11):14-15
403	如何置核能死地而后生	刘华林	世界科学	2008(12):13-14
404	民族核电三十年——中核集团自主创新发展之路	龚海莹	科学中国人	2009(01):16-23
405	推进核电产业自主化发展——专访叶奇蓁院士	李照煦，王丹	中国核电	2009(01):2-7
406	挺起中国核事业的“脊梁”——专访李冠兴院士	李照煦，卫广刚	中国核电	2009(03):194-199
407	展望第四代核能系统之一：超临界水冷堆——专访彭士禄院士	李照煦，卫广刚	中国核电	2009(04):290-291
408	关于中国核能发展战略的几点思考	叶奇蓁	中国核工业	2009(11):25-29
409	我们可以向德国学习什么？——德国能源政策的“特殊道路”及对中国的启示	朱崇开	科技导报	2009(05):107

续表

序号	题名	作者	刊名	卷期：页码
410	关于加快核电及其相关产业发展的建议	徐步进	科技导报	2009(24):18
411	核电复苏：从纸上谈兵到付诸行动	方陵生	世界科学	2009(01):40-42
412	我国核燃料循环前端产业的现状和展望	李冠兴	中国核电	2010(01):2-9
413	深化体制改革，加快核电自主化发展进程	王炳华	中国核电	2010(02):100-101
414	我国核电厂放射性废物管理进展及挑战	叶奇蓁，张志银	中国核电	2010(03):194-199
415	加强核电创新能力，注重核电人才培养——专访于俊崇院士	卫广刚，王丹	中国核电	2010(04):290-293
416	伊朗迈入核能时代意味着什么	王妍慧，郭晓兵	世界知识	2010(18):40-41
417	“自主与创新是核能可持续发展的关键词！”——记清华大学工程物理系王侃教授	王辉	科学中国人	2010(04):84-85
418	伊朗迈入核能时代意味着什么	王妍慧，郭晓兵	世界知识	2010(18):40-41
419	关于调整我国核电政策的建议	杨新兴	科技导报	2010(05):18
420	中国的核电发展	王芷	科技导报	2010(11):8
421	清洁发展机制和核电发展	佟庆	科技导报	2010(16):122
422	终身不用充电的微型核电池	张唯诚	百科知识	2011(04):27-28
423	放射化学在核能发展中的贡献——专访王方定院士	卫广刚，李照煦	中国核电	2011(01):2-5
424	发展核电是我国能源发展的长期重要战略——专访杜祥琬院士	卫广刚	中国核电	2011(02):98-99
425	调整能源结构，发展核能和可再生能源	徐匡迪，卫广刚	中国核电	2011(03):194
426	中国不可能放弃核电	张国宝	中国核电	2011(04):290-292

续表

序号	题名	作者	刊名	卷期：页码
427	核电站，路在何方？	—	百科知识	2011(08):1
428	再谈我国必须大幅度调整核政策必须重新评估和认真分析核能的发电成本和社会效益	何祚庥	科学中国人	2011(14):30-35
429	三论我国必须大幅度调整核政策——评《中国能源中长期（2030、2050）发展战略研究》“核能卷”中对我国铀资源的分析	何祚庥	科学中国人	2011(15):18-23
430	东京电力：山穷水尽死不得？	唐宁	世界知识	2011(08):31
431	全球核能何处去？	陈晓进	世界知识	2011(08):50-51
432	日本危机的九点启示	冯昭奎	世界知识	2011(08):30
433	世界十大核电国家及其风险评估	杨孝文	百科知识	2011(09):22-23
434	核电解读	方锦清	百科知识	2011(10):4-12
435	核安全：唯此为大	张琏瑰	世界知识	2011(10):26-28
436	核电发展和核安全	王乃彦	科学与社会	2011(04):32-36
437	从“福岛第一核电站事故”看我国核能利用的核安全	叶奇蓁	物理	2011(07):427-433
438	福岛核事故阴影下的美国核电	王妍慧，郭晓兵	世界知识	2011(11):32-33
439	德国弃核之路面临重重风险	陈晓进	世界知识	2011(12):13
440	保障安全的条件下有序发展核电	刘志远	科技导报	2011(09):8
441	福岛核事故会否“辐射”核工业？	李娜	科技导报	2011(09):9
442	展现世界对中国的期待	杨书卷	科技导报	2011(10):7
443	能源发电未来或呈多元格局	李娜	科技导报	2011(10):9
444	福岛事件或致全球核电重新洗牌	李娜	科技导报	2011(17):9

续表

序号	题名	作者	刊名	卷期：页码
445	从福岛核事故重温维纳的双刃剑论	刘燕影	世界科学	2011(04):1
446	无尽能源　绿色能源	沈菈	世界科学	2011(04):4-7
447	日本地震引发的核危机思考	方陵生	世界科学	2011(04):14-16
448	福岛核灾难的惨痛教训	吕吉尔	世界科学	2011(05):56-57
449	福岛核事故敲响了核电安全的警钟——WANO主席劳伦特·斯特赖克谈核电产业安全问题	方陵生	世界科学	2011(06):58-59
450	后福岛时期我国核电的发展	叶奇蓁	低碳世界	2012(01):14-15
451	发展快堆技术，保证核能可持续发展	徐銤	中国核电	2012(02):98-101
452	对我国核能发展战略的几点思考	杜祥琬	中国核电	2012(03):194-196
453	绿色核能未来之路	方锦清	百科知识	2012(09):7-9
454	放弃核电，构造战略优势——德国考察启示之二	张国有	科学中国人	2012(15):28-31
455	蓄能蓄电有利于可持续发展	曹楚生	科技导报	2012(11):3
456	对中国能源的基本认识	蔡睿贤	科技导报	2012(13):3
457	日本预演“无核时代”	杨书卷	科技导报	2012(14):7
458	中国核电装备的国产化	王远隆	科技导报	2012(20):65-70
459	促进反应堆研发，有序发展核电	刘志远	科技导报	2012(21):8
460	坚定地继续发展核电是解决我国能源可持续发展的重要途径	潘自强	科技导报	2012(31):3
461	中国核电谨慎重启	李娜	科技导报	2012(32):9
462	科学发展核能必须坚决贯彻“稳中求进”	何祚庥	科学中国人	2012(13):30-35
463	中国核电的安全与发展	叶奇蓁	中国核电	2013(01):2-3

续表

序号	题名	作者	刊名	卷期：页码
464	发挥学科优势，传承历史使命，培养和输送核专业高水平人才——专访清华大学党委副书记史宗恺	—	中国核电	2013(01):98-99
465	发展核电突破环境制约，助力“美丽中国”	叶奇蓁	中国核电	2013(04):290
466	“辐水”难收，日本政府为“核”所困	孟晓旭	世界知识	2013(18):28-29
467	核能利用新纪元——小型核电	陈钊	百科知识	2013(23):24-26
468	核安全监督管理工作的思考	陈迎锋，杨永新，王博	科技导报	2013(27):11
469	福岛：恐惧后遗症	张薇薇	世界科学	2013(03):54-57
470	伊核临时协议：只好让它模糊些	王震	世界知识	2014(01):18-20
471	回望人类发明之路连载之十九 释放核能（上）	张开逊	大自然探索	2014(03):72-77
472	回望人类发明之路连载之二十 释放核能（中）	张开逊	大自然探索	2014(04):62-67
473	回望人类发明之路连载之二十一 释放核能（下）	张开逊	大自然探索	2014(05):69-73
474	透视日本“核密室”三部曲	金嬴	世界知识	2014(05):24-27
475	中国核电站运行安全可靠	叶奇蓁	中国核电	2014(04):290-291
476	核能发展的历史观	杜祥琬	中国核电	2014(01):2-3
477	核电——现阶段最好的低碳能源	潘自强	中国核电	2014(03):194
478	核安全峰会：夯实全球机制	沈丁立	世界知识	2014(08):42-43
479	第一颗原子弹爆炸的那一天	姚明勤	世界知识	2014(20):24-27
480	核，来到中国50年	滕建群，伍钧，孙向丽，等	世界知识	2014(20):14-24

续表

序号	题名	作者	刊名	卷期：页码
481	福岛核事故后放射性废物的影响及处置对策	张琼，王博，王亮，等	科技导报	2014(33):79-86
482	法国启动“想象不可想象”	刘菊艳	世界科学	2014(04):23-24
483	美国批准的首个新核反应堆	刘晓霖，刘菊艳	世界科学	2014(04):25-26
484	驾驭“双面勇士”，抒写核能新篇	江丰	科学大众（中学生）	2015(03):7-9
485	未来三十年，再造一个新秦山——写在秦山核电建设三十周年之际	陈运，杨志平，刘永清，等	中国核工业	2015(05):29-35
486	我国核电仪控系统的自主化之路——专访叶奇蓁院士	王丹	中国核电	2015(01):2-4
487	核电发展势在必行，设备国产化和人才培养是基础——专访于俊崇院士	王丹，何芮	中国核电	2015(03):194-195
488	“华龙一号”，中国“智造”的三代核电技术——专访“华龙一号”总设计师邢继	王丹，白佳	中国核电	2016(01):2-4
489	美国为韩国核能发展松绑	沈丁立	世界知识	2015(11):42-43
490	低浓铀银行：IAEA防扩散的新尝试	蒋翊民	世界知识	2015(20):38-39
491	“核能复兴”拥有怎样的未来	冯文波，徐振宇	世界知识	2015(22):57-59
492	为什么要把原子弹投掷到日本？	王洪鹏，刘树勇	百科知识	2015(13):12-14
493	开启绿色核能发展之路——记中国科学院上海应用物理研究所研究员刘洪涛	陈璐	科学中国人	2015(18):49-51

续表

序号	题名	作者	刊名	卷期：页码
494	国有重器兹和平——胡思得院士与我国几代核科学家们的爱国主义情怀	马云生，杨东，吴明静	科学中国人	2015(16):36-41
495	核电厂放射性废物管理进展及挑战	赵亚珂	科学中国人	2015(32):128
496	神秘的曼哈顿工程	王洪鹏，刘树勇	百科知识	2015(13):7-11
497	非核非火的世界	郭位	科技导报	2015(07):1
498	从日印核能合作看日本核电出口迈出实质性步伐	金赢	世界知识	2016(01):28-30
499	“华龙一号”为何能在英国安家	姚明勤	世界知识	2016(01):62-63
500	创新是科技进步的动力之源——专访中核集团铀浓缩技术领域首席专家王黎明	—	中国核电	2016(02):98-101
501	快堆，高效利用铀资源，保障核燃料供应安全——专访我国快堆首席专家徐銤院士	王丹	中国核电	2016(04):294-297
502	国际核安保合作：防止核恐怖主义扩散的途径	张业亮	世界知识	2016(11):54-56
503	冉广和他的核能事业	范国轩	科学中国人	2016(6):66-67
504	探析核电工程施工质量监督	贺传森	科学中国人	2016(9Z):93
505	打造中国自主品牌核电站——“华龙一号”总设计师邢继	祝叶华	科技导报	2016(04):104-106
506	谈“核”不必色变	王丽娜	科技导报	2016(08):8
507	核能发展与安全	李冠兴	科技导报	2016(15):1
508	中国核能科技“三步走”发展战略的思考	苏罡	科技导报	2016(15):33-41

续表

序号	题名	作者	刊名	卷期：页码
509	中国核安全文化30年的培育和发展	扈黎光，张瀛，张玮，等	科技导报	2016(15):42-45
510	关于核安全全面保障的问题与思考	赵永康，韩丹岫	科技导报	2016(15):46-50
511	2014发生的泄漏事件让美国的核废料研究复苏	吴燕	世界科学	2016(02):49-50
512	危机五年后，住在福岛是否安全	袁宣民	世界科学	2016(05):44-45
513	美国核电工业正在加速衰落	张文韬	世界科学	2016(08):53
514	南非核电项目：在争议与博弈中探索	沈陈	世界知识	2017(03):50-51
515	提高安全风险认识，推动核电健康发展——专访环境保护部核电安全监管司司长汤搏	王丹，左浚茹	中国核电	2017(01):2-6
516	开发核聚变能，发展未来核电技术——专访核工业西南物理研究院院长刘永	宋翔宇	中国核电	2017(02):154-156
517	“和睦系统”：中国核电数字化仪控新名片——专访北京广利核系统工程有限公司总经理江国进	王丹，白佳	中国核电	2017(03):302-305
518	信息化背景下核电工程项目管理新模式探究	王希	科学中国人	2017(5X):88
519	加快核电发展，有效降低碳排放	徐銤	科技导报	2017(13):1
520	中国核安全立法的进展、问题和对策	胡帮达	科技导报	2017(13):57-60
521	中国核电发展技术路线	杨军	科技导报	2017(13):105
522	核能专家拉玛纳谈核电之现状与未来	方宇宁	世界科学	2017(02):46-48

附录三　《人民日报》刊载的核科普文章（1950~2017年）

序号	题名	作者	日期	版次
1	原子能的军事和政治	秦薇	1950年8月9日	第5版
2	关于原子弹的问答	温济泽	1950年11月5日	第5版
3	德田球一谈原子弹与原子能	郭思勤	1950年11月22日	第3版
4	关于原子能改造大自然问题	—	1952年9月13日	第2版
5	为国民经济服务的原子能	甫·米哈依洛夫，姆·姆克德契夫	1954年7月3日	第3版
6	原子能为人类服务——苏联“文学报”答读者问	阿吉罗维奇	1954年7月30日	第3版
7	在原子能问题上的两条路线	—	1955年1月19日	第1版
8	原子能必须为人类造福	钱三强	1955年1月22日	第4版
9	苏联代表斯科贝尔琴院士就和平利用原子能问题答记者问	—	1955年1月28日	第1版
10	世界第一座原子能发电站	—	1955年2月5日	第4版
11	大规模开展反对使用原子武器的签名运动	—	1955年2月13日	第1版
12	粉碎原子战争阴谋，扩展原子能和平使用	李四光	1955年2月17日	第2版
13	苏联科学家谈原子能和平用途方面的进展	—	1955年2月18日	第4版
14	三位原子核物理学家谈和平利用原子能和反对使用原子武器	柏生	1955年2月28日	第3版
15	我们一定要掌握原子能	钱伟长	1955年3月3日	第3版
16	一定要和平利用原子能	陈卓	1955年3月11日	第4版
17	在苏联和人民民主国家 苏联在医学上广泛应用原子能	—	1955年3月16日	第4版
18	介绍“原子能通俗讲话”	何浩荣	1955年3月20日	第3版
19	一九五四年苏联和平利用原子能的成就	亚·维·托普切夫	1955年4月7日	第3版

续表

序号	题名	作者	日期	版次
20	大力发展原子能的和平用途	—	1955年5月2日	第1版
21	苏联科学院植物生理学研究所所长谈利用原子能探索植物生长过程问题	—	1955年5月7日	第4版
22	苏联在工业生产中广泛利用原子能	—	1955年5月22日	第4版
23	捷克斯洛伐克和平利用原子能的成就	—	1955年5月24日	第4版
24	促进和平利用原子能的国际合作	—	1955年8月8日	第1版
25	苏联原子能发电站	李何	1955年8月19日	第4版
26	广泛发展和平利用原子能的国际合作	赵忠尧	1955年10月19日	第4版
27	苏联完成原子能破冰船技术设计	—	1956年2月14日	第4版
28	悼念杰出的科学家伊·约里奥-居里	王淦昌	1956年3月20日	第4版
29	走在最前面的苏联原子能研究	—	1956年5月12日	第4版
30	苏联和平利用原子能的辉煌成就	严济慈	1956年6月15日	第3版
31	和平利用原子能的光辉榜样	—	1956年6月17日	第1版
32	原子能为人类幸福服务——记苏联和平利用原子能科学技术展览会	蔡鉴远	1956年6月18日	第3版
33	在原子时代的门前	尤·安宁科夫	1956年6月18日	第4版
34	苏联和平利用原子能科学技术展览会	高粮、刘长忠	1956年6月24日	第6版
35	原子能时代的光辉——介绍影片“和平利用原子能”	王天一	1956年7月16日	第7版
36	苏联和平利用原子能科学技术展览会闭幕	—	1956年8月16日	第1版
37	原子能动力	吴仲华	1956年8月30日	第7版
38	“原子能的原理和应用”介绍	乐秀毓	1956年9月6日	第7版
39	目前原子能发电站的世界技术水平	孔赐安	1957年1月2日	第7版
40	访问卡尔德霍尔原子能发电站	苏蓝	1957年2月10日	第6版
41	产生原子能的新方法	黄祖生	1957年3月7日	第7版

续表

序号	题名	作者	日期	版次
42	原子时代新事物	—	1957年5月23日	第5版
43	社会主义各国和平利用原子能的情况	凌海	1957年12月4日	第5版
44	苏联将建造一批巨大原子能电站功率比现有的约大一百倍	—	1958年3月15日	第6版
45	原子反应堆是怎么回事	王虹	1958年9月28日	第2版
46	把红旗插上尖端技术的尖端——全国工业展览会原子能馆介绍	吕新初	1958年9月28日	第2版
47	原子堆生产33种放射性同位素	—	1958年10月22日	第1版
48	比属刚果的铀	—	1959年1月27日	第5版
49	无穷的动力资源——可控制的热核反应	苏理	1959年2月19日	第7版
50	苏联和平利用原子能展览会闭幕在上海展出两月观众达五十五万人	—	1959年2月19日	第4版
51	裂变和裂变产物的扩大利用	克理	1959年2月28日	第7版
52	苏联新型巨大原子能发电站加紧建造	—	1959年8月22日	第4版
53	我国原子能的和平利用正在大踏步迈进	钱三强	1959年10月11日	第7版
54	苏联和平利用原子能展览会在成都结束	—	1959年10月31日	第5版
55	什么是裂变物质?	—	1964年6月20日	第5版
56	原子能与原子反应堆	金林	1964年12月19日	第5版
57	在核能利用方面的反霸斗争日益开展	新华社记者	1978年4月1日	第6版
58	访法国比热伊核电站	—	1978年5月24日	第5版
59	原子能发电	于树	1978年9月24日	第6版
60	拉美第一座核电站	江瑞熙	1978年10月19日	第5版
61	美国核电站严重事故在国内引起强烈反响	—	1979年4月5日	第5版

续表

序号	题名	作者	日期	版次
62	美国核电站事故引起社会震动和不安	—	1979年4月23日	第5版
63	美国核电站事件在西欧引起强烈反应	—	1979年4月23日	第5版
64	著名核化工专家姜圣阶认为我国已具备发展核电站的基本条件	—	1980年2月25日	第1版
65	及早确定核能在我国能源中的地位	徐泽光	1980年6月14日	第4版
66	法国核电力不断发展	—	1980年8月12日	第6版
67	我国核能专家呼吁：尽快在缺能地区建立核电站	陈祖甲	1980年11月11日	第3版
68	缺能地区发展核电站很合算	许万金，罗安仁，张崇岩，李治宇，鲍云樵	1980年11月15日	第4版
69	核电站安全吗？	罗安仁	1981年2月8日	第2版
70	我国第一座大型高通量原子反应堆建成	杨福田	1981年2月10日	第1版
71	我国高通量原子反应堆参观记	陈祖甲	1981年2月10日	第3版
72	漫谈“寻铀热”	廖先旺	1981年2月18日	第7版
73	公园2000年的煤和核能——圣万桑能源学术讨论会旁听记	谭岱生	1981年2月18日	第7版
74	核能的重任	鲍云樵	1981年3月26日	第3版
75	早些订出核电站安全法规	罗安仁，张士贯	1981年4月28日	第3版
76	核垃圾何处葬身	咏砚	1981年9月22日	第3版
77	核能的和平利用——访南斯拉夫第一座核电站	黄炳均	1982年2月27日	第6版
78	建设核电站 开发新能源——中国核学会常务副理事长、核工业部科技委员会主任姜圣阶谈核电	魏亚南	1982年10月14日	第3版
79	成功的例证——访法国核电站和“空中公共汽车”公司	郑园园	1983年5月18日	第7版
80	谈谈核电站用过的燃料的后处理	姜圣阶，黄齐陶	1984年4月18日	第3版

续表

序号	题名	作者	日期	版次
81	李鹏在中国核学会第二次全国代表大会上说　我国同外国进行技术合作建立核电站　将成为实行对外开放政策的典型	胡孝汉	1984年4月18日	第3版
82	瑞典核工业参观纪实	刘绪民	1984年4月20日	第7版
83	格拉夫林核电站见闻	王兆义	1984年5月13日	第7版
84	核能供热	谭重安	1984年5月17日	第5版
85	莫把核电站当原子弹	任汉民，曲一日	1984年5月17日	第5版
86	一场虚惊之后——美国三里岛核电站事故队在修复中	徐扬群，李瑞芝	1984年5月17日	第5版
87	世界核电站发展现状	王维良	1984年5月17日	第5版
88	我国大型核电站开始起步——访广东核电站工地	刘燮阳，李文	1984年9月28日	第2版
89	在阿图恰核电站	朱满庭	1984年10月21日	第6版
90	浅谈“核废料”的处置与利用	滕藤，汪家鼎	1984年11月8日	第5版
91	不断发展的比利时核电站	姚立，于杭	1985年4月15日	第6版
92	我国要适当发展核电	—	1985年4月30日	第2版
93	美国核电工业巡礼	张允文，景宪法	1985年10月16日	第7版
94	我国建成核科技工业体系	—	1985年10月31日	第1版
95	欧美国家严重关注苏联核电站事故	—	1986年5月1日	第3版
96	戈尔巴乔夫首次谈苏联核电站事故	—	1986年5月16日	第7版
97	发展核电是必然趋势	江红	1986年5月23日	第7版
98	发展核电是对能源一种补充　必须做到安全第一质量第一	—	1986年6月22日	第1版
99	安全利用核能	木雅	1986年7月20日	第7版
100	核能——最有希望替代石油的能源	李长久	1986年8月28日	第6版
101	按科学办事核电站事故可以避免	吴士嘉	1986年8月29日	第7版

续表

序号	题名	作者	日期	版次
102	我国核电站安全已有稳固技术基础 核燃料循环和后处理研究水平先进	—	1986年9月2日	第3版
103	发展核电是解决我国东南缺能的出路	周平	1986年9月4日	第5版
104	水堆核电站的三道屏障	臧明昌	1986年9月4日	第5版
105	核电站与环境	薛大知	1986年9月4日	第5版
106	辐射对人类有没有危害？	吴德昌	1986年9月4日	第5版
107	许多核电站建在大城市附近	—	1986年9月4日	第5版
108	我国建成安全第一质量第一核电站	潘家珉	1986年9月4日	第3版
109	政府对大亚湾核电站决定不变	陈祖甲	1986年9月6日	第3版
110	兴建核电站开发新能源	孙东民	1986年9月6日	第7版
111	我国发展核电方针不会改变	陈秀菊	1986年9月24日	第1版
112	中国有步骤发展核电是必要的	—	1986年9月26日	第7版
113	石油资源储量有限 发展核能当务之急	—	1986年10月29日	第7版
114	核电继续成为经济发展重要能源 联大通过决议肯定和平利用核能	周慈朴	1986年11月13日	第6版
115	无可替代的能源战略抉择——西德核电事业巡礼之一	江建国	1986年11月25日	第6版
116	涓滴不漏的安全监督——西德核电事业巡礼之二	江建国	1986年11月26日	第6版
117	在比布利斯核电站——西德核电事业巡礼之三	江建国	1986年11月27日	第6版
118	经互会国家大力发展核能	—	1987年1月14日	第7版 国际
119	赤子拳拳谈核电——政协委员王洲的一点感想	王溪元	1987年3月31日	第3版 要闻・经济
120	美国的核电工业（上）	张允文，景宪法	1987年4月7日	第7版 国际
121	美国的核电工业（下）	张允文，景宪法	1987年4月8日	第7版 国际
122	超凤凰快堆核电站的钠泄漏及其影响	马为民	1987年4月23日	第7版 国际
123	塞纳河畔的核电站	张启华	1987年6月25日	第7版 国际

续表

序号	题名	作者	日期	版次
124	访匈牙利核电站	侯凤菁	1987年8月10日	第7版 国际
125	中国将继续发展核电	张何平，陈祖甲	1987年9月8日	第1版 要闻
126	许多国家和地区加紧兴建核电站	孙东民	1987年9月9日	第7版 国际
127	蒋心雄在太平洋沿岸地区核能会议上强调：我有步骤发展核电方针不会变	张何平，陈祖甲	1987年9月12日	第3版 科教·文化·体育
128	西欧“超凤凰”核电站初步查明液钠泄漏原因	沈孝泉	1987年9月15日	第7版 国际
129	世界核能工业又有新发展	李长久	1987年10月19日	第7版 国际
130	我国核工业基本实现调整方案 和平利用核能布局初步形成	陈祖甲	1988年2月27日	第1版 要闻
131	核电代替燃煤可减轻环境污染	—	1988年6月6日	第7版 国际
132	绿色土地上的希望——墨西哥绿湖核电站纪行	郭伟成	1989年2月15日	第7版 国际
133	核能——世界能源开发重点	张友新	1989年3月27日	第7版 国际专页
134	发展核电可减轻温室效应	—	1989年4月28日	第3版 国际新闻
135	核电的核电安全管理	顾耀铭	1989年7月17日	第7版 国际专页
136	秦山，核电之城	俞文明，张录	1989年9月9日	第4版 国庆专版
137	我国核能开发与利用将有重大发展	—	1990年1月14日	第8版 每周文摘
138	美国核电工业初现专辑	张亮	1990年2月10日	第7版 国际专页
139	核电是有生命力的能源	李鹰翔	1990年4月16日	第7版 国际专页
140	世界核电发展趋势	李鹰翔	1991年3月25日	第7版 国际
141	欧洲快堆计划新进展	丁毅	1991年7月25日	第7版 国际

续表

序号	题名	作者	日期	版次
142	我国首座乏燃料核反应堆建成	徐波	1991年8月8日	第1版 要闻
143	在这片国土上——来自大亚湾核电站常规岛安装现场的报告	邹大虎，贾建舟	1991年8月13日	第2版 经济
144	秦山：我国核电事业里程碑	卓培荣，蒋涵箴，卢鸣	1991年12月19日	第4版 要闻
145	我国发展核电有利于经济和环保	杨焕勤	1991年12月22日	第6版 国际
146	国之光荣——来自秦山核电站的报告	卓培荣，蒋涵箴	1991年12月25日	第3版 教育·科技·文化
147	秦山核电站安全万无一失	柯小波	1992年1月19日	第8版 每周文摘
148	钱三强与中国科学院——缅怀尊敬的钱三强同志	周光召	1992年7月11日	第3版 教育·科技·文化
149	“拂晓丸”运钚风波	张国成	1993年1月6日	第6版 国际
150	谈谈傻瓜式核电站	何祚庥	1993年11月16日	第11版 科技园地
151	核电：走出“瓶颈”的选择	陈祖甲，朱竞若	1993年12月9日	第1版 要闻
152	核电：安全、清洁、经济	新雨	1994年2月6日	第7版 国际
153	改革开放的丰硕成果——祝贺大亚湾核电站一号机组投入商业运行	—	1994年2月7日	第1版 要闻
154	安大略湖畔的明珠	邹德浩	1994年4月21日	第7版 国际
155	“隐姓埋名一辈子”——追记我国铀同位素分离事业理论奠基人王承书	黄雪梅，陈祖甲	1994年8月24日	第3版 教育·科技·文化
156	黛色波涛下的核“墓地”	刘志鸿	1994年11月19日	第7版 国际副刊
157	我国和平利用核技术造福社会	陈祖甲	1995年1月11日	第5版 教育·科技·文化
158	我国核电事业发展加快	费伟伟	1995年3月17日	第3版 经济

续表

序号	题名	作者	日期	版次
159	中国核电新蓝图	费伟伟	1995年4月1日	第10版 经济生活
160	核电：从秦山起步	肖佳	1995年7月31日	第11版 科技园地
161	核电站与火电厂	晴珊	1995年7月31日	第11版 科技园地
162	核电站会像原子弹那样爆炸吗？	吕新	1995年7月31日	第11版 科技园地
163	核电建设在亚洲	方人， 吴雪冰	1995年12月4日	第11版 科技园地
164	安全核能——大亚湾核电站透视	孔晓宁， 谢联辉	1996年2月24日	第2版 要闻
165	令人快慰的裂变——关于快堆的对话	甲辰	1996年3月13日	第10版 科技园地
166	核电新姿	李斌， 陈祖甲	1996年6月4日	第5版 教育·科技·文化
167	从秦山看中国核电	—	1997年2月12日	第5版 教育·科技·文化
168	为了“凤凰”高飞——中国核专家谈法国快堆电站	张友新， 王恬	1997年3月31日	第7版 国际
169	核电新技术：以钍代铀	支林飞	1997年6月24日	第7版 国际
170	核电站放射性废物可安全处置	孟范例	1998年6月10日	第5版 教育·科技·文化
171	我国制成高温气冷堆关键设备	陈祖甲， 王呈选	1998年11月10日	第5版 教育·科技·文化·体育
172	追逐地球上的“太阳”——核聚变研究状况及其新进展	王乃彦	1998年12月1日	第7版 国际

续表

序号	题名	作者	日期	版次
173	请历史记住他们——关于中国科学院与“两弹一星”的回忆	张劲夫	1999年5月6日	第1版 要闻
174	何谓贫铀弹	顾德伟	1999年6月29日	第6版 国际
175	岭澳核电站见闻	陈祖甲	2000年1月7日	第5版 教育·科技·文化
176	昔日悲怆金依旧——再访切尔诺贝利核电站	于宏建	2000年12月13日	第6版 国际
177	旧伤未愈添新通——再访切尔诺贝利核电站	于宏建	2000年12月15日	第6版 国际
178	小城忧患多——再访切尔诺贝利核电站	于宏建	2000年12月16日	第3版 国际
179	自主创新发展核电	南山	2001年1月9日	第10版 科技
180	漫谈贫铀弹	于川信，谢蒲	2001年1月17日	第3版 科技
181	走进核电站	贾西平	2001年3月21日	第6版 教育·科技·文化
182	适度发展核电是正确选择	蒋建科	2001年4月26日	第6版 教育·科技·文化·体育
183	肩负民族的希望——写在秦山核电站并网发电10周年之际	廖文根	2001年12月14日	第1版 要闻
184	一曲民族争气歌——秦山核电站建成发电十周年	李定凡	2001年12月15日	第7版 科技
185	推进核电国产化	南山	2001年12月15日	第7版 科技
186	富有远见的决策——忆秦山核电的起步	欧阳予	2001年12月15日	第7版 科技
187	认识核能	—	2001年12月15日	第7版 科技

续表

序号	题名	作者	日期	版次
188	核电自主看岭澳——写在岭澳核电站一号机组投入商业运行之际	朱竞若，陈家兴，胡谋，方曦	2002年7月3日	第1版 要闻
189	挺起民族产业的脊梁——中国核工业集团公司推进核电国产化纪实	谭进，张毅，贾西平	2002年8月5日	第1版 要闻
190	推进核电工程管理与国际接轨——我国首座商用重水堆核电站建设的实践与思考	黄雪	2003年2月11日	第15版 科教文专页
191	高起点新视野——记广东核电集团有限公司的发展之路	邝轩，杨义，陈陆军	2003年7月6日	第1版 要闻
192	我国核电发展成绩喜人	廖文根	2004年5月25日	第11版 教育·科技·卫生·环境
193	加快核电建设势在必行	本报评论员	2004年7月22日	第2版 国内要闻
194	核电：加快建设正当时	冉永平	2004年7月22日	第2版 国内要闻
195	我国将加快推进核电自主化建设 国务院批准建设岭澳核电站二期工程三门核电站一期工程	—	2004年7月23日	第1版 要闻
196	日本核电站事故的警示	曹鹏程	2004年8月11日	第7版 国际
197	我国核电站是安全的	廖文根	2004年8月12日	第2版 国内要闻
198	核能发展互换“公众沟通”	廖文根	2004年8月19日	第14版 科教周刊·科技视野
199	核电清洁又安全	蒋建科	2005年1月27日	第14版 科教周刊·科技视野
200	愿成为中国核电伙伴——访西屋电气公司副总裁李浦曼	孙天仁	2005年8月14日	第3版 国际

续表

序号	题名	作者	日期	版次
201	秦山二核：民族核电的丰碑	袁亚平，廖文根	2005年9月8日	第1版 要闻
202	我国核电自主化的历史性跨越——写在岭澳核电站二期主体工程开工之际	刘磊，胡谋	2005年12月17日	第1版 要闻
203	用科学战胜恐惧	武卫政	2006年4月27日	第14版 科教周刊·科技视野
204	坚持技术创新发展民族核电	晨曦	2006年5月25日	第14版 科教周刊·科技视野
205	托举民族核电的希望——秦山二期核电工程自主创新求发展的启示	廖文根	2005年5月25日	第14版 科教周刊·科技视野
206	欧洲重新看好核电	徐步青	2006年8月2日	第7版 国际新闻
207	核电发展的春天来了	廖文根	2006年9月24日	第2版 国内要闻
208	法国核电安全警钟敲响	李琰	2008年7月22日	第3版 国际要闻
209	大亚湾的“裂变”——中国广东核电集团三十年发展之路	胡谋	2008年11月5日	第2版 国内要闻
210	改革开放铸就核电腾飞的翅膀——大亚湾核电站三十周年纪事	胡谋，何典萱	2008年12月28日	第8版 专题
211	50多年的发展历史，日臻成熟的核电技术——核能利用迎来春天	丁大伟，杨晔	2009年4月23日	第6版 国际新闻
212	当“核电的春天”到来	蒋建科	2009年11月26日	第19版 科技视野
213	第三代核电，从引进到自主	赵永新	2010年2月9日	第8版 要闻
214	核电迎来发展高峰	左娅	2010年3月5日	第14版 综合
215	我国核电迎来战略机遇期	蒋建科，米霖南	2010年3月15日	第20版 科技视野

续表

序号	题名	作者	日期	版次
216	国家核安全局相关负责人——保障核电生命线	余建斌	2010年3月15日	第20版 科技视野
217	中国实验快堆首次成功临界	余建斌，王珪珍	2010年7月22日	第10版 经济
218	利益驱动下的核电站存废之争	刘华新	2010年9月7日	第22版 国际
219	核电自主新跨越	沈寅，胡谋，冉永平	2010年9月21日	第8版 要闻
220	中国核电如何做强？——专访中核集团公司党组书记、总经理孙勤	赵永新	2010年11月22日	第20版 科技视野
221	新技术把铀资源利用率提高两成 秦山重水堆 专“吃”回收铀	杨龙，樊申，田桂红	2010年12月27日	第20版 科技视野
222	我国核燃料处理技术取得重大突破 铀利用率提高六十倍	蒋建科	2011年1月5日	第2版 要闻
223	让安全为核电发展护航	范正伟	2011年3月18日	第4版 要闻
224	美国坚守“核电复兴”能源战略	温宪	2011年3月21日	第22版 国际
225	亚洲国家深入探讨核能安全利用	丁刚，暨佩娟	2011年3月22日	第21版 国际
226	核泄漏，如何有效防护	彭瑞云	2011年3月28日	第20版 科技视野
227	核能是什么？	汤紫德	2011年4月11日	第20版 科技视野
228	三问中国核电	赵永新，蒋建科，张玉洁，阿青	2011年4月11日	第20版 科技视野
229	安全的核电是文明进步之果	杜祥琬	2011年4月11日	第20版 科技视野
230	核电厂有哪些类型	赵瑞昌	2011年4月25日	第20版 科技视野
231	安全是核电发展的核心	史丹	2011年7月8日	第22版 国际

续表

序号	题名	作者	日期	版次
232	安全高效铸丰碑——写在我国大陆首座核电站秦山核电站运行20周年	潘岗，赵永新	2011年12月16日	第1版 要闻
233	核电站有哪些类型（一）	中核集团秦山核电有限公司	2011年12月19日	第20版 科技视野
234	核电站有哪些类型（二）	中核集团秦山核电有限公司	2011年12月22日	第16版 科技视野
235	欧洲核电发展何去何从	张杰，郑红，管克江，顾玉清，肖承森	2012年1月10日	第23版 国际
236	欧洲困局折射核电发展难题	刘冲	2012年1月10日	第23版 国际
237	法国　坚决捍卫核电工业	顾玉清	2012年1月10日	第23版 国际
238	我国核电发展绝不会搞“大跃进”内陆核电站排放标准更严格	贺勇，侯露露，孟海鹰	2012年3月11日	第9版 两会特刊
239	德国弃核，无关安全	管克江，黄发红	2013年6月19日	第22版 国际
240	走进三代核电AP1000	喻思娈	2013年12月23日	第20版 科技视野
241	给核电发展吃颗定心丸	杨义，熊建，李刚	2014年5月7日	第8版 综合
242	探寻首座核电站“零事故”奥秘	陈效卫，谢亚宏	2014年6月26日	第22版 国际
243	核电“走出去” 底气何在？	赵永新，蒋建科，李刚；孙勤，顾军，贺禹，王寿君	2015年2月9日	第20版 科技视野
244	核电厂的代际演进	刘志弢	2015年2月9日	第20版 科技视野

续表

序号	题名	作者	日期	版次
245	核电“走出去” 念好“合”字诀	赵永新，李刚，蒋建科；孙勤，贺禹，顾军	2015年2月27日	第20版 科技视野
246	核电安全添底气	孙秀艳，邓佳	2015年5月18日	第22版 生态
247	让中国核电照亮世界	蒋建科	2016年1月3日	第2版 要闻
248	欧盟核电发展面临进退难题	吴刚，冯雪珺	2016年6月7日	第22版 国际

附录四 《光明日报》刊载的核科普文章（1950~2017年）

序号	题名	作者（译者）	日期	版次
1	日共领袖德田球一谈原子弹与原子能	郭思勤	1950年11月15日	02版
2	原子能管制的变迁史	斯维德林	1951年11月15日	04版
3	苏联关于第一个原子能电力站发电的公报给予中国科学界以巨大鼓舞	—	1954年7月8日	01版
4	略谈原子能发电问题	李际霖	1954年7月20日	03版
5	中国科学家座谈苏联建成原子电力站的伟大胜利	张荫槐	1954年8月1日	02版
6	原子能为人类服务——苏联“文学报”答读者问	阿吉罗维奇	1954年8月1日	02版
7	原子能发电的科学道理	袁翰青	1954年8月17日	03版
8	一定要使原子能只用于和平目的	—	1955年1月19日	01版
9	就有关和平利用原子能问题斯科贝尔琴答美国记者问	—	1955年1月28日	01版

续表

序号	题名	作者（译者）	日期	版次
10	坚决反对使用原子武器，发展我国和平使用原子能的研究	马寅初	1955年2月18日	04版
11	苏联科学家使原子能为人民谋福利	—	1955年2月18日	01版
12	放射性同位素的应用	王勿	1955年2月28日	03版
13	原子能用作动力的远景	牛里	1955年2月28日	03版
14	原子世界里的微粒子	莫奎，洪元	1955年2月28日	03版
15	一本讲原子能发电知识的书——“原子能发电”	段有幸	1955年2月24日	03版
16	必须禁止原子武器，把原子能用于和平目的	梁纯夫	1955年2月26日	04版
17	坚决反对使用原子武器，为争取原子能的和平利用而奋斗	葛庭燧	1955年3月4日	03版
18	放射性同位素在医学上的应用	宋振玉	1955年3月14日	03版
19	原子的火焰	高士其	1955年3月14日	03版
20	把原子能应用在和平的目的上	李楠	1955年3月15日	04版
21	苏联把原子能用在农业方面的成就	—	1955年3月15日	04版
22	苏联广泛运用原子能治疗各种疾病	—	1955年3月16日	04版
23	苏联把原子能用于冶金工业的成就	—	1955年3月17日	04版
24	谈原子能的和平用途	杨澄中	1955年3月25日	03版
25	在伟大的苏联利用原子能为农业生产服务	—	1955年5月6日	04版
26	苏联在工业生产中广泛利用原子能	—	1955年5月22日	04版
27	用放射性元素来算地球年龄	吴汉彬	1955年5月23日	03版
28	放射性同位素在化学上的应用	念组	1955年5月23日	03版
29	放射性碳在药物研究中的应用	宋振玉	1955年6月20日	03版
30	利用放射性同位素研究生物代谢的历程	刘培楠	1955年7月18日	03版
31	为促进和平利用原子能的国际合作而努力	—	1955年8月23日	01版

续表

序号	题名	作者（译者）	日期	版次
32	原子能发电站	A.H. 特里丰诺夫 （范兆昀）	1955年10月10日	03版
33	原子破冰船	特里法诺夫	1956年4月9日	03版
34	苏联和平利用原子能的前景	—	1956年4月22日	04版
35	原子电力站的发展前途	—	1956年5月13日	04版
36	原子能必须用于和平目的——访日本著名核子物理学家坂田昌一教授	徐美成，钱嗣杰	1956年5月19日	04版
37	捷克斯洛伐克是怎样培养原子能专门人才的？	〔捷〕阿达米兹	1956年6月10日	04版
38	迎接苏联和平利用原子能科学技术展会	赵忠尧	1956年6月15日	02版
39	和平利用原子能的崇高榜样	—	1956年6月16日	01版
40	学习苏联和平利用原子能的成就	杨澄中	1956年6月18日	03版
41	加速器是怎样工作的？	谢家麟	1956年6月18日	03版
42	要高能粒子加速器干什么？	萧健	1956年6月18日	03版
43	云雾室和气泡室	金建中	1956年6月18日	03版
44	在苏联工业展览会原子能展览馆中所看到的	李楠	1956年6月28日	04版
45	什么叫做“辐射化学”？	郭挺章	1956年7月2日	03版
46	契连科夫辐射	李整武	1956年7月2日	03版
47	原子堆原理	戴传曾	1956年7月2日	03版
48	无限美好的原子能时代的大门敞开了 苏联和平利用原子能展览会观后	涂长望	1956年7月6日	02版
49	展览会上展出的几种反应堆	金星南	1956年7月16日	03版
50	闪烁计数器和发光室	叶铭汉	1956年7月16日	03版
51	计数管	李德平	1956年7月16日	03版

续表

序号	题名	作者（译者）	日期	版次
52	放射性同位素在金属学和冶金工业中的应用	柯俊	1956年7月16日	03版
53	法国原子能事业的发展	契尔尼考夫	1956年7月19日	04版
54	人民民主国家对原子能的和平利用	萧因	1956年7月26日	04版
55	稳定同位素的分离	郭正谊	1956年7月30日	03版
56	标记原子在植物光合作用研究中的应用	岳绍先	1956年7月30日	03版
57	用放射性的方法来测定地质年龄	萧伦	1956年7月30日	03版
58	怎样测定比百万分之一克还少的物质？	冯锡璋	1956年7月30日	03版
59	在农业中使用示踪原子	阿·顾金	1955年7月4日	03版
60	放射性同位素在医学上的应用	刘维勤	1956年9月24日	06版
61	冲击原子核	A·卡莫尔（何大智）	1956年11月5日	03版
62	原子动力在今天	孔赐安	1956年12月17日	03版
63	苏联在原子能方面的成就和对我国无私的援助	赵忠尧	1957年10月27日	03版
64	我国跨进了原子能时代——第一座原子反应堆在苏联帮助下建成回旋加速器和高气压静电加速器同时开始工作	—	1958年7月1日	01版
65	我们的方针：大家办原子能科学	李基禄	1958年9月28日	01版
66	我国原子能科学高速度发展的开端	—	1958年9月28日	01版
67	我国第一座原子反应堆生产出33种同位素	—	1958年10月22日	01版
68	原子能时代的多面手	郭铸	1958年11月6日	02版
69	站在和平利用原子能的最前列——记苏联和平利用原子能科学技术展览会	余辉音	1958年12月19日	02版
70	探讨基本粒子物理当前存在的问题原子能研究所场论研究取得成绩	—	1959年3月7日	02版

续表

序号	题名	作者（译者）	日期	版次
71	苏联和平利用原子能获得新成就 世界最大快中子反应堆投入生产	—	1959年8月22日	04版
72	苏联和平利用原子能又一伟大胜利 世界第一艘原子破冰船启航	道尔高鲁科夫	1959年9月16日	04版
73	为开展原子能科学研究提供技术条件 上海自行设计制成电子静电加速器	—	1964年10月4日	02版
74	努力加速发展我国原子能事业	原子能研究所	1977年9月21日	02版
75	微型原子能电池	—	1978年4月19日	03版
76	关于八个综合性科学技术领域、重大新兴技术领域和带头学科的介绍	—	1978年5月5日	02版
77	火—电—核能	荫槐	1978年5月28日	04版
78	海水提铀	朱志尧	1978年6月12日	02版
79	钴原子能高速度发展农业 我国原子能农业应用科学取得初步成果	新华社	1978年7月4日	01版
80	处理核废料的新方法	—	1978年10月12日	03版
81	国外核电站的现状与发展	罗安仁	1978年11月30日	03版
82	元素的演化	郭正谊	1979年8月17日	04版
83	核能小议——从三里岛核电站的事故谈起	徐泽光	1979年8月31日	04版
84	我国应该发展核电	左湖	1979年12月11日	02版
85	日本的原子能炼铁	刘永翔	1980年1月17日	03版
86	原子能科学技术如何为农业和医学做贡献	—	1980年2月25日	01、03版
87	让核科学为四化服务——中国核学会第一次代表大会旁听记	寇至中，林玉树	1980年2月29日	02版
88	快中子增殖反应堆	徐銤	1980年5月2日	04版
89	把核技术应用到经济建设中去 原子能研究所取得一批成果	—	1980年5月7日	01版

续表

序号	题名	作者（译者）	日期	版次
90	核电站——原子能时代的骄子	鲍云樵	1980年8月29日	04版
91	相信自己的力量——访改建原子能反应堆的人们	林玉树	1981年1月16日	01版
92	中子照相	清华大学核能所中子照相组	1981年1月30日	04版
93	我国第一座大型高通量原子反应堆建成	—	1981年2月10日	01版
94	高通量反应堆	鲍云樵	1981年3月6日	04版
95	发展核电	戴传曾	1981年5月22日	04版
96	微妙的原子电池	鲍云樵	1981年10月9日	03版
97	阿尔及利亚的核能研究	彭贤治	1981年11月9日	04版
98	我国原子能科学技术和平应用经济效益显著	—	1982年1月19日	01版
99	“凤凰”将展翅高飞——谈快中子增殖反应堆	鲍云樵	1982年2月19日	03版
100	巴基斯坦和平利用原子能取得成就	邝日强	1982年3月13日	04版
101	核能发电站是经济和社会发展的必然选择——许多国家和国际组织的专家总结发展核能经验	李昌芳	1982年10月25日	04版
102	步履维艰的美国核电工业	马晓毅	1983年8月24日	04版
103	各国竞相发展核电	鲍云樵	1983年9月30日	03版
104	同位素——原子能的轻工业	肖伦	1983年10月14日	03版
105	核能是一种理想的新能源	王绘昌	1983年11月11日	03版
106	从穷乡僻壤到核能基地——迅速发展中的斯洛伐克	刘天白	1984年5月8日	04版
107	强放射性废物能够安全处置	罗上庚	1984年7月13日	03版
108	我国要适当发展核电	李鹏	1985年4月30日	01版
109	法国的核电工业	靳仲华	1985年10月8日	04版

续表

序号	题名	作者（译者）	日期	版次
110	跻身于世界先进行列——记法国原子能工业的成就	贾斌	1985年11月22日	04版
111	胡耀邦等领导同志会见核工业专家 座谈我国和工业和平利用核能的问题	李尚志，虞家复	1986年1月22日	01版
112	激光分离铀同位素	胡有泉	1986年1月24日	03版
113	加拿大电力工业技术有特点——访参加国际核能设备展览的加拿大展团	徐炳和	1986年2月25日	04版
114	居世界前列的联邦德国核电站技术	徐炳和	1986年2月28日	04版
115	开发核能是我国经济持续发展的重要条件	王淦昌	1986年4月4日	03版
116	法国核电技术迅速发展	徐炳和	1986年5月31日	04版
117	从苏联核电站事故谈核能的安全性	何式	1986年6月6日	03版
118	日本提出发展核电战略设想	陈志江	1986年7月22日	03版
119	我国核电建设问题	蒋心雄	1986年8月1日	03版
120	为我国原子能事业而拼搏——记清华大学教授王大中	朱文琴	1986年8月27日	02版
121	著名核科学家姜圣阶说 我国正在顺利进行核电站的核燃料循环和后处理的研究	杨时光，胡有泉	1986年9月2日	01版
122	蒋心雄代表中国政府就大亚湾核电站问题申明立场 建设核电是我国的慎重决策计划不会改变	刘敬智，胡有泉	1986年9月6日	01版
123	访中国原子能研究院重水核反应堆	刘敬智	1986年9月19日	02版
124	日本发展原子能发电的安全对策	陈志江	1986年9月24日	04版
125	保加利亚锐意发展核能	郭春晓	1987年5月6日	04版
126	为了和平与发展——记巴基斯坦和平利用核能计划	何洪泽	1987年5月9日	04版

续表

序号	题名	作者（译者）	日期	版次
127	核能发展的现状与前景——评《核说：20世纪后的主要能源》	李盈安	1987年6月4日	03版
128	核能发展的前景是乐观的 国际原子能机构总干事答记者问	胡有泉	1987年9月15日	04版
129	危险的核废料存放在哪里安全？——美英等国的研究与对策	马晓毅	1988年1月25日	04版
130	苏联和东欧国家积极发展核电	师秀峰	1988年1月26日	04版
131	我国原子能事业的决策者和组织者——纪念周恩来诞辰90周年	刘杰	1988年3月3日	03版
132	核电是解决我国中长期电力需要的重要途径	戴传曾	1988年6月16日	02版
133	发展核电应成为我国一项重要国策	赵明亮，胡有泉	1988年10月14日	01版
134	困扰英国的核垃圾问题	彭惕强	1989年3月27日	04版
135	我国首座低温核供热反应堆投入运行	邓海云	1989年11月12日	01版
136	姜圣阶等十四名专家建议 核能发展要有科学稳定的长远规划	胡有泉	1989年12月14日	02版
137	我国核能的开发与利用将有重大发展	王淦昌	1990年1月2日	01版
138	秦山——中国核电工业在这里崛起	谢军，叶辉，戴纪明	1990年3月22日	01版
139	自力更生发展核电	张怀麟	1990年4月3日	01版
140	国家的需要就是我们前进的动力	王方定	1990年4月3日	02版
141	国家兴亡匹夫有责	汪德熙	1990年4月10日	02版
142	发展核电事业——解决我国能源问题的唯一出路	钱三强，李觉，姜圣阶，王淦昌	1990年9月3日	01版
143	世界各国核电发展动向	徐炳和	1990年12月29日	04版
144	核电站的今天与明天	欧阳予	1991年7月10日	02版
145	中国大陆结束无核电历史 秦山核电站并网发电	叶辉	1991年12月18日	01版

续表

序号	题名	作者（译者）	日期	版次
146	我国攻克地浸堆浸技术难题	刘敬智	1992年3月16日	02版
147	中国原子能事业发展史上的一次重要会议	热流	1992年8月1日	08版
148	日本运钚船——“浮动的切尔诺贝利”	刘汉全	1992年9月26日	07版
149	中国核电工程的纤夫们	彭瑞高，葛宗渔	1994年3月1日	05版
150	裂变核能的未来	常甲辰	1993年3月5日	03版
151	海水取铀	严文录	1993年12月3日	03版
152	从核弹到核电站的大跨越——访核电领域国家设计大师欧阳予	刘敬智	1994年12月27日	03版
153	新的核能来源	常甲辰	1995年3月7日	06版
154	开源·节流·核电——福建能源问题的探讨	陈有仁	1995年7月7日	04版
155	发展中的核垃圾处理技术	韩玉荣	1995年7月12日	06版
156	核电站换燃料会否污染？	吴力田	1995年8月10日	04版
157	日本发展核电面临困难选择	陈志江	1995年12月23日	03版
158	元素家族日益兴旺	崔熳	1996年3月3日	03版
159	我国新核素合成进入新领域——中科院近物所在世界上首次合成镅-235	郗永年	1996年8月7日	02版
160	核坟场今昔	曹虎	1996年8月26日	05版
161	核废料坑——冷战遗留的“坟场”	黎明	1997年1月7日	07版
162	要适当发展核电	汪德熙	1997年3月14日	05版
163	能源排行：核电不应倒数第一	刘敬智	1997年3月19日	04版
164	第二代核电整装待发	赵爱武	1997年4月4日	06版
165	“功能专一”的第三代核武器	王健华，刘连全	1997年8月15日	06版
166	快堆让核燃料越烧越多	徐玥	1999年1月19日	05版
167	以燃煤为主的能源结构亟需改变	何祚庥	1999年4月6日	05版

续表

序号	题名	作者（译者）	日期	版次
168	曼哈顿计划的来龙去脉	殷雄	1999年6月1日	05版
169	中子弹揭秘	尹怀勤	1999年8月17日	05版
170	我国原子能科学事业创始人钱三强	—	1999年8月29日	02版
171	发展核电利国利民	邓海云	1999年12月12日	02版
172	伟大的核化学家——西博格——纪念西博格教授逝世一周年	蔡善钰	2000年3月20日	B1版
173	核电专家提出我国要适当发展核电	薛冬，周奉超	2000年5月5日	A1版
174	高温气冷堆：第四代先进核能系统	李斌	2000年12月22日	A2版
175	“贫铀弹” 北约害人也害己	罗琪，韩显阳	2001年1月5日	C1版
176	切尔诺贝利：被夸大的历史悲剧——国际核能专家谈切尔诺贝利事故真相	丁健行	2001年3月2日	C1版
177	核废料存放在哪里	石河	2001年3月30日	C1版
178	俄欲向核废料敞开大门	杨政	2001年6月15日	C1版
179	各国齐攻坚会战核废料	张小明	2001年10月12日	C2版
180	为了核电事业的明天——广东岭澳核电站工程建设纪实	邓海云	2002年7月4日	A3版
181	历史性的跨越——中国核工业集团推进核电国产化之路	武勤英	2002年8月5日	A1版
182	搭建原子能事业创新平台	张蕾	2002年10月14日	A1版
183	中国核电实现持续快速发展——访中国科学院院士欧阳予	王光荣	2002年12月12日	A1版
184	王禹民：放散核电发展思维	孔令敏	2003年7月7日	A3版
185	发展核电产业的成功之路——中国广东核电集团发展模式的调查与思考	王禹民，刘玉辉	2004年2月25日	C4版
186	科学看待核电建设国产化	林英、肖志勇	2004年5月14日	A3版
187	和平利用核能开新路	邵文杰	2004年5月27日	A4版
188	以色列的“模糊”核政策	陈克勤	2004年7月16日	C1版

续表

序号	题名	作者（译者）	日期	版次
189	核能发电安全吗	王乃仙	2004年7月30日	B1版
190	核电 中国核工业的又一里程碑	王光荣	2004年9月22日	A2版
191	“核”之聚焦：从毛泽东的远见到中国能源安全	董山峰，邵文杰	2005年1月14日	03版
192	为何“等闲平地起波澜”——埃及核风波的背后	马海兵	2005年1月14日	09版
193	俄美为何在伊朗核电站问题上较劲	杨政	2005年3月4日	11版
194	把核废料“魔鬼”深埋地下	柴野	2005年8月12日	12版
195	中广核集团探索核电自主化之路	吴春燕，易运文	2005年8月29日	04版
196	秦山山谷中的民族核电	董山峰	2005年9月8日	01版
197	从历史和现实看日本核研究	张开善	2005年9月21日	09版
198	英国反思能源安全	郭林	2006年1月5日	12版
199	中国原子能事业的奠基人——钱三强	新华社	2006年1月7日	01版
200	人类应和平利用核能——切尔诺贝利核泄漏二十周年祭	韩显阳	2006年4月26日	12版
201	科学认识核能	吕文	2006年7月18日	07版
202	国际核电利用现状	李雪	2006年7月18日	07版
203	我国应积极发展核电事业	王乃彦	2006年9月5日	06版
204	澳大利亚要发展核电	陈小方	2006年10月18日	12版
205	俄罗斯欲重振核能工业	韩显阳	2006年11月6日	08版
206	透明的红石顶核电站——一个关系和谐与发展的故事	何平	2007年3月27日	05版
207	步履维艰的美印核合作	周戎	2007年4月21日	08版
208	我国将推进三代核电技术引进吸收再创新	吕贤如	2007年4月25日	06版
209	中核：肩负发展民族核电重任	李慧	2007年5月29日	04版
210	美印“核协定”的深层含义	周戎	2007年8月8日	08版
211	中科院院士欧阳予：核电标准建设要科学严谨	—	2007年11月22日	04版

续表

序号	题名	作者（译者）	日期	版次
212	核武 人类挥之不去的梦魇	黄蓉芳	2007年11月28日	09版
213	发展核电应消除“恐核”观念	雷润琴	2008年2月25日	10版
214	红沿河：核电自主创新梦想起飞的地方	王瑟，吴琳	2008年8月1日	06版
215	牵动国际神经的美印核能合作	方祥生	2008年9月6日	08版
216	中国核电：自主创新“二代加”	王小润，李金桀	2008年10月29日	09版
217	民族核电：自主创新铸辉煌	王小润，李金桀	2008年11月4日	01版
218	铸就辉煌三十年——广东核电集团发展核电纪事	易运文	2008年11月5日	07版
219	自主创新，核电国产化永远的追求——秦山二期扩建工程采访纪实	林英	2008年11月21日	07版
220	让核能代替煤成为基本负载	郭久亦	2009年1月19日	10版
221	世界能源前景的分水岭	郭久亦	2009年1月19日	10版
222	巴基斯坦核武器——美国的心病	周戎	2009年4月27日	10版
223	迎接我国核电发展的新热潮	吕贤如	2009年5月4日	05版
224	利用核能淡化海水	郭久亦	2009年6月15日	10版
225	迎接“核能”新时代的到来	方祥生	2009年6月23日	08版
226	我国核电布局演进轨迹及未来发展分析	郑砚国，郭勇	2009年7月27日	07版
227	核电国产化的先锋——写在秦山二核荣获“中央企业先进集体”	林英，程洁	2009年7月28日	07版
228	构筑核电的优质“粮仓”——中核集团核燃料元件产能发展纪实	林英，余晓静	2009年8月17日	10版
229	核电自主创新：实现五大突破赢得两大机遇	吕贤如	2010年2月9日	06版
230	核材料与核武器	—	2010年4月14日	08版
231	第三代核电上演创新传奇	吕贤如	2010年8月10日	03版
232	“核能世纪”会改变吗	方祥生	2011年3月17日	10版

续表

序号	题名	作者（译者）	日期	版次
233	碘剂防辐射并非全能	张征	2011年3月20日	06版
234	核能的过去与未来	陈和平	2011年3月21日	13版
235	日本核泄漏不能说明不该搞核电	王毅	2011年3月21日	13版
236	美国舆论：应理性看待核电	余晓葵	2011年3月24日	08版
237	萨科齐：法国不会放弃核电	姚立	2011年3月24日	08版
238	驭核记——世界核电利用的回顾与展望	方祥生	2011年3月26日	05版
239	怎样看福岛核电危机	汪嘉波	2011年3月26日	05版
240	谁来保障全球核电安全？	汪嘉波	2011年3月28日	08版
241	安全核电人类文明进步之果	杜祥琬	2011年4月5日	04版
242	核安全三问三答——核电专家叶奇蓁院士谈我国核电站设计思路	胡其峰	2011年4月11日	13版
243	日美密谋在蒙古埋藏核废料用意何在	严圣禾，刘军	2011年5月11日	08版
244	核废料处理：路在何方	柴野	2011年11月29日	08版
245	创新点亮“中国核”	温源	2011年12月6日	10版
246	徐銤院士：皓首苍颜为“快堆”	袁于飞	2011年12月20日	10版
247	核安全与核能安全	—	2012年3月26日	08版
248	安全和质量：核电发展的生命线	夏林泉	2012年4月9日	13版
249	杜祥琬（中国工程院院士）：发展核能要有百年大计的安排	詹媛	2012年5月29日	03版
250	核电：既要发展又要安全	袁于飞	2012年6月11日	06版
251	未雨绸缪谈核能	杜祥琬	2012年7月23日	13版
252	核废料：向安全处理迈进	冯永锋	2012年8月6日	15版
253	我国离第四代核电应用还有多远？	袁于飞	2012年11月2日	06版
254	杨承宗：为原子弹“加铀”的功臣	张志辉，刘培	2013年2月4日	13版
255	核能渐失宠　绿色向前冲——法国新能源政策的调整之路	姚立	2013年2月23日	05版
256	为核工业加“铀”的人们	袁于飞	2013年6月26日	04版

续表

序号	题名	作者（译者）	日期	版次
257	中国核电　该怎么建？	齐芳	2013年9月24日	06版
258	核电归来	汪嘉波	2014年2月16日	06版
259	日本囤积核材料意欲何为	方祥生	2014年2月28日	08版
260	核电，让空气更清洁	胡其峰，袁于飞	2014年4月15日	06版
261	核电安全：公众信任来自信息透明	梁晓华	2014年5月26日	08版
262	科学认识生活中的核	胡其峰，袁于飞	2014年10月30日	16版
263	适和稳：核电发展的关键	徐小杰，程覃思	2014年12月4日	13版
264	核铸强国梦——中国核工业光辉60年综述	余晓洁	2015年1月15日	04版
265	“华龙一号”创新路——中国三代百万千瓦级核电技术是如何自主开发成功的	袁于飞	2015年2月5日	04版
266	新能源：磁约束核聚变	王寻琤	2015年4月24日	10版
267	核电，在讨论中前行	齐芳	2015年5月21日	06版
268	发展核电　推动能源供给	贾峰	2015年11月20日	11版
269	从追赶到领跑的中国核电	袁于飞	2016年2月22日	06版
270	凭理想与信念前行——记清华大学核研院院长张作义	邓晖	2016年5月12日	04版
271	“华龙一号”：以自主创新推动核电“走出去”	袁于飞	2016年6月9日	02版
272	核电是不是绿色能源——访中国核工业集团总公司“快堆”工程首席专家徐銤	袁于飞，张蕾	2016年11月5日	03版
273	核废料是留给后代“永远的噩梦”吗——访华北电力大学核学院院长陆道纲	张蕾	2016年11月8日	08版
274	我国核电将向内陆和海上进军——访国家国防科技工业局副局长王毅韧	叶乐峰	2017年2月15日	06版

续表

序号	题名	作者（译者）	日期	版次
275	为了更安全的核电	汤搏	2017年3月22日	14版
276	三十而立，中国核电厚积薄发	袁于飞	2017年6月6日	01、03版

附录五　2000~2015年中国核学会主办的科普活动[1]

时间	地点	类型
2000年		
6月16日	上海浦东洋泾中学	科普报告会
8月15日	青岛海军基地	科普报告会
11月8日	北京（第十二届中国国际科学与和平周）	“和平利用核能”科普报告会
11月23日	上海	院士报告会
2001年		
4月4日	秦山核电基地	核能知识竞赛颁奖大会
4月10日	北京（中国教育电视台播出）	核能发展与核安全专家座谈会
5月14～20日	北京中山公园	首届“科技活动周”大型科普宣传活动
5月18日	北京市实验中学	《核能的历史和未来》科普报告
2002年		
3月25～29日	北京	第七届中国国际核工业展览会
7月15～19日	成都、绵阳	中学生核科技夏令营
7月19～28日	连云港市国际展览中心	田湾核电科技展
2003年		
3月	成都	科普咨询教育工作委员会工作会会议

[1] 附录五根据历年《中国科学技术协会年鉴》整理而成。

续表

时间	地点	类型
2003年		
4～11月		第二届核能科普知识竞赛
9月 15～20日	上海	"院士行"
2004年		
3月 16～19日	北京	第八届中国国际核工业展览会
10月	乌鲁木齐	科普咨询教育工作委员会会议
		赠送《走近核科学技术》3000余册
		回复广大公众和媒体咨询
2005年		
6月 12～15日	台州	"院士行"
9月22日	海军潜艇基地	科普报告会
		发放《走近核科学技术》3500余册
2006年		
3月 28～31日	北京	第九届中国国际核工业展览会
4月18日		核能发展与核安全座谈会
7月	成都、绵阳	中学生核科技夏令营
		组织翻译《宇宙能源——聚变》
10月 25～28日	武汉大学等4所大学	"院士行"
2007年		
3月 20～21日	连云港	"院士行"核能科普宣传活动
5～6月	北京、常熟	纪念王淦昌系列活动
		弘扬"两弹一星"精神为主题的爱国主义报告会
2008年		
8月3～6日	海阳市	"院士行"

续表

时间	地点	类型
2009年		
6月23日	池州	“院士行”·核电科普知识专题报告会
10月24日	秦山核电有限公司	胡思得、吕敏院士作《弘扬两弹精神，立足岗位成才》的报告
11月12日	二连浩特	核科普知识讲座活动
2010年		
1月	北京	出版科普读物《国家宝贵的资源——铀》
10月26～28日	东华大学，江西省万安县核电厂	两场科普报告会
2011年		
3～4月	北京	第二期和第三期“科学家与媒体面对面”活动；2011年中国科协热点问题学术报告会
5月14日	临沂	“全国科技活动周——振兴老区、服务三农、科技列车沂蒙行”
5月	银川	2011年宁夏（银川）科技活动周
5月25～28日	四川大学、成都理工大学、西南科技大学、成都理工大学工程技术学院	“院士行”；赠送科普读物
8月10～14日	嘉峪关	第八届核科技、核应用、核经济论坛
2012年		
4月3～6日	北京	第十二届中国国际核工业展览会
		为辽宁省委党校副处级以上干部学员讲授核电知识，并向辽宁省科协和党校赠送科普读物《走近核科学技术》
	防城港	院士讲座
8月29～31日	庄河	大唐庄河核电“院士行”

续表

时间	地点	类型
2013年		
4月		启动首届“魅力之光”杯全国中学生核电科普知识竞赛；参加中国科学技术协会主办的“‘清洁核能助力美丽中国’科学家与媒体面对面”活动
7月24～28日	杭州	举行首届“魅力之光”杯全国中学生核电科普知识夏令营活动
11月		完成“快堆——核能可持续发展的选择”优秀科普资源项目
2014年		
		完成《走近核科学技术》的改版
		制作《核科学技术展纪念特刊》
		开通“中国核学会”微信公众号，设立“志同道‘核’”学会群
4月		启动第二届“魅力之光”杯全国中学生核电科普知识竞赛；利用第十三届中国国际核工业展览会平台，搭建“‘核’我探秘——我们身边的核科学技术”科普展区
7月18日	北京	参加中国科协首届“夏季科学展”，安排“中国实验快堆”参展，快堆首席专家、中国工程院院士徐銤作讲解并作报告
9月		在全国科普日期间，学会开展“核能有意思”活动
10～12月	北京	承办中国科协“中国梦·科技梦——核科学技术展”
2015年		
5月	成都	“核”我探秘——核科学技术展览、核科普工作座谈会以及“核电”、“核装备”、“核军事”和“核聚变”4 场专题日活动

续表

时间	地点	类型
2015年		
6月	山东涉核海军某基地、烟台大学、山东核电公司等单位	“院士行”
7月		举办第三届“魅力之光”杯全国中学生核电科普知识竞赛及夏令营活动；承办首届全国“核科普公众开放周”活动
10月25～31日	北京	首期全国“核科普讲师培训班”
		编著《“核”我探秘——我们身边的核科学技术》《走近核科学技术》（第二版）等科普书籍
		完成中国科协组织的科普中国百科科学词条编写与应用工作

参考文献

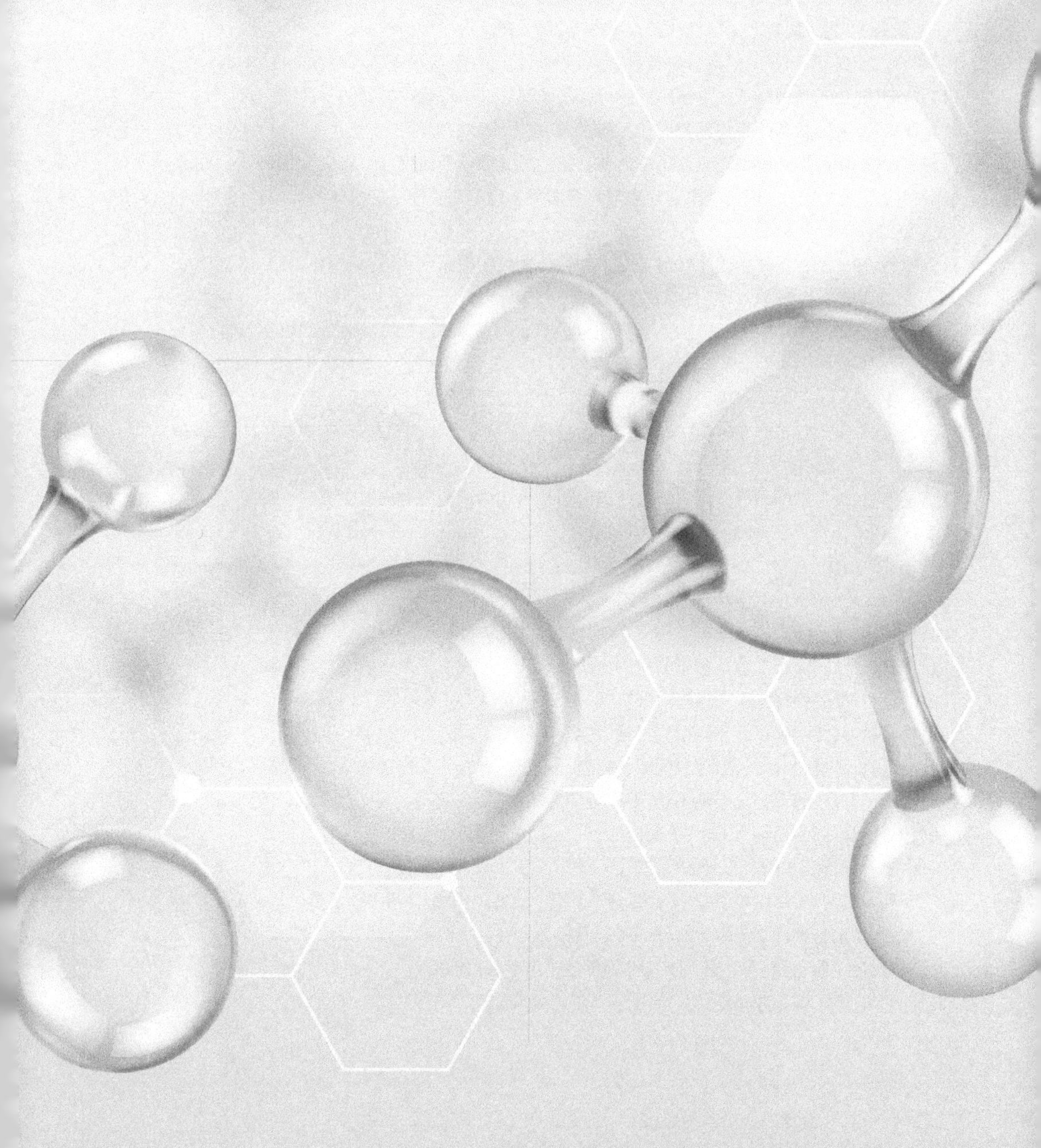

[1]中国核能行业协会.2020年1-12月全国核电运行情况[N/OL].
[2]宋培峰,王晓峰,赵翰青,等.我国核科普面临的问题和建议[J].核安全,2018,17(3):81-88.
[3]秦风.走出核科普困局[J].中国核工业,2013(7):1.
[4]耿庆云.核能发展——核能科普不断深入的过程[J].中国核工业,2010(11):62-65.
[5]肖新建,康晓文,李际.中国核电社会接受度问题及政策研究[M].北京:中国经济出版社,2017.
[6]张超,黄乐乐,任磊.中国公民对核能利用的认知及态度[J].科普研究,2016,11(03):53-58,118.
[7]王伦信,陈洪杰,唐颖,等.中国近代民众科普史[M].北京:科学普及出版社,2009.
[8]刘新芳.当代中国科普史研究[D].合肥:中国科学技术大学,2010.
[9]李嘉南.《科学画报》的科普研究(1933-1937)[D].武汉:武汉大学,2017.
[10]吕韶伟.关于我国科普图书出路的思考[D].长春:东北师范大学,2009.
[11]曹乐艳.我国科普政策问题研究[D].西安:长安大学,2013.
[12]唐颖捷.建国后我国物理科普图书内容和呈现形式的演变研究[D].重庆:西南大学,2018.
[13]何晨宏,任定成.近现代中国大陆化学科普图书出版的历史脉络和总体特征[J].科学与社会,2018,8(4):108-122.
[14]邵鹏.1950—1977年中国化学科普图书与社会背景的关系[J].科普研究,2018,13(6):91-98,113-114.
[15]余恒,齐琪,赵洋,等.中国天文科普图书回顾1840—1949年[J].科普研究,2019,14(6):104-111，117.
[16]王洪鹏.20世纪40年代原子弹爆炸在中国产生的震荡[D].北京:首都师范大学,2007.
[17]聂文婷.宣传工作与新中国原子能事业的开启[J].中共中央党校学报,2017,21(5):55-62.
[18]王勇忠.20世纪50年代的原子能宣传运动[J].当代中国史研究,2015(5):71-76.
[19]MATTEN M A. Coping with invisible threats: Nuclear radiation and science dissemination in Maoist China[J].East Asian Science, Technology and Society: An International Journal,2018(3):235-256.
[20]周培源.六十年来的中国科学[N].红旗,1979(6):59-80.
[21]陈义报.从《万有文库》看王云五的出版家素质[J].出版广角,2016(1):84-86.
[22]杨昌俊.原子弹[N].中央日报,1945-08-20.
[23]曾昭抡.从原子弹说起[N].中央日报,1945-09-09.
[24]王洪鹏.20世纪40年代后期我国原子科普图书出版调查[J].出版史料,2009(4):75-80.
[25]徐绍清.原子弹[M].出版地不详:军事委员会政治部,1945.
[26]作者不详.新平日报,1945-09-30.
[27]作者不详.科学,1945,30(5):封三.
[28]亨利·史密斯.军用原子能[M]. 章康直，译.上海:中国科学图书仪器公司,1946.
[29]张礼.中国核物理学先驱之一——王普教授[J].春秋,2010(5):13-14.
[30]王普.原子能与原子弹[M].北京:世界科学社出版部,1946.
[31]陈岳生.原子弹和原子能[M].上海:开明书店,1948.

[32]作者不详.新月书刊,1948(3):16.
[33]纪泽长.天下一家或陆沉[J].东方杂志,1947(13):1-4.
[34]张华祝.布莱克特:坚守政治主张的物理学家[J].国外科技动态,2003(04):27-29.
[35]胡乾善.布莱克特[A].钱临照,许良英主编.世界著名科学家传记物理学家1[M].北京:科学出版社,1990.
[36]李艳平，王士平，戴念祖.20世纪40年代在中央研究院和北平研究院流产的原子科学研究[J].自然科学史研究,2006(3):193-204.
[37]王士平，李艳平，戴念祖.20世纪40年代蒋介石和国民政府的原子弹之梦[J].中国科技史杂志,2006(3):197-210.
[38]王季梁.发刊词[J].科学画报,1933(1).
[39]杞靖.原子的奇观[J].科学画报,1933,1(10):364-369.
[40]作者不详.发刊词[J].科学世界,1932,1(1):2.
[41]李国鼎.卷头语[J].中华自然科学社二十周年纪念·原子核专号,1947-09(8):225.
[42]李觉.当代中国的核工业[M].北京:中国社会科学出版社,1987.
[43]周其湘.曾昭抡与新中国高等教育事业[J].百年潮,2008(5):72-75.
[44]曾昭抡.原子与原子能[M].北京:生活·读书·新知三联书店,1950.
[45]中共中央文献研究室.建国以来重要文献选编:第1册[M].北京:中央文献出版社,1992:439.
[46]郭思勤.德田球一谈原子弹与原子能[N].北京:人民日报,1950-11-22(3).
[47]北大通讯组.北大教授讲助投入抗美爱国热潮学习时事,举行讨论座谈,参加讲演宣传,并编写书刊[N].人民日报,1950-11-18(2).
[48]李际霖.略谈原子能发电问题[N].光明日报,1954-07-20(4).
[49]王淦昌.苏联原子能电力站建成的伟大意义[J].科学通报,1954(8):4-5.
[50]毛泽东、周恩来关于原子弹和原子能问题的若干论述（一九五五年一月——一九六四年十一月）[J].党的文献,1994(3):13-18.
[51]周恩来.在国务院全体会议第四次会议上的讲话（一九五五年一月三十一日）[J].党的文献,1994(3):18-20.
[52]郭沫若.加强和平力量,粉碎原子战争的威胁![N].人民日报,1955-02-13(3).
[53]中国人民反对使用原子武器签名运动委员会公报全国四亿多人参加签名[N].人民日报,1955-04-11(1).
[54]我科学院举行和平利用原子能问题座谈会,决定成立原子能通俗讲座组织委员会并选出负责人员[N].人民日报,1955-02-03(1).
[55]樊洪业.竺可桢全集:第14卷[M].上海:上海科技教育出版社,2008:22.
[56]北京科学家向干部学生等作原子能通俗讲演[N].光明日报:1955-03-07(1).
[57]原子能通俗讲座组织委员会.原子能通俗讲话[M].北京:中华全国科学技术普及协会,1955.
[58]周培源.原子能的基本原理与和平用途[J].世界知识,1955(5):9-12.
[59]王淦昌.苏联在和平利用原子能方面的成就[J].世界知识,1955(20):9-10.
[60]王普.原子核的分裂[J].科学大众,1955(3):87.
[61]郭挺章.原子能的和平利用与化学[J].化学通报,1955(04):193-200.

[62]西安原子能通俗讲座组织委员会办公室.西安科学工作者开展原子能的通俗讲演[N].光明日报:1955-03-29(3).
[63]杜中魁.内蒙古自治区举办原子能通俗讲座[N].光明日报:1955-4-17(2).
[64]吴洵高.推荐一本好书——“原子能的原理和应用”[J].物理通报,1956(06):382-383.
[65]毛泽东.论人民民主专政[N].人民日报,1949-07-01(1).
[66]江晓舟.建国以来《人民日报》中苏联形象研究(1949-1956)[D].南昌:南昌航空大学,2017:14-15.
[67]沈志华.援助与限制:苏联与中国的核武器研制(1949-1960)[J].历史研究,2004(3):110-131.
[68]对苏联帮助我国和平利用原子能的建议我国科学家们表示热烈欢迎[N].人民日报,1955-01-28(1).
[69]纳乌明柯.原子能及其应用[M].吴礼恕，译.北京:中华全国科学技术普及协会,1955:1.
[70]段有幸.一本讲原子能发电知识的书——“原子能发电”[N].光明日报,1955-02-24(3).
[71]苏联部长会议发表声明在促进原子能和平用途的研究方面给予我国和其他国家以科学、技术和工业帮助[N].人民日报,1955-01-28(1).
[72]李何.苏联原子能发电站[N].人民日报,1955-08-19(4).
[73]李楠.把原子能应用在和平的目的上[N].光明日报,1955-03-15(4).
[74]和平利用原子能的崇高榜样[N].光明日报,1956-05-16(1).
[75]钱三强.原子能必须为人类造福[N].人民日报,1955-01-22(4).
[76]李四光.粉碎原子战争阴谋,扩展原子能和平使用[N].人民日报,1955-02-17(2).
[77]梁纯夫.必须禁止原子武器,把原子能用于和平目的[N].光明日报,1955-02-26(4).
[78]中共中央文献研究室.周恩来年谱1949-1976：上卷[M].北京:中央文献出版社,1997:529.
[79]赵忠尧.迎接苏联和平利用原子能科学技术展览会[N].光明日报,1956-06-15(2).
[80]苏联和平利用原子能科学技术展览会闭幕[N].人民日报:1956-08-16(1).
[81]苏联和平利用原子能展览会在成都结束成都各界隆重举行闭幕典礼[N].人民日报,1959-10-31(5).
[82]杨澄中.留下了深刻的印象[N].光明日报,1956-08-16(2).
[83]苏联原子能展览会的技术交流活动引起了我国各方面的兴趣[N].光明日报,1956-08-14(1).
[84]刘培,张志辉.1960年代中国核燃料后处理技术抉择过程研究(英文)[J].自然辩证法通讯,2017(3):76-84.
[85]梁基.全民办铀矿[M].北京：科学普及出版社,1958:2.
[86]普罗克托，海阿特，勃洛克.怎样找铀矿[M]. 文裔，译.北京:地质出版社,1958:2，7，8.
[87]梁东元.土法炼铀就像做豆腐[J].文史博览,2011(6),32-33.
[88]钱三强.我国原子能的和平利用正在大踏步迈进[N].1959-10-11:7.
[89]孟红.严抓核爆安全保密工作的周恩来[J].中华魂,2018(02):40-44.
[90]胥大伟.他“消失”的28年：导弹代号“罗嗦君”,原子弹被称“邱小姐”[N/OL].
[91]何菁,孔宪璋.原子巨人[M].北京:科学普及出版社,1963，59：101-102.

[92]赵忠尧，何泽慧，杨承宗.原子能的原理和应用[M].北京:科学出版社,1965.

[93]容克.比一千个太阳还亮原子科学家的故事[M]. 何纬，译.北京:原子能出版社,1966：138.

[94]Culture Lab. What popular science books have changed the world? [OL]. https://www.newscientist.com/blogs/culturelab/2012/08/what-popular-science-books-changed-the-world.html（2014-05-12）.

[95]顾忠茂,刘长欣,傅满昌.加快开发我国核能产业实现能源结构多样化[J].中国能源,2003(12):8-13，30.

[96]杨军.中国核电发展技术路线[J].科技导报,2017,35(13):105.

[97]W.N.迈因纳.钚[M]. 童欣，译.北京:原子能出版社,1980:1.

[98]中共中央党校理论研究室.历史的丰碑:中华人民共和国国史全鉴文化卷13[M].北京：中国文献出版社，2005:355.

[99]林乔雄.漫画解说原子能的秘密[M]. 宓培庆,顾汉文，译.北京:原子能出版社,1990:280.

[100]D Burn. Nuclear Power and The Energy Crisis: Politics and The Atomic Industry [M]. London: Palgrave Macmillan, 1978.

[101]Freudenburg W R, Baxter R K. Host community attitudes toward nuclear power plants: A reassessment[J]. Social Science Quarterly, 1984, 65(4): 1129.

[102]顾少白.论美国对核能工业的一种新观点[J].世界经济研究,1985(1):15-21.

[103]瑞世庄.法国大幅度削减核电计划[J].国外核新闻,1985(3):1-2.

[104]杨海群.评世界核能工业的衰退[J].世界经济研究,1985(1):15-21.

[105]王建京.台湾核电发展计划[J].国外核新闻,1980(12):10-12.

[106]连培生.姜圣阶同志与核电[M]//勤学·实干·奉献——记化工与核工程专家姜圣阶传.北京:原子能出版社,1993.105-106.

[107]任汉民,曲一日.莫把核电站当原子弹[N].人民日报,1984-05-17(5).

[108]孔凡岱.三里岛事故与核能政策[J].原子能科学技术,1979(05):608-611.

[109]李长久.世界核能工业又有新发展,运转的核电站三百多座,装机容量达到三亿千瓦[N].人民日报,1987-10-19.

[110]法国核电力工业不断发展建成核电站16座，发电量仅次于美日[N].人民日报,1980-8-12(6).

[111]徐泽光.及早确定核能在我国能源中的地位[N].人民日报,1980-6-14(4).

[112]陈祖甲.我国核能专家呼吁：尽快在缺能地区建立核电站[N].人民日报,1980-11-11(3).

[113]许万金，罗安仁，张崇岩，等.缺能地区发展核电站很合算[N].人民日报,1980-11-15(4).

[114]高扬文.关于我国的能源政策问题(1980年9月20日讲话摘要)[J].煤炭科学技术,1981(04):4-8，62.

[115]李鹏.起步到发展——李鹏核电日记[M].北京:新华出版社,2004：45.

[116]张国宝谈核电[N].南方能源观察（2014-08-12）.

[117]Lewis. China bids to store radioactive waste[N]. New York Times, 1984-2-8.

[118]M. Weisskopf. China reportedly agrees to store western european nuclear wastes[N]. Washington Post,1984-2-18.

[119]刘培,张志辉.中国商用乏燃料后处理技术的曲折发展与落后原因探讨[J].自然辩证法通讯,2018,40(10):62-69.

[120]胡孝汉.李鹏在中国核学会第二次全国代表大会上说我国同外国进行技术合作建立核电站将成为实行对外开放政策的典型[N].人民日报,1984-4-18(3).

[121]李鹏.我国要适当发展核电[N].光明日报,1985-04-30(1).

[122]我国要适当发展核电　李鹏撰文说,建设核电站是和平利用核能的一个重要方面[N].人民日报,1985-4-30(2).

[123]中国核学会章程(草案)[R].北京:中国核学会,1980.2.

[124]张伟星.中央的高度重视是核事业创建和发展的根本[C/OL]//首届中国两弹一星历史研究高层论坛，2009.

[125]吕广义.核能事业的促进派,“学会”工作的卓越领导者——记姜圣阶同志在中国核学会的部分活动[M]//勤学·实干·奉献——记化工与核工程专家姜圣阶传.北京:原子能出版社,1993:142-143.

[126]侯逸民.反对兴建大亚湾核电站的浪潮及其宁息[J].中国科学院院刊,1991(01):33-38.

[127]Mark Hibbs. The Future of Nuclear Power in China[EB/OL].2018:19.

[128]江泽民.院士科普书系·序言[M].北京:清华大学出版社,广州:暨南大学出版社,2000.

[129]马栩泉.写作的酸甜苦辣[M]//清华大学化学工程系六四届学人纪念文集.北京:清华大学出版社,2016:348-358.

[130]朱光亚.走进核科学技术[M].北京:原子能出版社,2005.

[131]傅真.如何编好科普书——《走近核科学技术》编辑有感[J].全国新书目,2006(19):21.

[132]许雪梅.中国核工业集团公司、中国核学会、中国和平利用军工技术协会联合举办核科普报告会[J].中国军转民,2000(09):45.

[133]段新瑞.核科普教育:打破核电发展的公众认知障碍[J].中国核工业,2006(04):36-38.

[134]张九庆.阅读科学家：关于科学家传记的读书笔记[M].呼和浩特:远方出版社,2005:165-168.

[135]李娜,刘兵.对居里夫人传记在中国传播的初步考察[J].科普研究,2007(03):51-58.

[136]芭芭拉·戈德史密斯.执著的天才玛丽·居里的魅力世界[M].郭红梅,曹军,译.长沙:湖南科学技术出版社,2006.

[137]雷润琴.我国核电站建设的舆情分析与对策——对《核电中长期发展规划(2005—2020年)》的舆论学思考[J].环境保护,2008(04):63-65.

[138]王乃彦.我国应积极发展核电事业[N].光明日报,2006-09-05(6).

[139]顾忠茂.大型先进压水堆和先进核能系统工程战略研究[A]//核能及核燃料循环技术相关问题论文汇编[R].北京:中国原子能科学研究院放射化学研究所,2008:62-79.

[140]国家发展和改革委员会.第十届全国人民代表大会第五次会议关于2006年国民经济和社会发展计划执行情况与2007年国民经济和社会发展计划的决议[J].中华人民共和国全国人民代表大会常务委员会公报,2007(2):174-174.

[141]国家发展和改革委员会.核电中长期发展规划（2005-2020年）[R/OL].（2007-11-02）http://www.gov.cn/gzdt/2007-11/02/content_793797.htm.

[142]张廷克,李闽榕,潘启龙.核能发展蓝皮书:中国核能发展报告(2020)[M].北京:社会科学文献出版社,2021.

[143]左跃,叶翔.走出核设施邻避困局[J].环境与生活,2015,000(011):42-45.

[144]全民科学素质行动计划纲要(2006—2010—2020年)[J].时政文献辑览,2007(00):876-887.

[145]全民科学素质工作领导小组办公室.八部委出台加强国家科普能力建设若干意见[J].中国科技信息,2007(06):6-9.

[146]吴志菲.核能智囊——叶奇蓁[J].决策与信息,2010(10):37-41.

[147]中国核科技信息与经济研究院,中国核能电力股份有限公司,秦山核电基地.为什么要发展核电[M].北京:中国原子能出版社,2014.

[148]梁东元.596秘史[M].武汉:湖北人民出版社,2007:143.

[149]玛乔丽·C.马利.放射性秘史从新发现到新科学[M].乔从丰，译.上海:上海科技教育出版社,2016.

[150]侯琴,刘晓磊.福岛核事故凸显我国核科普公众宣传软肋[J].中国核工业,2011(06):64-66.

[151]张国斌.中国工程院院士潘自强[J].中国核工业,2005(02):25.

[152]陈竹舟,叶常青.核与辐射防护手册[M].北京:科学出版社,2011.

[153]董煜宇.应急科普中的多维传播与非常措施——从福岛事故后的核科普看上海应急科普的特点与问题[J].海峡科学,2013(04):55-57，80.

[154]门田隆将. 福岛核事故真相[M]. 沈长清，译；金建华，校译. 上海：上海人民出版社，2015.

[155]《中国核工业》杂志把握行业决策动态 关注行业发展前沿[J]. 中国核工业，2014(10):33.

[156]叶奇蓁.关于中国核能发展战略的几点思考[J].中国核工业,2009(11):25-29.

[157]潘自强,陈竹舟,肖雪夫，等.由核事故看核与辐射安全[J].中国核工业,2011(07):26-31.

[158]王丹,高树超,白佳.芳华十载,踏歌而来砥砺漫漫,春华秋实——记《中国核电》十年[J].中国核电,2018,11(01):2-4.

[159]王丹,何芮.核电发展势在必行,提高核安全文化素养是关键——专访于俊崇院士[J].中国核电,2015,8(02):98-100.

[160]邵焕会.对我国核科普工作的几点思考[J].中国核工业,2016(10):45-47.

[161]红沿河核电科普展厅每年接待公众参观超8000人次[N/OL].

[162]中广核集团官网.http://www.cgnpc.com.cn/cgn/index.shtml.

[163]吴洲钇,刘日,王婉莹.核行业大众传媒科学传播分析——以“核电那些事”公众号为例[J].科技传播,2020,12(18):85-86，96.

[164]陈玲,李红林.科研人员参与科普创作情况调查研究[J].科普研究,2018,13(03):49-54，63，108.

后记

本书是在中国科普研究所委托项目“中国核科学技术领域科普作品史研究”的结题报告基础上修改扩充而成的。项目组成员具体分工是：中国科学技术大学科技史与科技考古系2017级硕士研究生汪明辉检索、整理了1923～2000年的核科普书刊目录，撰写了第3章初稿；2017级硕士研究生（现已转为博士生）黄筑赟检索、整理了2001～2017年的核科普书刊目录；2019级硕士研究生刘德刚绘制了本书的图表。在书稿后期的进一步修改完善过程中，又吸收了2020级硕士研究生白柠语的部分研究进展，作为第4章的二、三两个小节。其他篇章的初稿撰写和全书的统稿工作由笔者承担。

在项目执行期和后来的几年时间里，中国科学院大学任定成教授，清华大学刘兵教授，中国科普研究所陈玲研究员、李红林副研究员对本书给予了许多指导和帮助；科学出版社编辑张莉女士从专业的出版角度对本书提出了许多宝贵意见，在此谨向以上诸位表示诚挚的谢意！

需要说明的是，由于缺乏印数、发行数等确切的统计数据，除少数作品外，难以对核科普作品整体的影响展开更深入的讨论。未来可在以下方面进一步对核科普展开研究：通过与老一辈核科学家的访谈挖掘核科普作品与核科学家的关系；对比国内外核科普发展情况，探讨不同因素对核科普工作的导向作用；等等。

在本书成稿过程中，笔者课题组经历了非可向外人道的重大变故，不时回首，仿佛仍置若梦中。好在有同学们一起坚守，挺过了那段最暗淡的时光。现如今，三位硕士生同学均已毕业并找到了各自称心的工作，筑赟的博士学位论文也很快就要完成，笔者倍感宽慰。未来，笔者将继续回到中国核工业史的研究领域，期待能做出更多更好的学术成果。

最后，感谢妻子王璠和女儿刘沐妍，她们的幸福是笔者拼搏的最大动力。

刘培
2023年5月于合肥香樟雅苑寓所